动态效率

规模、利润与需求的最优解

陈科 著

中信出版集团 | 北京

图书在版编目（CIP）数据

动态效率：规模、利润与需求的最优解 / 陈科著. -- 北京：中信出版社，2022.10
ISBN 978-7-5217-4700-3

Ⅰ. ①动… Ⅱ. ①陈… Ⅲ. ①企业管理－供销管理－研究 Ⅳ. ① F274

中国版本图书馆 CIP 数据核字（2022）第 161585 号

动态效率——规模、利润与需求的最优解
著者：陈　科
出版发行：中信出版集团股份有限公司
（北京市朝阳区惠新东街甲 4 号富盛大厦 2 座　邮编　100029）
承印者：　唐山楠萍印务有限公司

开本：787mm×1092mm　1/16　　印张：17　　字数：240 千字
版次：2022 年 10 月第 1 版　　印次：2022 年 10 月第 1 次印刷
书号：ISBN 978-7-5217-4700-3
定价：69.00 元

版权所有·侵权必究
如有印刷、装订问题，本公司负责调换。
服务热线：400-600-8099
投稿邮箱：author@citicpub.com

目　录

推荐序一　以消费者为导向，持续创造价值　丁世忠　/ IX
推荐序二　品牌基业长青之道　戴璞（Denis Depoux）　/ XII
自　　序　企业永续增长的核心　/ XVII

理论篇　本质与规律　/ 001

第一章　效率的本质：需求与约束的平衡　/ 004

需求呈现波浪式迭代升级　价值诉求决定需求选择　/ 011

　　需求呈现波浪式迭代升级　/ 011

　　价值诉求决定需求选择　/ 013

约束构成现实、技术革命释放约束　/ 015

　　约束因素构成人类存在的现实　/ 015

　　释放约束的最大能量来自技术革命　/ 017

决定社会动态效率的关键要素 / 020
影响社会动态效率的四大要素 / 020
社会进步源自关键要素的动态平衡 / 022

第二章　动态效率的演进：历史有着相似的历程 / 025
动态效率在日本、美国的演进历程 / 029
日本百年经济发展的四个阶段 / 029
美国经济发展的四个阶段 / 031
动态效率在各阶段的特征 / 033

动态效率在中国的演进历程 / 034
中国消费行业整体发展历程 / 034
动态效率时代消费者的特征 / 036
新消费时代的行业格局 / 040

成本篇　选择的重要性 / 043

第三章　精准：选择好赛道，打造绝对优势 / 046
选择比努力重要 / 047
好赛道的四大标准和三种选择 / 047
聚焦核心能力的规模化 / 051
寻找非竞争性的赛道，并坚持做下去 / 054
三种构建差异化的思维方式 / 059

把握拐点，打造绝对优势　/ 063

成为唯一，而不是领先　/ 064

锚定撬动全局的关键战役　/ 066

集中优势兵力赢取关键战役　/ 069

第四章　精简：集中精力，做深做透　/ 072

把精力放在自己最擅长的地方　/ 072

"收缩"是为了更好地增长　/ 072

顺应趋势的"收缩"　/ 075

聚焦重心的"收缩"　/ 077

简单踏实才是硬道理　/ 079

回归价值创造原点　/ 079

去除一切非必要　/ 081

做深、做透、做极致　/ 083

第五章　精细：单位产能最大化　/ 087

产品周转最大化　/ 087

用"更少"的货创造"更多"的销售　/ 087

以"有限"的单品创造"无限"价值　/ 090

以"无感"的连接激活"有感"的需求　/ 092

劳动生产率最大化　/ 093

能标准的都标准　/ 094

能压缩的都压缩 / 096

能自动的都自动 / 096

能整合的都整合 / 097

渠道利用率最大化 / 098

提高有效性是解决利用率问题的关键 / 098

拉长门店有效营业时间 / 099

扩大门店有效营业面积 / 100

效率篇　简单直接最高效 / 103

第六章　快达：高效叩响消费者心门 / 107

快速叩响消费者心门 / 109

短期营销无法赢得消费者的"芳心" / 110

"为你而生"的品牌直叩消费者心门 / 112

"叩响心门"的品牌营销能汇集消费者 / 117

DTC 直面消费者模式 / 118

缩短品牌与消费者的距离 / 120

加速全域消费者体验提升 / 122

与用户构建长期稳定关系 / 125

高效提升用户价值贡献 / 127

快速实现高价值用户增长 / 129

有效提升单客经济贡献 / 130

　　　　提升用户价值转化效率和效益　/ 132

第七章　快通：规划导向的高效供应体系　/ 134

　　用"最少"的货实现最大的销售额　/ 135

　　　　用"最少"的品种数实现最大的销售额　/ 137
　　　　用"最少"的单品数量实现最大的销售额　/ 140

　　用"最准"的需求驱动产品供给　/ 142

　　　　高效满足消费者核心需求　/ 144
　　　　高效对接供需两端价值传递　/ 146

　　用"最快"的响应应对不确定性　/ 147

　　　　快速响应的商品规划管理体系　/ 148
　　　　快速响应的供应链管理体系　/ 151

第八章　快拓：围绕核心竞争力快速拓展　/ 154

　　企业核心竞争力的本质是获取相对竞争优势　/ 156

　　　　构建核心竞争力的三个分析维度　/ 157
　　　　基于自身资源构建相对竞争优势　/ 158

　　快速拓展企业核心竞争力的三种方法　/ 158

　　　　围绕核心竞争力快速覆盖更多需求场景　/ 160
　　　　围绕核心竞争力快速拓展产品品类　/ 162
　　　　围绕核心竞争力快速拓展市场　/ 163

体验篇　感知超预期可以很昂贵　/ 165

第九章　好看：有兴趣才会有下一步行动　/ 170

"好看"的场　/ 170

唤醒久远的记忆　/ 171

创造无限想象　/ 173

小类目里的大文章　/ 174

大类目里的小精巧　/ 175

"好看"的货　/ 177

"穿越时间"的审美　/ 178

"深得我心"的要素　/ 179

"顺应趋势"的设计　/ 181

"好看"的营销　/ 182

体现品牌核心竞争力　/ 183

联合起来满足新需求　/ 185

第十章　好用：功能和精神需求的满足都超出预期才是好体验　/ 189

省心省力解决问题的才是好产品　/ 189

好产品必须能解决问题　/ 191

好产品解决问题很彻底　/ 192

好产品省心省力　/ 194

一个或多个环节超预期才是好体验 / 195
  基于信任的效率优化让整体体验超预期 / 198
  一个"糟糕"环节导致"糟糕"的整体体验 / 199
  个性化体验带来超预期 / 200

第十一章 好玩：好体验来自交互过程中的感知满意 / 202
交互的"好玩" / 202
  主动参与"专属"产品的创造 / 204
  寻找满足需求的利益点 / 205
  为分享和奉献而参与交互 / 207

感知的"好玩" / 209
  "触动心灵"的共鸣感 / 210
  "颠覆传统"的反差感 / 211
  "丰富多彩"的复合感 / 213

好企业篇 永续增长的核心 / 215

第十二章 外求变：价值创造是实现持续增长的核心 / 219
增长不够，持续价值创造才行 / 220
  陷入困局的行业巨头 / 220
  优势有时也是一种束缚 / 222
  "一劳永逸"的价值创造模型 / 223

价值创造是选择进入市场的唯一标准 / 225

不创造价值，有钱也没用 / 225
没有显著的价值创造能力，就保持最大限度的克制 / 227
只要有价值，红海中也能杀出一片蓝海 / 228

打开边界实现价值创造最大化 / 230

对内打开边界，增加价值创造可能性 / 230
对外打开边界，最大化整体价值创造 / 233

第十三章 内求善：超越增长来自有意义的价值创造 / 237

"好企业"与信任同行 / 238

保持透明性 / 238
共同的目标感 / 241

"好企业"超越增长 / 243

与环境共生 / 243
商业向善 / 245

致谢 / 248

推荐序一

以消费者为导向，持续创造价值

丁世忠　安踏集团董事局主席兼 CEO

近期看了陈科所作的《动态效率》一书，回想起自己创业至今 30 多年的经历，有不少感受。

首先，这是一本"好看、实用"的书。好看，在于作者引用了大量典型的商业案例，用通俗直白的语言来说明观点，这使得它比很多管理类的书都更易读、易懂；实用，在于本书不仅介绍理论知识，而且具备一定的实操性和指导性，比如，在如何做出超预期的好产品上，作者就提供了多种思路和解决方案。

相较于传统的静态效率理论，作者详细诠释了动态效率理论的实践方法。作者基于战略视角将动态效率理念提炼成了一套具有实践参考价值的方法论。动态效率体现的是企业利益（成本 × 效率）和客户利益（体验）的动态平衡关系。我们经营企业最底层的逻辑正是如何用最有效的资源创造最大化的价值。

那么，什么是最大化的价值？在企业日常管理中，我常常问自己，到底什么是最重要的？在充满不确定性和不断变化的市场中，又有什么是不变的呢？熟悉安踏的朋友都知道，安踏文化价值观中的第一条就是"消费者导向"。我认为，不管外部环境如何变化，企业存在的意义就是要为顾客创造价值。不管消费者的需求怎么变，企业只要牢牢把握"价值创造"这个核心使命，就可以具备持久的生命力。作者在书中也反复强调了这个观点。以前我们经常有个误区，就是对消费者的需求想当然，往往基于过往的成功经验，或者少数人的主观判断，就认为消费者需要或者不需要某些产品，事实上这都不是"消费者导向"。作者在书中提出了"主体感受"的说法，我很认同。了解消费者最好的方式，就是把自己放到他们之中，沉浸式地去体验、去感受，忘记自己品牌经营者的角色，把自己当作他们中间的一员，用心去感受。需求不是想出来的，而是体验出来的，这比什么都重要。从创业初期到现在，几十年的时间里，我始终保持着"走市场"的习惯，我和我的核心团队每年都会花大约 1/3 的时间"走市场"。每次"走市场"回来，我都会兴奋地告诉大家，我又发现"遍地是黄金"了。

"动态效率"的另一面是企业利益，也就是成本和效率。所有的企业经营者都必须要考虑，如何降低成本，如何提升效率。近些年来，随着新品牌不断进入、技术快速升级、新商业模式层出不穷，我也经常在思考：过往这些优势够不够？它们可持续吗？我们未来的核心竞争力到底是什么？作者在书中提到的"动态平衡"概念也许是一个答案：能够用最"精"的成本和最"高"的效率带给用户最"好"的主体感受。在这个概念上，企业的核心竞争力就不是单一维度或者静态的某种能力，而是综合性的对动态平衡效率的整体驾驭能力。安踏符不符合这样的特征？具不具备这样的能力？如果答案是肯定的，我相信它将长盛不衰。

最后，什么是"好企业"？作者提到了"外求变"和"内求善"。其中，对于"内求善"，我的理解就是保持初心，这也是这么多年来，我比较引以为豪的。2021 年，在安踏成立 30 周年的时候，我们家族捐了 100 亿元，成立了一个公益基金。没有杂念，只是想回馈社会，回馈家乡，回馈这片生我养我的土地。

在我即将完成这篇序言的时候，陈科跟我说："《动态效率》好像和脍炙人口的闽南语歌曲《爱拼才会赢》有点关联。正如歌曲里唱的：'人生可比是海上的波浪，有时起，有时落。'好的渔民总是能够识别潮汐，把握起起落落。"是的，虽然前路漫漫、波涛汹涌，但拨开迷雾，我发现，一切都越来越清晰！

2022 年 9 月

推荐序二

品牌基业长青之道

戴璞（Denis Depoux） 罗兰贝格全球管理委员会联席总裁

我与作者陈科相识多年，自我 2015 年移居中国以来，我们多次一起为罗兰贝格在中国和全球其他国家及地区的众多客户提供咨询服务。陈科是一位与生俱来的管理顾问。在我过往数十年的职业生涯中，他是我见过的为数不多的兼具各种优秀品质的人之一，包括与客户互动时有同理心，对目标始终保持坚定决心与毅力，以及能够将战略咨询专业技能和行业知识融会贯通。陈科可以驾轻就熟地从对全球和中国服装行业的整体趋势的研判中，从对终端商品销售和消费者行为的观察中，高效地给出可执行的具体建议。他深谙企业基业长青的根本是核心竞争力的建设，以及贯穿组织的变革转型，同时也对企业经营过程中的交易数据、利润率、现金流、顾客访问量和评论等日常经营数据保持着高度的警惕和专业敏感度。

因此，尽管中国消费行业面临日益严峻的挑战，我对陈科研究的这套全面而实用的效率方法论充满信心，这样行之有效的方法会在现在和未来的消费市场中发挥更加重要的作用。

自2020年初全球新冠肺炎疫情发生以来，中国在受到短暂冲击之后，整体经济迅速复苏。国内外企业从市场供给和市场需求两方面都享受到了中国有利的市场条件，这主要得益于国内市场强劲的基本面，例如：人均GDP的增长（2021年增长8%），人均可支配收入的强劲增长（2021年增长9.1%），中产阶层数量的增长以及过去5年政府在扶贫方面的重大突破。

中国供应市场在2020年下半年和2021年全年也表现出强大的增长韧性（与2019年相比，2021年出口额增加了34%[①]），这主要归功于同期大规模工业现代化投资（自动化和数字化）。在这期间，中国作为世界制造业大国的市场份额也不断增加。现代化不仅带来了更大的产量，也带来了更多的价值，进而推动了人均GDP的持续增长。

然而，房地产市场的危机以及2022年新冠肺炎疫情的不断出现，导致经济和消费市场自2021年第四季度以来出现了前所未有的放缓。受2022年4月和5月个别地区疫情封控的影响，消费甚至首次出现负增长。截至2022年7月，消费品零售总额仍未回到2021年12月的水平，消费者信心受到打击。

经济放缓并没有减慢中国消费者需求升级的进程，相反，加速推动了市场格局的重塑，企业在积极应对新需求的过程中展现出极强的生命力。例如：加强居家相关产品开发，加速融合多元化渠道以应对因疫情而产生的强大社区购物需求，进一步优化现有的DTC[②]直面

[①] 据国家统计局数据，2019年出口额为2.5万亿美元，2021年出口额为3.36万亿美元。
[②] DTC（direct to customer）：直接面向消费者，指同一个公司设计、生产、营销、销售的品牌，通过缩减中间环节，以更低的价格，给消费者提供更美观、更高质量的产品和服务。——编者注

消费者模式以提高消费者体验和效率，增强供应链的弹性供应，使其更灵活地应对物流频繁出现的不可预测性变化，等等。

当然，中国消费市场的重塑远远不止这些短期的调整。从长远来看，中国消费者在做购物决策时变得更加谨慎，更加注重健康，也更加注重自我防护，一方面希望产品能够物有所值，另一方面对产品的要求不仅局限于功能，还更加关注良好的体验和自身价值诉求的表达。他们寻求表达自我个性的品牌产品，渴望代表中国文化的身份得到认可，挑战一些外国品牌的主导地位。与全球其他市场相比，中国消费者对便利性和科技感的追求非常强烈，渴望拥有方便日常生活并且易于使用的智能设备和用品。同时，零消费和极简消费成为Z世代[①]消费者的一种选择，这是一种新的、有意识的、目标驱动的、有道德感和社会责任感的消费主义趋势。这些多元趋势使得消费品牌面临更加复杂多变的市场环境。

复杂的、日益分散的、高要求的、快速发展的、低忠诚度的、有文化烙印的……消费品牌正在面临空前复杂的需求组合特征，随之引出了一个非常困难的经济方程式：如何制定一个能够满足客户所期待的个性化体验，同时符合企业可持续经营、效率最大化的品牌战略？

陈科认为，随着行业周期演进，这个经济方程式中的几个要素正在产生巨大的变化，需要重新理解规模、利润和消费者需求的内在含义。

移动电子商务和支付系统的快速发展，促使消费者在时间、空间或资源方面的限制得到释放。相较以前，消费者的时间、空间更加灵活，也更加不受限制。因此，品牌需要随时随地满足消费者无处不在、多样且多变的需求，这通过过往单一的渠道、模式或者产品组合

---

① Z世代，也称"网生代""互联网世代"等，通常指1995—2009年出生的一代人。——编者注

已无法实现。根据马斯洛需求层次理论，在自我实现的期望成为主导时，顾客购买的不再是产品和服务，而是一种自我价值诉求的表达。这是一种个性化、参与式的消费模式，也包含了更多对品牌价值内涵的诉求。

品牌的核心是以顾客为中心，以提供满足预期的体验为出发点。消费品公司增长的源泉是持续不断地提升用户体验，而不应只是割裂地关注单一元素，如店铺陈列、门店位置、价格促销或产品功能等。正如陈科在文中讲述的，"需求升级"正在加速，幸运的是，贯穿整个价值链数字化技术的突破可以应对"需求升级"的速度。

面对"需求升级"的新消费市场，品牌战略实施成功与否的衡量标准，仅凭传统的成本和运营KPI（关键绩效指标）已远远不够。而在企业试图最大化满足消费者个性需求的同时，也确实存在消费者需求与企业成本和效率之间的内在矛盾。因此，陈科提出了一套"动态效率"的整体系统。这套系统一方面考量了客户体验，另一方面也综合考量了企业的成本和效率。顾客个性化体验的满意度就是企业在成本效率综合权衡上的核心决策要素。

我完全认可陈科在追求成本与效率权衡时对卓越运营的执着，他的"动态效率"系统将卓越运营的必要性与更广泛的驱动因素联系起来，以客户体验为中心，并进行实时的动态调整。陈科为企业提出了一种历久弥新的管理系统，而不是神奇的配方或者光鲜的说辞。阅读本书，除了理解这套管理系统，陈科对于消费行业的真知灼见可以帮助读者理解中国多元多变且日益复杂的消费行业，因为本书从消费行业的本质和演变规律，一步步解析趋势发展的底层逻辑，读者可以据此理解趋势的重要性和必要性。对于长期研究消费市场的专业人士而言，这本书中的很多观点是鼓舞人心并且极具抱负的。根据我的了解，陈科一直致力于寻求满足消费者、品牌和整个社会共同利益的平衡点，在这条路上他持之以恒、孜孜不倦。在这个快速变化的世界，气候变化和可持续发展的紧迫性，势必需要我们重新思考许多既定的商业模式，这本书在此话题上亦提供了很好的思考维度和行动工具。

2022 年 9 月

自 序

企业永续增长的核心

波澜壮阔的时代变迁中,究竟是什么推动如此伟岸蓬勃的历史进程?起起伏伏的周期轮转中,如何把握规律顺势弄潮?大浪淘沙的商海沉浮中,昔日英雄留给后人的宝藏密匙究竟是什么?

纵观过往百年发展历程,虽然全球和各个典型经济体多次面对不确定因素,如战争、金融危机、自然灾害和流行病等等,但无论外部环境如何变化、挑战如何巨大,通过对事物本质规律的梳理,总能从经历过周期的历史中找到答案。这些发展逻辑帮助我们在面对不确定的环境时,找到确定的底层逻辑与逻辑规律。

通过对典型经济体(日本、美国、中国等)经济发展历程的分析,我们看到各个经济体的发展都会经历萌芽期、增长期、调整期、成熟期四个阶段,每个阶段都呈现出相似的发展特点和规律:总是遵循从"大"到"小"、从"易"到"难"、从"基本"到"升级"的过程，从满足大多数人的总体基础需求演进到满足小部分人的个性升级需求。消费者喜好变化、业态和渠道变迁、品类和风格更替等等，都是经济发展阶段的特征和规律所引发的。

企业的发展首先需要识势，也就是理解并顺应经济发展阶段的规律。回顾过往，所有成功都是有意或者无意的顺势而为，而很多失败也是因为没有识别趋势，并及时建立起周期转换中所需的新能力，从而在时代前行的滚滚尘烟中消亡。

各个经济体的阶段发展转换源自需求和约束之间的动态平衡，个体需求依照马斯洛的需求层级逐步升级，社会需求来自主体人群稳定的需求满足。而决定需求升级速度的是约束释放的速度，约束包括时间、空间、资源和群体间的协同共存关系。纵观古今、横看中外，无论社会发展到哪个阶段，人们的需求升级层次和价值诉求维度都是相对固定的，个体和社会的约束因素也没有改变，唯一变化的是每个维度上的"数值"和"权重"。需求和约束所构成的现实世界随着约束的释放而扩大，随着需求的满足而稳定下来，这种"扩大"和"稳定"推动了社会的巨大进步。

2021年是"全面建成小康社会"百年奋斗目标的收官之年。在全面建成小康社会的历程中，中国不仅实现了国民收入的增加，也迎来了社会文化和人民精神生活的不断丰富，完成了从传统单一的同质文化社会向弹性多元的异质文化社会的转变。在当下中国经济从增长期向调整期转换的关键拐点，笔者基于动态效率理论诠释了周期变化的底层逻辑，并为企业提供有效平衡企业规模、利润和消费者个性需求的方法论，即企业将客户（群）个性化体验需求的满足作为动态效率的核心决策要素，并依照该决策要素对企业利益（成本×效率）进行高效精准匹配，综合考虑企业利益（成本×效率）和客户利益（体验）的动态平衡关系。

在动态效率理论中，约束条件决定了空间边界，需求层级决定了空间容量，而价值诉求则是整体空间的主轴。每个人的需求都会以自我价值诉求为核心，依照马斯洛需求层次理论逐步升级，广泛而一致的个体价值诉求构成了普遍的社会认知。企业持续不断增长的核心就是最大限度地解决目标消费人群的需求与约束之间的矛盾，满足目标消费人群的需求，而企业增长的空间是由企业在市场竞争中在成本、效率、体验三大维度上，针对目标人群解决痛点、满足需求的能力决定的，企业在这三个维度上的竞争力组合就是企业增长的空间。

大量前人的智慧和商业实践，为笔者提供了长期思考事物本质与发展规律的理论和实践指引，也推动并督促笔者在过去一段时间里，完成了本书的撰写。

全书从动态效率的本质和规律出发，定义和诠释了动态效率理论中的关键要素（成本、效率和体验）的实践方法论，并进一步描绘出动态效率理论中的"好企业"的蓝图。全书结合大量商业案例，帮助读者理解企业持续增长的源泉，提供具体的思考与实践指引。本书的结构如下。

理论篇：主要讲解动态效率的本质和规律、需求选择和约束释放的关键要素是什么，让我们理解需求和约束动态平衡升级的底层逻辑，从而做到识势、顺势和驭势。笔者结合典型经济体（日本、美国）各个阶段经济发展特征，回顾中国经济各个阶段的发展特征，展望未来趋势。

成本篇：从战略视角定义了卓越"成本"管理的三大关键要素，即精准、精简、精细。"精准"指企业战略方向的取舍，正确的选择就是最大的成本节约；"精简"指把所有资源集中到核心价值创造的原点，去除一切非重点和非必要；"精细"指提高重点成本项的利用率。

效率篇：动态效率理论中的"效率"是指充分利用企业资源，更直接高效地交付用户价值，提升企业核心竞争力。动态效率理论中的卓越效率管理需要满足快达、快通、快拓。"快达"一章中回答了如何高效识别和交付用户价值，如何高效提升用户价值贡献；"快通"从需求角度出发，梳理了以需求规划为导向的高效供应体系构建方法；"快拓"提出了识别、获取和快速拓展企业核心竞争力的方法。

体验篇：动态效率理论中的"体验"是创造经济价值的重要来源，体验虽然产生于顾客本体并且归属于本体，但体验好坏的衡量标准，实际是顾客期望值和感受值之间的差距。本篇定义了体验的演进过程和核心要素，始于好看（场、货、营销）、敬于好用（产品、感受）、终于好玩（交互、感知、场景）。

好企业篇：动态效率理论中的"好企业"能够做到外求变、内守善。面对动态的市场环境，好企业能够敬畏趋势、保持攻势、保持韧性，持续创造价值；同时能够通过信任同行、保持利他之心，对员工、对客户、对社会实现有意义的价值创造，实现超越增长的增长。

理论篇

本质与规律

诺贝尔经济学奖得主丹尼尔·卡尼曼讲过:"任何事物的发展都有一定的规律性,如果赶走耳边的杂音、拨开眼前的迷雾,事物发展的本质将无比清晰。"

动态效率的本质是需求和约束的动态平衡。动态效率理念中,约束条件决定了空间边界,需求层级决定了空间容量,而价值诉求则是整体空间的主轴。每个人的需求都会以自我价值诉求为核心,依照马斯洛需求层次理论逐步升级,广泛而一致的个体价值诉求构成了普遍的社会认知。

每个国家或地区都有自己独特的历史和文化渊源,历史的车轮滚滚向前,行驶在同一条道路上,无论早还是晚、快还是慢,最终的轨迹都大致相同。如同马克·吐温所说:"历史不会简单地重复,但总是押着相同的韵脚。"

技术发展在推动生产力大幅度提升的同时,也在改变着人们的生活方式和思维方式。约束释放和需求满足之间的动态平衡关系,推动着全球各个区域的消费行业发展,它们都有着从萌芽期到增长期、调整期,之后再进入成熟期的相似历程。本篇结合对日本、美国等经济体各阶段发展规律的总结,阐述动态效率在中国的演进路径。

第一章　效率的本质：需求与约束的平衡

自然界中，动物觅食是一种普遍现象，动物为了最大限度地满足个体生存发育和繁殖后代的需要，往往会采用各种各样的方法提高觅食效率，力求消耗最少的能量，花费最少的时间，获取最大的收益。

动物在觅食过程中会依照自身捕食能力和对食物的偏好，对猎物进行搜寻、追逐、捕捉、处理和摄取。自然界中聪明的动物根据长期觅食的经验，早已把猎物的搜寻时间、捕捉难度、处理时间、食物大小以及食物的能量值都做了精准的收益计算。食物的净值（可食用部分）和处理时间（从捕获猎物到吞食食物所花费的时间）之间的比值，会被它们作为衡量觅食收益最重要的一项标准。优胜劣汰的自然法则，促使每种动物都尽可能优化自己种族的觅食经济性，也只有这样，这类动物才能更加高效地捕食，从而增加其生存和繁殖的机会。

松鼠如果发现食物很大并且距离树木较近，就会把它带到树上去吃，因为体积大的食物需要花很多时间才能吃完，长时间在地面进食会增加松鼠自身的危险性。松鼠对于体积小的食物常常会就地吃掉，因为长期的经验告诉它，吃体积小的食物花费时间少，短时间在地面进食的危险性小，并且可以避免往返运送食物消耗相对较多的能量。海滨蟹以贻贝为食，选择的贻贝的大小往往就决定了海滨蟹能够获得的能量净收益的多少：贻贝太大，破壳花费时间长，单位时间能量收入会下降；贻贝太小，破壳容易但是含肉量少，经济性就差。松鼠和海滨蟹在自然界长期觅食的经验教会了它们，在觅食时如何实现经济收益最大化，动物们也是基于这样的原则做出最本能也最正确的选择的。

虽然动物在觅食过程中，通常会选择经济收益最高的食物，但当外界环境发生变化，或者因采食便利性、营养需求等需要"换口味"时，也会适当调整"菜谱"。例如，用大虫子和小虫子饲喂大山雀的实验表明：当大虫子密度增加时，大山雀有高度的选择偏向性——选择大虫子；而当把小虫子的密度增加到原来的 2 倍时，大山雀在采食大虫子的同时，也会采食一定量的小虫子。

通过动物在自然界中觅食的现象可以发现，在自然环境稳定不变的情况下，当动物处于饥饿状态时，单位时间内能够获取的食物量成为觅食效率的衡量标准。但是，当自然环境和需求发生变化时，动物的觅食选择就会变得复杂起来，它们除了希望获取更多的食物，也会把食物类别以及"菜谱"的丰富程度作为觅食考量的重要标准。同时，觅食时更有利的地理位置、更适合的方式（包括移动方向、移动方式和移动速度）等因素也会被综合考虑。

美国管理学教授斯蒂芬·P.罗宾斯在《管理学》一书中给出了效率的定义，即最有效地使用社会资源以满足人类的愿望和需要。

经济学界对效率有两种理解，即静态效率和动态效率。

古希腊学者色诺芬在《经济论》中提出了静态效率和动态效率

的概念雏形。[1] 色诺芬强调实现效率管理的主要途径是井井有条，也就是对于已有的（给定的）资源进行良好管理，避免浪费，这是静态效率的概念雏形。同时，色诺芬还补充性地提出了企业家利用行动（贸易和投机）做生意以增加财产的努力，这里提到了企业家行动的价值，也就是动态效率的概念雏形。

但是由于第一、二次工业革命的巨大影响，机械物理学中强调的"浪费最少"的能量效率概念，对经济学发展也产生了影响。20世纪初，强调"避免浪费"的静态效率对于商业组织产生了巨大影响。1911年，美国管理学家弗雷德里克·温斯洛·泰勒在其所著的《科学管理原理》一书中主张所有产业应建立监督工人，以避免任何形式的浪费的部门。[2] 同时期的很多理论也都是静态效率的延展，例如：帕累托效率和卡尔多改进等等。正如美国印第安纳州圣母院大学历史经济学教授菲利普·米洛夫斯基（Philip Mirowski）所指出的："新古典经济学是19世纪初机械物理学的翻版，使用同样的方法，运用相同的原则：守恒以及浪费最小化。"[3] 在当时需求大于供给的工业时代，企业家的创造性和消费者的需求被弱化，取而代之的是如何避免浪费，如何最优配置"固定"的资源。如同处于饥饿状态的动物在环境稳定的情况下衡量觅食效率是否最优的逻辑一样，在不挑食的前提下尽可能快、尽可能多地获取，工具运用、方法优化和种类选择都被有意识地弱化或忽视了。

时代发展从农业经济、工业经济、服务经济进入体验经济时

---

[1] [古希腊]色诺芬著，张伯健、陆大年译：经济论 雅典的收入，北京：商务印书馆，1961年版。
[2] Frederick W. Taylors, *The Principles of Scientific Management*, New York and London: W.W. Norton and Company, 1967.
[3] Philip Mirowski, *More Heat than Light: Economics as Social Physics, Physics as Nature's Economics*, Cambridge: Cambridge University Press, 1989.

代，社会经济环境和个体需求都发生了很大的变化，众多响应市场新需求的企业脱颖而出。这些企业不是依靠"避免浪费"而快速崛起的，而是凭借对市场潜在需求的释放和满足快速发展壮大，并产生了巨大影响力的，它们无疑是高效率的。

延续色诺芬的动态效率理论雏形，众多学者进行了进一步的研究论证。熊彼特的《经济发展理论》一书德语版出版于1912年，英文版出版于1934年，书中将企业家作为创造性和协调性的驱动能量，认为这种能量持续不断地推动市场和文明的进步。[1]2008年，奥地利学派经济学家德索托教授进一步诠释了动态效率理论，认为只关注资源最优分配的静态效率完全忽视了企业家的创造力，其效率假定的"不同人的效用能够比较"等前提根本不能成立。德索托教授说："根据新的动态市场思想，业已确立的新古典经济理论范式的整套理论将像一沓纸牌一样崩塌。"德索托教授的动态效率概念，重点强调企业家的创造性和协调性，同时强调私有产权保护是激励和保护企业家创造性的前置要素。[2]1992年，纽约大学教授伊斯雷尔·柯兹纳在其出版的《市场过程的含义》一书中表明："企业家能够警觉地发现现有市场选择协调模式中的缺陷，在发现和消除缺陷的过程中形成一种力量，这种力量使市场趋向于动态平衡，但无法最终达到均衡。"[3]柯兹纳教授认同新古典经济学中市场可均衡性的观点，但不认同实际可以达到均衡，仍然坚持非均衡论，强调企业家基于对市场警觉产生的创造性和协调性，推动市场趋向于动态平衡。

如上所述，我们可以看到虽然众多学者对于动态效率理念提供

---

[1] J.A.Schumpeter, *The Theory of Economic Development*, Cambridge:Harvard University Press,1934.
[2] Jesús Huerta de Soto, *The Theory of Dynamic Efficiency*,London: Routledge,2008.
[3] Israel.M. Kirzner, *The Meaning of Market Process*, London: Routledge, 1992

了良好的理论发展指引，但大多停留在理论概念层面。

学术研究和商业实践之间的专攻差异，使得其在企业如何理解市场动态平衡本质和趋势，如何持续创造和协调市场趋于均衡的实践方法论方面未能深入。本书认为企业家持续不断的创造性和协调性，一定是基于其对周期演进底层规律的深入理解，进行的完整思考和整体驾驭，而不是"灵光乍现"的产物。针对前文提到的理论在实践中的延伸，本书基于对经济周期演进规律本质的分析，提出了一套针对动态效率理念的整体实践方法论，并结合商业案例进行了阐述说明。

本书所阐释的动态效率理念中，约束条件决定了空间边界，需求层级决定了空间容量，而价值诉求则是整体空间的主轴。每个人的需求都会遵循自我一致性理论[①]，以自我价值诉求为核心，依照马斯洛需求层次理论[②]逐步升级，广泛而一致的个体价值诉求构成了普遍的社会认知。在现实世界中，时间/空间、资源和协同共存组成了个人的现实世界，人均GDP（国内生产总值）、人口结构、层级市场和社会认知等构成了社会层面的现实世界。用户需求作为核心被置于主要位置，企业对用户个体的需求和约束条件本质的理解，构成了有效使用资源的前提条件。（见图1-1）

[①] 消费者自我一致性理论是消费者进行比较的心理过程和结果，具体指消费者对于品牌的感知和自我概念（如实际自我、理想自我、社会自我和理想社会自我）的一致性匹配关系。Islam, T., Attiq, S., Hameed, Z., Khokhar, M., Sheikh, Z., *The Impact of Self-congruity(Symbolic and Functional) on the Brand Hate: A Study Based on Self-congruity Theory*, London: British Food Journal, 1966. https://doi.org/10.1108/BFJ-03-2018-0206.

[②] 马斯洛的需求层次结构是心理学中的激励理论，包括人类需求的五个层次，通常被描绘成金字塔内的等级。从层次结构的底部向上，需求分别为：生理（食物和衣服）、安全（工作保障）、归属与爱（友谊）、尊重和自我实现。这五个层次的需求可分为不足需求和增长需求。前四个层次通常被称为不足需求（D需求），而最高层次被称为增长需求（B需求）。1943年，马斯洛指出，人们需要动力实现某些需求，有些需求优先于其他需求。Maslow, A. H., *A Theory of Human Motivation*. Washington, DC: Psychological Review, 1943.

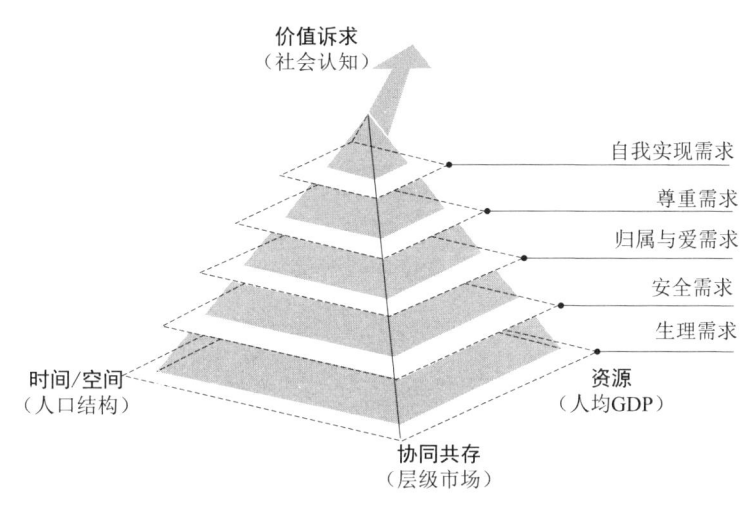

图 1-1 动态效率理念中现实空间概念图

如前文所述，动物在自然环境和需求发生变化后，觅食选择不仅仅是为了解决群体饥饿情况下的吃饱问题，而且是需要根据自然环境条件变化，满足不同群体吃饱、吃好、吃满意的问题，动物也会根据外部物资供应量、物资种类、觅食综合成本、自身诉求等方面，做出最优的动态效率选择。

新经济时代环境里，资源供应极为丰富，如何在保障消费者个体需求被最大化满足的同时，达到企业价值创造和社会资源利用的收益最大化，兼顾企业利益（成本×效率）和消费者利益（体验）的动态效率成为新消费时代下的重要议题。

（1）企业如何将消费者利益和企业利益整合为一体，而不是像静态效率时代一样把供给方利益最大化放在第一位？

（2）企业如何形成从消费者视角出发，兼顾企业利益的思维与行为模式，而不是一味试图通过节约成本提高企业经营利润？

（3）企业如何以价值创造为出发点，生产供应满足消费者需求、解决消费者痛点并超出消费者预期的产品和服务，而不是一味地通过同质化竞争获取市场份额？

（4）企业如何对内与员工同心、对外与伙伴同行，在与内外生态伙伴一起为共同目标奋斗的过程中，找到共同的价值和意义，而不是相互猜疑和博弈？

（5）企业如何通过价值创造发挥社会公民角色作用，解决社会痛点问题，发挥商业向善作用，而不是事不关己高高挂起，或以牺牲环境为代价获取利益？

这一系列的问题，都是处于新经济时代的企业不得不思考和解答的核心问题，这些既是商业问题，也是社会问题。

中国在全面建成小康社会的过程中，不仅实现了国民收入的快速增加，也迎来了社会文化和人民精神世界的不断丰富，完成了从传统单一的同质文化社会向弹性多元的异质文化社会的转变。

新局面里社会资源被合理化利用，消费者的愿望和需要能够被更好地满足，企业也因为价值创造和创新而发展。在这样的大时代背景下，本书详细诠释了动态效率理念以及实践方法论。企业将客户（群）个性化体验需求的满足作为动态效率的核心决策要素，并依照该决策要素对企业利益（成本 × 效率）进行高效精准匹配。企业持续增长的核心就是最大限度地解决目标消费人群的需求与约束之间的矛盾，满足目标消费人群需求，而企业增长的空间是由企业在市场竞争中在成本、效率、体验三大维度上，针对目标人群解决痛点、满足需求的能力决定的，企业在这三个维度上的竞争力组合就是企业增长的空间。（见图 1–2）

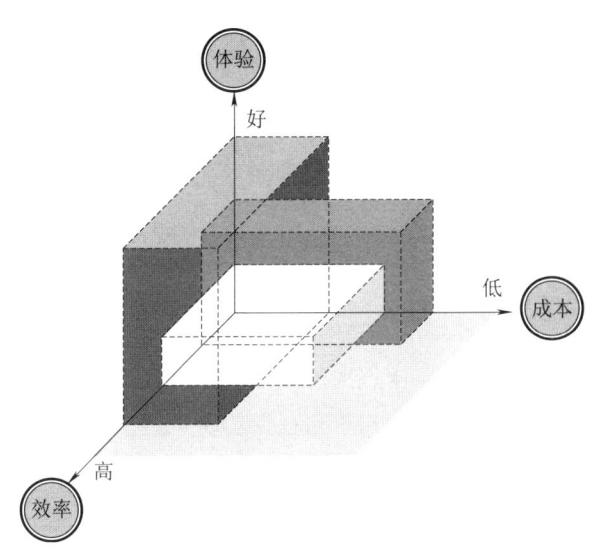

图 1-2　动态效率理念中的企业增长空间示意图

需求呈现波浪式迭代升级　价值诉求决定需求选择

需求呈现波浪式迭代升级

消费需求理论研究表明，正常情况下，人的需求首先倾向于追求数量上的越多越好，而在数量大致相同的情况下，人们会追求多元化的"更多种类"型消费，这样会带给人更大的满足感。但是实证研究表明，人们在追求"更多种类"的多元化需求选择时，不会严格遵循等量的原则购买不同的商品，而是依照自己的偏好和需要赋予不同消费内容不同的权重，所以多元化需求的满足最终会呈现出非对称结构。

例如，五连包装的方便面销售好，不仅是因为价格优惠，还因为人们在支付能力和储存空间能够承受的范围内，对于日常消费的产品品类，总是希望拥有得越多越好，如同小朋友拥有五颗糖果的满足感总是比拥有三颗的满足感要多一些。某高端即食面品牌推出的六种口味的组合套装，受到了消费者的广泛欢迎。通过访谈发现，消费者感觉用同样的预算，一次可以拥有多种选择，会有更高的满足感和满意度。当我们去购买文具（本子、笔、直尺和橡皮等）时，通常情况下，即使预算足够，我们也不会按照文具种类平均分配预算，而是依照自己的需要和喜好进行非等比分配。

人类的需求，总是依照马斯洛需求层次理论所描述的需求层级进行有序升级。马斯洛需求层次理论将人的需求分成生理需求、安全需求、归属与爱需求、尊重需求和自我实现需求五个层次，强调人在每一个时期，都有一种需求占主导地位，其他需求处于相对的从属地位。例如：一个饥肠辘辘的人，人生目标就是找到食物填饱肚子；一个缺乏安全感的人，会认为一切事物都是危险的，从而变得紧张焦虑、彷徨不安，他对生命的追求是安全；归属与爱需求强调与他人建立情感联系，以及隶属于某一群体并在群体中享有地位；尊重需求既包括自我概念中自我认可的成就，也包括他人对自己的认可与尊重；自我实现需求则是指人希望最大限度地发挥自身潜能，不断完善自己，完成与自己的能力相称的一切事情，实现自己理想中的需要。

在马斯洛看来，需求是由低级向高级呈现波浪式推进发展的，在低一级需求没有被完全满足时，高一级的需求就已经产生了，而当低一级需求的高峰过去但没有完全消失时，高一级需求就会呈现逐步增强的趋势，直到占绝对优势。低层次的需求基本得到满足以后，它的激励作用就会降低，其优势地位将不再保持下去，高层次的需求会取代它成为推动行为的主要原因。

《工人日报》的记者在2019年，曾通过调查不同年龄结构家庭的消费账本，讲述时代变迁下消费者消费行为的变化。采访中，经历过"三年困难时期"的50后李健讲述："小时候想吃肉，没有肉票是买不到的。一条肉，瘦肉省着炒菜，肥肉炼荤油，油梭子拌饭吃。最远是去北京，坐一整夜的卧铺火车，下馆子吃得最多的是面条。"2019年，李健退休4年，儿女在上海生活，夫妇两人退休工资的30%要花在餐饮和旅游上。李健每周都要开车去会员店购买进口食品：德国的香肠、厄瓜多尔的白虾、新西兰的羊排、美国的黑鳕鱼……也会去附近的超市购买每盒12只装的柴鸡蛋。过去几年里，夫妇俩去了十几个国家旅游。过往几十年里，李健家的饮食从最初省着吃、有的吃、敞开吃，到后来讲究营养搭配和绿色健康，条件不断改善，家庭支出中也会有一大部分花在旅游等高一级需求上。这些年，李健的日子越过越好，这也让他在亲朋好友聚会时感觉良好。

来自边远山区的小李，研究生毕业后，开始在一家外资公司工作。刚开始的一个月里，小李认为赚钱很重要，因为他要解决在大城市里的衣食住行问题。项目经理对大家的工作不满意时，小李总是比其他同事更为紧张，他希望顺利通过试用期，在这座城市里安定下来。下班后，小李积极参与同事们的饭局……一年多后，小李获得了同事和领导的认可。入职三年时，小李在公司发起了远程支持边远山区儿童英语教育的公益活动。工作的三年时间里，小李的需求从最初的生理需求，快速迭代升级到安全需求、归属与爱需求、尊重需求和自我实现需求。

价值诉求决定需求选择

人的意识随着社会现实的变化而变化，但这种变化对不同的人有着不同的影响。人的意识具有强大的独立性。人在满足需求的过程中，会与环境产生一种互动，这种互动包括经济、文化、道德等方面。互动会在主体内心留下一段印记，这段记忆、经历、情感具有长久影响。

中国经济的快速发展，使得很多人的财富得到了快速增加，可支配收入的快速增长在短期内会刺激消费，但是个体基本的消费价值观并不会随着财富的增加而同步升级。

娃哈哈集团董事长宗庆后生活节俭，一日三餐基本都在公司食堂吃；除了特殊场合，他总喜欢套件夹克，脚上穿的鞋子也是有些旧的布鞋。作为成功的企业家，按照宗庆后自己的估算，他每年的消费不会超过5万元。宗庆后自己说得最多的一句话就是："苦惯了，我小时候都是有一顿没一顿的。后来做生意也吃过不少苦，钱都是自己一点一滴辛辛苦苦挣出来的，真的不太会享受。"类似宗庆后这样的企业家还不少，我们会发现很多出身普通的超级富豪，都还是会持续使用之前习惯使用的价格低廉的大众品牌，甚至终生保持着成功以前的消费习惯。

生活中这样的例子也不少。买车时，同一收入水平的人会选择不同的品牌，有的人选择宝马，有的人选择奔驰，还有的人选择奥迪、沃尔沃。根本原因就是消费者有不同的底层价值观需求。如宝马、奔驰的消费人群就有不同的价值诉求，宝马消费者更加看重科技感、乐趣等，奔驰消费者则更加看重尊贵、豪华等，这些诉求是由人的底层价值观驱动的。

从个体而言，需求的满足不仅是满足基本的物质需求，还是个体价值诉求的外在表达方式，在需求满足的过程中，完成个人价值感知的完整过程。不同的群体，由于在价值观形成时期的约束因素的差异而形成了不同的价值体系。比如同样在欧洲板块的东欧和西欧，历史发展过程中的外部环境、宗教文化、人口结构以及对于发展机遇的把握等的差异，导致了东欧和西欧有着较大社会需求差异。同样，过去40年高速的经济发展和文化融合，也使中国从传统单一的同质文化社会，转变为弹性多元的异质文化社会。例如，20世纪六七十年代的主流价值观是"传统""务实""拼搏"等，随着Z世代成为主体消费人群，现代社会的价值观转变为更加丰富多元的价值观组合，大众阶层的主流价值观为"大众流行""品质"，年轻潮流群体的主流价值观为"新超酷""个性"，新兴精英群体的主流价值观为"优雅""活力"，而富裕阶层的主流价值观则为"尊贵""经典"。

在基本生存需求被满足的前提下，人们的价值诉求创造了需求需要被满足的"愿望"，同时也是推动需求实现的关键决策因素。这时候，可支配收入等其他约束因素往往只能起到"调整"或"阻止"购买的作用。根据BCG（波士顿咨询公司）与腾讯广告合作发布的《2018中国奢侈品数字消费市场洞察》，全球奢侈品销售额的1/3来自中国消费者，50%的消费者居住在中国前15大城市以外，30岁以下的奢侈品消费者贡献了42%的消费。我们不禁要想，为什么中国接近一半的奢侈品是由90后购买的？主要原因是90后生活在更加富足的年代，他们也懂得犒赏自己，通过购买奢侈品来表达自我实现、生活自由等价值诉求。

当然，在大多数情况下，对于特定需求的满足，消费者可能并没有意识到满足动机是实现自身价值诉求，因此，这些动机可能无法被完整表达出来。有时候他们即使知道，可能也不愿意承认。人类表层的需求满足行为是复杂而多变的，相对于表层的消费行为而言，即使面对需求的迭代升级，人们内心的价值诉求也常常是牢固而稳定的，个体价值诉求创造了自我最本质且真实的需求。

约束构成现实、技术革命释放约束

约束因素构成人类存在的现实

阿尔弗雷德·阿德勒在《自卑与超越》一书中讲述了人一生需

要背负的约束，也正是这些约束构成了人类的现实。阿德勒在书中讲道：人类面对的第一大约束是我们所居住的小小星球，地球的空间是有限的，资源也是有限的，我们需要与地球资源更好地共存，只有放长眼光并考虑可持续性，才谈得上谋求个人更好的生活与整个人类的福祉；第二大约束是单一个体绝无可能与世隔绝地达到其目标，人总是或多或少与其他人发生关联，我们个人的生活乃至人类的生命能够延续，全依赖与他人的协同共存；第三大约束是如何自我调节，理解两性的存在以及依赖两性关系解决人类繁衍问题，每个人的生命都是有限的，只有通过繁衍才能实现生命的延续。通过对阿德勒所提出的人类三大约束的理解可知，空间、时间、资源和协同共存构成了人类从古至今所面对的现实，而人类一切的努力和进步，都是在尽可能地扩展延伸这些约束因素，从而扩大人类约束因素构成的空间。

（1）时间、空间约束：表象的时间和空间约束，对应的是时间和空间有限带来的机会有限，不愿意面对不确定性的人，面对未来的不确定性，会认为把有限的空间、时间用在一件事上机会成本很高。人总是希望在当下就做出面向未来的正确选择，未来确实有很多的不确定性，如果一切真的是完全确定的，那么这种"确定"就会落入人的预期之中，并反映在回报中，这样回报便不会再有任何意外的波动。而如果将时间、空间投入不确定性高的未来，人们就会预期有更高的回报作为风险补偿，投资和储蓄的目的就是在未来获取更多的收入。对个体和组织而言，预期回报率的高低来自对未来风险和收益的权衡，如果能够做出对未来的环境和趋势的"精准"判断，就是对时间、空间约束最大的释放。

（2）资源约束：资源的相对有限对应的是人类欲望的无限，如前文所述，人总是希望越多越好，当满足了越多越好的预期之后，就会希望越多元越好，同时，依照马斯洛需求层次理论波浪式迭代升级需求，对个体而言，寒冷时希望有衣服可以御寒保暖，有了衣服希望能够耐穿，之后对款式、品牌、联名等不断增加要求，最终也许只有全球知名设计师私人定制才能满足。从社会角度而言，有资源的约束就会存在竞争，在市场化的竞争规则中，竞争最终的结果就是谁对有限资源的应用效率最高，谁就能获得更多资源的支配权。

（3）协同共存：古话说"独木难支"，个体的能力总是有限的。人的精力和体力有限大家比较容易理解，注意力和认知也有一定的上限，实验表明，人可以一边听歌一边读书，但是无法一边唱歌一边读书，就像电脑CPU（中央处理器）一样，如果开启的任务太多，速度就会变慢甚至崩溃死机。在现实世界中，人们总是需要相互协同才能完成复杂的工作，对个体而言，协同不仅可以更有效地完成工作，还可以实现更高级的个人需求（归属和爱、被尊重等）。对社会而言，不断优化的社会协调机制，在更有效地使用社会资源的同时，也将个人行为引导向社会和谐的大方向。

释放约束的最大能量来自技术革命

美国科学家富兰克林曾经讲过："将来人类的知识将会大大增长。今天我们想不到的新发明，将来会屡屡出现。我有时候几乎后悔自己出生过早，以致不能知道将要出现的新事物。"回首人类百年历史，突飞猛进的科技发明和创新使人类的生活发生了翻天覆地的变化。汽车的发明改变了我们的出行方式，结束了舟车劳顿数月才能到达千里之外的历史；电话的发明改变了我们的沟通方式，消减了他乡客"家书抵万金"背后的无奈；冰箱的发明改变了我们的食物储存方式……这些改变在很大程度上释放了人类原有的约束。

人类需求的升级节奏随着约束的释放而快速迭代升级，释放约束的最大能量来自时代的变迁，包括理论创新、技术突破和战争等等。我们熟悉的几次工业革命，对人类约束的释放是史无前例的，也极大地推动了人类需求的升级和满足。

很多科技创新都始于科学家基于好奇心的突破性发明，之后经过很长时间在有限范围内的应用和持续的跟随性研究，在特殊历史时期，在特定的组织以实用为目的的商业利益的驱动下，得到了突飞猛进的发展。欧洲发达的航海业推动了第一次工业革命时期蒸汽机的发明，蒸汽机使单位时间的产出得以大幅度提升。蒸汽机最初应用最广泛的两个行业是挖矿业和纺织业，挖矿业使用蒸汽机大幅度提升了抽去矿井里的水和矿石运输的效率，纺织业则通过使用蒸汽机实现了大规模的生产。第一次工业革命时期蒸汽机的机械设备，基本可以理解为皮带、轴承和蒸汽机的联动装置，存在着为追求稳定性而不得已增加机械复杂连接和复杂连接对动能的消耗之间的矛盾；同时也存在着由于单一动能装置限制，而不得不在一个地方不断扩大工厂规模的问题。1831年法拉第发现的电磁感应定律为第二次工业革命奠定了理论基础，电动机的发明改变了所有机器都是单一动力来源的状况，起到了输送和分配能量的作用，在更广泛的范围内实现了效率的提升。

在《我们如何走到今天：重塑世界的6项创新》(*How We Got to Now–Six Innovations*) 一书中，作者史蒂文·约翰逊通过介绍制冷、钟表、镜片、水净化、录音和人造光这6项创新的发展历程，展示了科技进步对人类约束的释放历程。例如，玻璃最早形成于2600万年前，二氧化硅颗粒在利比亚沙漠高温炙烤下，形成了新物质——玻璃。公元1291年，玻璃开始被大规模制造。玻璃的出现带动了后来的很多新发明，包括镜片、玻璃纤维、镜子等。这些伟大发明在很大程度上释放了人类的约束：镜片推动了显微镜和望远镜的发明；显微镜让人类有机会了解生命的基本结构——细胞，并基于对细胞、病毒、细菌的认识发明了疫苗和抗生素，从而有效延长了人类的寿命；望远镜将人类对宇宙的认识扩展到了地球之外。

与第一次、第二次工业革命通过顶部强压的方式推动，从供应端出发快速提高生产效率、节约劳动力成本不同，以计算机和信息技术革命为代表的第三次工业革命，以及以人工智能、清洁能源、机器人技术、量子信息技术、虚拟现实技术和生物技术为主的第四次工业革命更多的是从底部以技术推动创新和自组织一点点发展出来的。第三次工业革命产生的互联网，解决了人类信息高效传递和人与人高效连接的需求。第四次工业革命产生的人工智能和移动互联网，通过万物互联、万物智能的方式，在释放约束满足人类更高阶愿望和需求的同时，也带动了新兴产业的崛起。人类对外太空的探索和对虚拟世界的探索等，也都是通过对约束因素的突破，更大程度地满足人类的愿望和需求。（见图1-3）

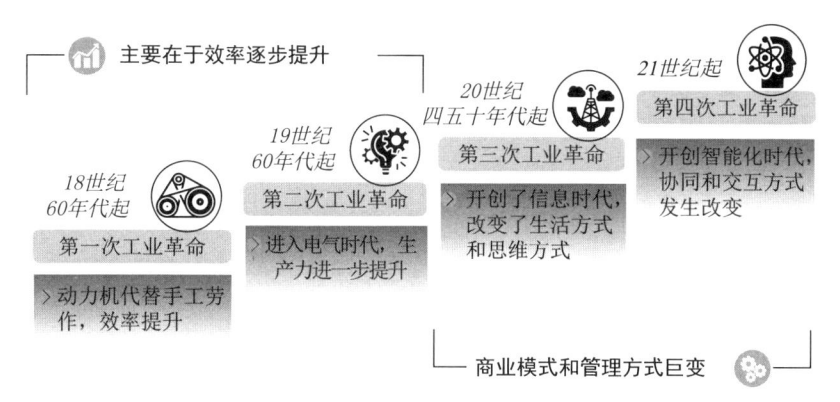

图1-3 工业革命对商业社会的影响

决定社会动态效率的关键要素

影响社会动态效率的四大要素

随着社会文化和科技的日新月异，约束因素所构成的空间被不断延伸，人的需求伴随着期望的变化也同步发生着相应的变化。从个体角度而言，之前所属的需求迭代升级和约束因素组成的现实世界，达到了动态平衡。而从社会整体角度而言，约束条件涉及不同国家和地区的发展历史、宗教文化和自然条件等因素，社会层面的约束条件和需求关键要素是诸多个体相关要素的"加总"，社会约束包括人均GDP（国内生产总值）和社会认知两个因素，而社会需求则涉及人口结构和层级市场两个因素。

（1）人均GDP：经济学中衡量经济发展的宏观指标，由社会产品与服务的产出总额和总人口计算得出，主要用于间接衡量居民人均收入。一般来说，人均GDP越高，人均可支配收入就越高，人们在预算资源上的约束相对就越小，对社会消费而言，消费的绝对规模就越大；但由于不同收入阶层对同一需求的重要程度定义有所不同，同样的需求在不同阶层消费占比并不相同。对于收入较低的个体/家庭，必需品支出占比高，即恩格尔系数大；而恩格尔系数相对较小的个体/家庭，更多的收入用来投资和储蓄，在一定时间内他们的消费支出占收入的比例下降。对后者而言，收入约束进一步释放时，储蓄的必要性下降，代表当时需求要素的消费比例再次升高，直到满足后再次收缩，周而复始，社会整体需求和人均GDP相应呈现出多级U形关系。

（2）社会认知：由社会文化和信息获取共同决定，社会文化决定了需求偏好，而信息获取决定了需求预期。回顾全球一些典型国家的社会发展历程，可以发现，社会高速发展带来约束的超高速释放，这样的背景往往会伴随着社会阶层的分化以及文化交融，消费者的价值诉求也会逐步裂变，形成新的但是稳固的价值观，这些价值观直接影响了消费需求。例如处于二战后经济复苏期的日本、英国和美国，都产生了主体社会文化之外的亚文化圈层，这些圈层带来了新的需求。同样，科技进步改变了人们获取信息的及时性和广泛性，这些信息的获取帮助人们有了更多的自我认知和判断，从而形成了稳固而被广泛认可的范式转移。

（3）人口结构：不同年龄个体的需求会有所不同。年龄较小时，消费需求高而且以必需品为主；到一定年龄时，大额消费增加，比如住房、汽车、教育和医疗等；年龄再增加时，储蓄增加，消费需求会在一定周期内减弱；而到老年时，多数的收入都会用于消费。当然，根据马斯洛需求层次理论，需求的层次会迭代升级。这样的改变到了社会层面，就会形成该层面的需求特征，从而影响社会整体需求结构。自20世纪60年代以来，全球人口数量一直在增加，但生育率一直在放缓，同时随着物质条件和生活水平的提升，人类寿命一直在延长。人口增加、生育率和死亡率降低直接导致人类加速进入老龄化社会。哈佛大学经济学和人口统计学教授戴维·布鲁姆（David Bloom）在2020年发表的文章《人口2020：人口结构成为经济发展速度和进程的潜在驱动力》中，描述了人口老龄化对于未来全球社会发展和经济增长的巨大挑战。老龄化社会到来，直接的表现就是人口红利时代经济特点的改变。人既是劳动者也是消费者，当劳动人口总量超过消费人口总量时，社会供给总量就超过相对需求，社会经济的特点就是储蓄率高、低通胀、低利率；而当消费人口总量超过劳动人口总量时，就会出现劳动力短缺和错配并导致经济增长乏力。

（4）层级市场：在一个社会中，如果不同层级市场的消费者之间可支配收入差距大，可支配收入低的人群考虑到未来一段时间无法改变收入，以及对未来消费支出增加的预期，将会抑制消费、增加储蓄。而对于可支配收入高的人群而言，基本的需求已经得到了满足，收入的增加并不会带来消费的增加，按照凯恩斯的边际消费倾向递减规律，收入越高，平均消费倾向越低。从社会整体而言，各个层级市场的消费者之间的可支配收入差距大就会抑制整体消费需求。对一个国家/区域而言，通过增加人口流动、产业迁移等方法可以提升各个层级市场需求升级的速度，从而促进整体社会需求的增长。2021年中国全面建成小康社会，共同富裕示范区正式落地浙江，除了现实意义，也可以带动整体经济的可持续增长。

社会进步源自关键要素的动态平衡

诺贝尔经济学奖获得者丹尼尔·卡尼曼在《思考，快与慢》一书中写道："任何事物的发展都有一定的规律性，如果赶走耳边的杂音、拨开眼前的迷雾，事物发展的本质将无比清晰。"

取得（过）市场领先地位的企业，往往都是能够高效合理安排资源，并给用户提供独特价值的企业。但是，对企业而言，有些独特价值延续性长一些，有些独特价值延续性短一些，这一方面取决于竞争对手跟进的速度，另一方面取决于时代变迁的背景下，企业所提供的价值对动态变化的需求与约束条件的适应性。

从投资视角而言，独特价值最初往往会获得较高的预期回报率，但是当其随着企业规模扩张而被兑现后，投资者对企业曾经创造的业绩就会逐步"淡忘"，转而找寻当下具有更加"独特"价值的高增长企业。这也是一些有着高市场占有率的行业龙头企业，打败了众多竞争对手，但是股价增长却表现平平的原因之一。

企业保持持续增长的源泉，在于持续的价值创造。这份价值创造要么来自企业为用户（群）提供的独特价值，要么来自最大化满足用户基本需求的通用价值。在动态效率理念里，企业如果能够根据目标用户（群）定位，在保持用户（群）体验最佳的同时，实现企业成本和经营效率的最优化，使用户（群）需求在约束条件下得以最大化满足，就具备了持续增长的源泉。针对消费人群的动态效率平衡就是持续增长的核心。

如上文所述，在《工人日报》记者2019年的采访中，70后马彦辰讲述了自己家20年内换了三次电饭煲的故事。马彦辰说："第一次买电饭煲是1999年，'三角'牌，上下两层，当时市场上的产品不如今天丰富。因为经济能力有限，买来就为了早上蒸饭能快些，偶尔会煳锅，用了8年。第二次买电饭煲是2007年，当时开始考虑电饭煲的性能和品牌，买了'松下'牌的，不仅能煮饭，还有定时、保温、煲汤等多种功能，煳锅、粘锅等状况也改善不少。今年（2019年）买电饭煲，口碑、性能、全世界的好品牌以及煮出来的饭的口感都考虑了，最后看准一款智能预约电饭煲。这款电饭煲通过电磁加热技术煮饭，微电脑感知米粒受热状态，前一晚预约定时就能煮好早饭。"1999年、2007年、2019年，马彦辰家换了三次电饭煲，这三年中国人均GDP分别是1100美元、3100美元、11000美元。

在上海工作的小蓝是泡泡玛特早期的粉丝，她购买的第一个盲盒是Molly（虚拟形象）。小蓝把这个噘着嘴、湖绿色眼睛的小女孩当女儿一样对待。小蓝说："我一个人在这个城市工作，也需要陪伴，而且让自己开心很重要。去年，我每个月花几十元买一个盲盒，拆的时候很满足。"泡泡玛特70%的消费者是女性，其中都市白领占比最大，这些年轻都市白领需要陪伴、需要悦己，愿意为自己的爱好买单，不算昂贵的盲盒刚好满足了年轻都市白领的需求。2016年，小蓝购买第一个Molly时，上海的月平均工资是6500元。2020年，小蓝每个月买一个盲盒的这一年，上海的月平均工资是10338元。

过去 20 年里，"马彦辰"们的可支配收入平均增加了 10 倍，之前想买没钱买的约束因素减少了，消费需求自然也就逐步升级了。"小蓝"们用 1% 的月收入获得了"陪伴"和"悦己"的精神满足。致力于满足"物质需求"和满足"精神需求"的企业，通过对用户消费需求的把握，不断创造、优化和升级产品满足用户需求。就是在这样约束不断释放、需求不断被满足的过程中，社会进步了。进步发生在需求与约束的动态平衡之中，发生在需求和供给的迭代升级过程之中。

现在，需求变化对社会进步的推动作用，远远超过了增量社会时代产品主导市场的阶段。星巴克除了咖啡，还给大家提供了社交空间。但是，随后人们发现社交空间不一定要在星巴克咖啡馆，也可以自己构建，所以就有了互联网咖啡，30 分钟快递送达。30 分钟之内，你可以用咖啡做介质，在任何你喜欢的地方构建社交场景。之后，大家觉得这样有些时候还是不方便，参与感也不够，这时候基于冷萃技术的口味还原速溶咖啡就出现了。

从古至今，无论社会发展到什么阶段，人们的需求升级层次和价值诉求维度都是相对恒定的，个体和社会的约束因素也没有改变，唯一变化的是每个维度上的"数值"和"权重"。通过需求和约束之间的动态平衡，二者所构成的现实被逐步扩大并稳定下来，这种"扩大"推动了社会的巨大进步。

第二章 动态效率的演进：历史有着相似的历程

每个国家或地区都有自己独特的历史和文化渊源，历史的车轮滚滚向前，行驶在同一条道路上，无论早还是晚、快还是慢，最终的轨迹都大致相同。如同马克·吐温所说："历史不会简单地重复，但总是押着相同的韵脚。"

技术发展在推动生产力大幅度提升的同时，也改变着人们的生活方式和思维方式。约束释放和需求满足之间的动态平衡关系，推动着全球各个区域的消费行业发展，它们都有着从萌芽期到增长期、调整期，之后再进入成熟期的相似历程。（见图2-1）

（1）萌芽期：处于萌芽期的市场，物资供应不丰富，用户主要需求为以满足生存为主的基本物资，由于供需关系的不平衡，上游的供应资源由少数寡头垄断，产品品类相对单一，主要物资渠道由寡头完全垄断，部分非垄断商品和服务的销售渠道极度分散。

（2）增长期：随着经济的快速增长和物资供应的日益丰富，用户在满足基本生存需求的基础上，对产品品牌、品质等因素有了进一步

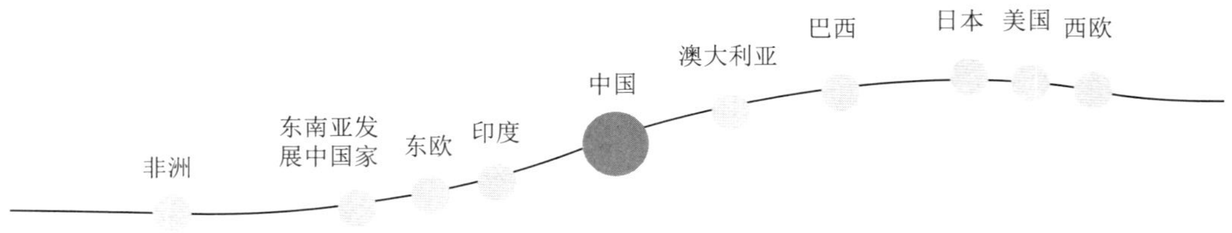

市场阶段	萌芽期	增长期	调整期	成熟期
需求	• 价格驱动	• 品牌、品质等	• 品牌、品质及增值服务	• 个性化、多元化消费需求
市场	• 垄断/寡头	• 竞争加剧	• 稳定增长、利润率稳定	• 市场成熟，细分市场竞争
产品	• 产品较单一	• 新产品引入，逐步细分	• 更多新产品，细分市场展开竞争	• 提供全方位产品
渠道	• 分散的分销渠道	• 分散分销渠道为主	• 合理化整合分销渠道	• 高度整合分销渠道

图 2-1 全球消费行业发展趋势

（曲线标注：非洲、东南亚发展中国家、东欧、印度、中国、澳大利亚、巴西、日本、美国、西欧）

的诉求，市场竞争加剧，推动了产品利润的下滑，新产品的引入和细分，也推动了很多大市场格局雏形的形成。

（3）调整期：经济进一步高速发展，用户对品牌、品质和其他增值服务有了更多、更细化的诉求。主体市场格局的形成使很多行业开始保持稳定增长，利润率也逐步趋于稳定，进一步的竞争往往存在于细分市场之中。细分市场中会不断涌现出新产品，渠道结构进一步趋向于满足用户需求的合理化整合。

（4）成熟期：经济增长进入稳定低速增长期，用户的基本需求被极大化满足，用户需求的个性化、多元化成为新的经济增长驱动因素。满足全方位需求的产品供应，以及高度整合的供应渠道，呈现出需求被极大化满足后，供应的调优回归趋势。

纵观全球各区域市场发展历程，无论是日本、美国、西欧等成熟经济体，巴西、澳大利亚等处于稳定调整期的经济体，处在增长期的印度、东欧、东南亚发展中国家，还是处于萌芽期的非洲国家等，无一不是经历了或者正在经历这样的发展历程，唯一的区别只是进化速度和进化细节的差异。

中国过往30余年的高速成长，伴随着互联网、大数据、人工智能、物联网等信息和智能技术的快速推广，受益于巨大的人口红利、技术爆发周期以及制度的巨大优势等，总体市场以超乎寻常的速度，进入了当下从增长期向调整期发展的快速转换周期。

英国前首相丘吉尔说过："The farther backward you can look, the farther forward you are likely to see." 意思是："你能看到多远的过去，就能看到多远的未来。"

尽管当今世界面对的不确定性因素增加，黑天鹅事件频发、全球安全和经济持续增长面临巨大挑战，但多数事物发展的底层逻辑，总能从过往经历过周期的历史中找到，它们也总是符合逻辑条理和逻辑顺序的。

我们细致、客观而谦逊地研究经历过增长期、调整期进入成熟期的经济体,就可以看到这些经济体的每个发展阶段都经历了各自的必经过程,而这些过程所呈现的规律对于即将进入下一阶段的我们无疑是有参照意义的。

总体来说,经济体所经历的每个发展阶段,如同动态效率理念中所描述的,有赖于社会动态效率的几大因素,即居民可支配收入增加、技术进步等等。约束释放和需求满足之间的动态平衡关系推动着发展进步的节奏。

对消费行业而言,从过往几十年的发展历程中,我们可以看到人、货、场维度的总体演进规律符合动态效率理念。

人:用户从总体相似(一群人)向个体差异(一个人)方向细化。

货:品类优化从两端(标品、非标品)开始,两端都逐步向中点(标品非标化、非标品标准化)集中。

场:随着消费需求的变迁,渠道业态也遵循分散、单一、集中、细化、融合演进节奏。(见图 2-2)

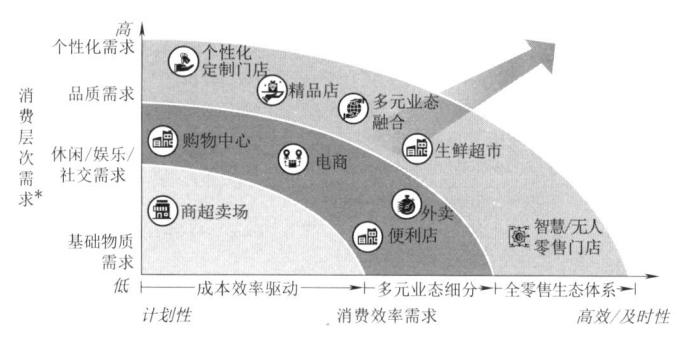

* 传统马斯洛需求层次理论从低到高分别是生理需求、安全需求、社交需求、尊重需求和自我实现需求,本图中的消费需求基于马斯洛传统理论并结合实际消费习惯进行了相应修改和对应。

图 2-2 消费需求层次与渠道业态演进图

未来的消费环境也会遵循相似的规律，逐步从单一场景的个性化扩展到整个消费场景的个性化，继续深化和提升消费场景的精细化程度。同时，随着商业环境的进一步发展，行业与行业之间逐步出现边界模糊和相互融合的现象，生态构建者和构成者也随着生态的自然发展而逐步退出历史舞台。

如果以更高的视角去俯视"一直在重演的历史"，就能看到社会演变的规律、历史发展的轨迹，并能够进一步领悟未来社会前进的方向。通过对成熟经济体（日本、美国等）消费行业发展历程的分析，我们可以有效识别过去的静态信息和现在的动态信息，找到动态效率演变的发展逻辑，从而洞察与思考不确定环境中确定的底层逻辑与规律。

动态效率在日本、美国的演进历程

日本百年经济发展的四个阶段

日本经济发展阶段以及各个阶段的特征，总体依照全球消费行业发展的四个阶段演变，并呈现出每个阶段特有的消费品类和渠道特征，这些特征也反映出每个阶段的社会背景，以及需求满足和约束释放之间的动态平衡关系。中国和日本同处东亚文化圈，在文化属性、储蓄习惯和消费偏好等方面，两国有很多相似之处，通过了解日本的发展阶段，其他处于增长期和调整期的经济体可以受到启迪。

日本作为亚洲最发达的经济体之一，在过往百年的经济发展中，经历了战败、复兴、地缘政治冲击、经济泡沫、自然灾害等一系列不确定因素。在这些不确定因素中，我们可以看出经济发展的总体阶段性规律，以及时代背景带来的国民消费主体和价值诉求的变迁。

（1）萌芽期（1912—1944年）：这个阶段的日本消费市场，以满足衣、食、住等生存必需品消费为主。人口以每年5%的速度快速增长，老龄人口占比在5%以内。这个阶段的日本有较长时间处于战争状态，全民的国家观念较重，由于大量的战事需求，大批量消费品生产带来经济增长和消费满足，百货业态兴起，随着交通的逐渐便利，人口向大城市（东京、大阪等）快速流动。1913—1940年间，东京人口占日本全国总人口的比重由5.3%提升至10.1%；大阪人口占日本全国总人口的比重由4.1%提升至6.6%。

（2）增长期（1945—1973年）：日本的这个阶段是从二战失败到1973年"石油危机"爆发，这个阶段是日本的经济高速增长期，人口出生率为2%~5%，老龄化比例为5%~6%，城镇化率从1945年的28%提升到1973年的76%。全民价值观从国家观念逐步转变为以家庭和社会观念为主。以家用电器为代表的耐用消费品在全国普及和推广，夫妻和孩子所组成的小家庭成为消费的主要单元。拥有自有住房、汽车以及电视、冰箱等大件家电产品为中产阶级家庭的标志。大型连锁百货和超市业态快速扩张，消费升级也从大城市快速扩展到全国范围，大众化、批量化、标准化的消费是这个阶段的消费特征，民众总体对于品牌和品质没有个性化的要求。

（3）调整期（1974—1995年）：这个阶段的日本，经济进入中速发展期。这个阶段的人口出生率维持在1.3%~2%，老龄化比例为6%~20%。GDP的复合年均增长率，相较于增长期（1945—1973年）的15.53%，下降到6.59%。这个阶段的人口结构呈现出以下特征：消费者人群中，职场女性以及单身人口比例增加。消费主体从家庭转向以个人为主，轻、薄、短、小的个人化商品受到消费者喜爱，全民价值诉求从重视家庭和社会，转向重视个人。便利店业态快速发展。家电消费从最初一家一台向一人一台、一屋一台发展。奢侈品品牌在这段时间高速增长，当时有一则风靡日本的精工手表的广告，广告语为："衣服每天都要换，难道手表就不用换着戴吗？"消费呈现出个性化、多元化、高端化、品牌化的趋势。

（4）成熟期（1996年至今）：现阶段的日本，经历了大地震、金融危机等大事件，导致国民总体收入减少。尤其是1997年亚洲金融风暴后，日本经济陷入长期停滞不前甚至衰退的状态，1996年至2016年也被称为"失去的20年"，这个阶段日本的GDP复合年均增长率仅为0.34%。人口结构也呈现出低出生率和高老龄化的趋势，经济萎缩、失业率升高以及工作机会减少，导致购买力下降，消费市场萎缩。随着物质的丰富和文明程度的提升，整体价值观转变为更加崇尚共享和社会奉献。共享经济兴起，从汽车、住宅、生活用品到知识服务等方方面面都可共享。消费回归到朴素化、无品牌、休闲化、本土化倾向，在所有年龄层都呈现出以个体为中心的消费倾向。

美国经济发展的四个阶段

美国经济的发展阶段和各个阶段的特征，总体也遵循全球消费行业发展的四个阶段的规律。美国经济的腾飞得益于二战后社会生产力的快速释放，以及信息科技与商业创新的迅速发展。中国和美国虽然是全球最大的两个经济体，但是中国的人均GDP与美国还存在显著差异，全球第一大经济体的经济发展历程对未来中国经济增长和企业发展能够起到一定的参照作用。

美国当前是全球最大的经济体。纵观其发展历程，它通过第一次和第二次世界大战迅速成为全球最富有的国家，随着大规模生产带来的充足供应和人均可支配收入的增加，消费对象从基础消费品发展到耐用消费品，社会逐步进入品质化、品牌化消费时代。之后，由于经济危机、人口结构和贫富差距等原因，消费逐渐回归理性，并更加注重性价比。

（1）萌芽期（1900—1945年）：20世纪早期的美国，在第一次世界大战期间，通过同时向参战双方协约国和同盟国提供军火，迅速跃升为全球最富有的国家；第二次世界大战前，美国虽然在1929年和1937年两度出现经济危机，但是随着国内新政和军备扩充，经济快速恢复并得以发展。这个时期美国人口快速向城市集中，主要消费集中在日用消费品，大众消费主义盛行。

（2）增长期（1946—1973年）：这个阶段的美国，经济进入高速增长期。二战结束后的婴儿潮以及持续增加的外来移民，使得美国的人口持续增长，也刺激了大众消费品和房地产行业的增长。同时，战后生产力的快速释放，金融信用体系的完善和科技创新的发展，推动了美国消费主义以及超前消费的盛行，耐用消费品开始受到欢迎，汽车普及，消费享乐主义成为这个阶段的主题。美剧《广告狂人》里故事发生的背景就是这个阶段，主人公德雷柏通过豪华汽车和公寓、高级餐厅、名牌西装以及富足的生活，来彰显自己的身份地位，是这个阶段典型的品牌与品质化消费的代表。

（3）调整期（1974—1999年）：这个阶段的美国，经历了1974—1980年的实际GDP负增长，国内失业率增加，还伴随通货膨胀。之后，在政府经济结构调整政策刺激下，经济恢复增长。同时，通胀问题让人们明白，相较于存钱，借贷和消费更为实际。在居民人均消费高速增长的同时，居民债务占可支配收入的比例也从1978年的59%上升到1990年的75%。中等收入群体崛起，人口郊区化，通货膨胀改变了人们的消费心理，购物中心、仓储超市和大卖场快速发展，以满足人们对理性消费的需求。

（4）成熟期（2000年至今）：从2000年开始，虽然美国成了全球经济霸主，信息技术和创新模式促进了其经济的持续高速增长，但是之后的互联网泡沫和房地产泡沫，使得人们理性消费意识进一步提高，千禧一代购物时更加注重性价比，各阶层之间经济收入差距拉大，经济增速维持在低单位数增长，电子商务兴起。

动态效率在各阶段的特征

从日本、美国经济发展的几个阶段，我们看到了对社会动态效率起作用的四个维度（人均 GDP、社会认知、人口结构和层级市场）对经济的演变起到了决定性的作用。对消费个体而言，消费群体的需求随着约束的释放而逐步迭代升级，从而形成了每个阶段的独特消费特征。

（1）萌芽期：随着经济的发展，生产效率的快速提升，以满足生存和安全需求为主的消费品供应充足，日用消费品需求得到了较大程度的满足，城镇化进展逐步开始，业态主要以传统百货门店为主。

（2）增长期：经济高速发展，高档物品和耐用品消费快速发展，消费主义盛行。综合超市、现代大型百货和购物中心等业态崛起，奢侈品消费高速增长。

品牌化：物质的快速丰富进一步推动了消费需求的升级，社会需求和被尊重需求增加，消费偏好转向高端化、品牌化，人们更喜欢追求品牌，认为品牌就是高级的标志，也是社会地位的标志。

大型化：经济的高速发展推动消费者从基础需求向高级需求转换，大量生产和大量消费相互促进，多数以家庭为单位消费，汽车、家电等耐用消费品开始盛行。

（3）调整期：个性化需求开始凸显，消费需求从单纯的商品消费转向服务型消费。电子商务高速发展，线上与线下零售商的整合也在加速出现。同时，随着调整期出现的经济疲软和人口结构变化，追求性价比、便捷性和个性化等消费特点在这个阶段凸显。

性价比：经济持续低迷让消费者不愿意支付过高的品牌"溢价"，追求性价比的理性消费受到消费者的青睐，低价商品受到欢迎，包括酒、饮料、食品等，也包括服装类产品，优衣库、无印良品等渠道品牌在这个阶段迅速崛起。沃尔玛、Costco（开市客）等仓储超市和大型卖场也得到了进一步发展。

便捷性：随着劳动人口数量下降、单身族增多以及社会老龄化，消费人群对便捷性和品质安全有了更多的需求，便利店、外卖行业等保持着高速增长，即使在金融危机时期也一直保持着较高的增长。7-11（日本伊藤洋华堂公司所属便利店）、Family Mart（全家便利商店）、宅急便等在这个阶段都保持着高速增长。

（4）成熟期：电子商务和实体企业进一步融合，使得便捷化的需求进一步提高，消费更加注重个人感受，以及人与社会的关系，具有地方特色的产品、设计师产品以及共享产业兴起。

服务体验化：进入成熟期的经济体，相较于物质产品，市场对服务的需求增多，也更加强调个人的服务体验。人口出生率呈现负增长，老龄化问题成为经济持续增长的重要约束因素，社会在医疗、养老等方面的需求激增，一些融合医疗和养老服务的企业发展迅猛，比如日医学馆等。另一些能够满足归属认同类精神寄托的服务产品，也具有较大的空间。

去物质化：新一代消费人群推崇简约和环保主义，体现出明显的去物质化趋势，追求个人内心的满足感，以及人与人之间的连接。地方特色产品、满足个人喜好的设计师品牌，以及共享经济兴起。

动态效率在中国的演进历程

中国消费行业整体发展历程

中国消费行业伴随着中国经济的腾飞得到了极大发展，也支撑着中国经济的进一步增长，总体呈现出与全球其他经济体相似的发展规律，始终围绕着需求升级、约束释放而有序发展。

萌芽期：1978年之后，中国经济从计划经济体制过渡到社会主义市场经济体制，人均GDP从381元（1978年）增加到1600元左右（1990年）。在所有制改革和以东南沿海为重心的区域非均衡经济发展战略下，各个区域在优势产业上的发展，带动了中国整体经济的快速发展。这个时期，消费主要以日常生活的必需品为主，部分富裕家庭开始购入供应有限的大型家电产品，但整体渠道依然带有计划经济时代的特点。

增长期：1991—2010年，中国经济持续保持两位数增长，生产供应能力进一步加大，外资品牌进入，满足一站式购物的大型卖场和购物中心成为城市购物休闲的主要场所。旺盛的购买需求和上游生产供应能力，使得满足消费者升级需求的建材、家装家居、家电、服装等品类店快速做大。电子商务（2003年）和移动互联网（2010年）的快速普及，也进一步促进了消费的增长，电商渠道开始快速取代线下渠道，销售品类从最早的标准化产品（化妆品、奶粉等）逐步扩展到非标品（生鲜品类等），渠道整体呈现出电商的快速增长和线下渠道的日益衰落局面。

调整期：从2010年开始，随着供需达到平衡，线上渠道优势的进一步扩大，以及行业爆发的高库存和线下门店的关店潮，行业进入震荡调整期。以消费者为中心的零售转型开始，精细化运营从优选项变成了企业经营的必选项。从2016年开始，线上线下融合的新零售快速发展，线上零售商收购整合线下零售商，线下零售商也加快了线上融合，新兴业态加速发展。整体业态向更方便、更专业、更高性价比、更具体验性的方向发展。社区零售、电商品牌、小众品牌等迅速发展。

2021年中国人均GDP超过10000美元，部分一线城市人均GDP超过20000美元。综合考虑各级需求和全方位供给的成熟度，总体而言，中国经济目前还处于调整期的初期阶段，未来随着人均GDP的增加和产业结构优化会稳步进入成熟期。全面迈向成熟期的过程中，消费会向着融合、精准、高效、开放方向发展，共享经济和更便捷也会是必然的发展趋势。

而从"人""货""场"这三个维度的认知重点角度来说，在早期"跑马圈地"供给小于需求的时代，经营"货"的方式是对的，因为"货"的经营者拥有定价权。而随着经济发展和产能供给的日益丰富，按照过往线性的"成功"之道，经营"货"的方式必然会面临价格竞争或者库存过剩问题，消费行业中众多的细分行业进入成熟阶段前都经历了这个过程。在"货"供应过剩的情况下，市场进入了经营"场"的发展阶段，也就是"渠道为王"的发展阶段，企业凭借快速的渠道扩张粗放式高速发展，当年的家电零售、百货商场、大卖场、电商平台等都是发展的获益者。随着市场繁荣和科技发展，供需关系有了进一步的改变，在一些传统行业里，行业老大多年的霸主地位被跨行的"新兵"打得丢盔弃甲，只能跟着"新兵"的步伐慌忙补位。是什么导致了这样的结果呢？经营"人"的出发点和相对于"线性思维"的"概率思维"模式使得很多"新兵"能快速崛起，势如破竹，也是众多业界霸主能够屹立不倒的关键原因。

动态效率时代消费者的特征

随着居民可支配收入的增加和大众消费心态成熟度的提升，在技术进步带动的效率提升和交互助推下，消费者一方面开始更加注重与精神相关的消费升级产品和服务，例如医疗健康、教育、休闲娱乐等，另一方面更关注高频消费商品的品质和价格，食品饮料、服装等基本消费品的成本和消费支出占比持续下降。在全民共同富裕的时代背景下，消费市场的结构将由"金字塔形"向"橄榄形"转变，

向中高端升级延展和向下延伸整合将是顺应结构性变化的必然趋势。（见图2-3）

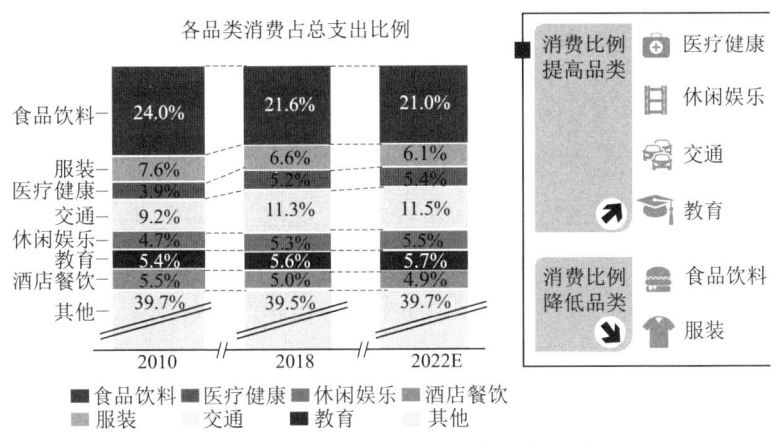

各品类消费占总支出比例

品类	2010	2018	2022E
食品饮料	24.0%	21.6%	21.0%
服装	7.6%	6.6%	6.1%
医疗健康	3.9%	5.2%	5.4%
交通	9.2%	11.3%	11.5%
休闲娱乐	4.7%	5.3%	5.5%
教育	5.4%	5.6%	5.7%
酒店餐饮	5.5%	5.0%	4.9%
其他	39.7%	39.5%	39.7%

消费比例提高品类：医疗健康、休闲娱乐、交通、教育

消费比例降低品类：食品饮料、服装

图2-3 消费结构由基础消费向服务型消费转变

到2020年，中国中产阶层以上群体的消费支出占整体消费支出的比例为42%，对于满足生理和安全需求的品类，他们追求品质和性价比；对于升级性需求，以中产阶层为代表的人群追求能代表其自身阶层标识和品位的消费，更看重个性化，小众品牌逐步代替大众品牌成为他们的偏好。而低收入人群在追求品质的同时不愿意支付更多的溢价。

消费变化背后真正的动因是代际变迁，没有消费人群的变迁，消费环境和消费行业就不会发生根本性的改变。目前，在中国消费人群中，90后、00后占比达37%。这一人群的消费观念与过往的消费特征有显著差异。比如：50后、60后倡导朴素节约的消费观念；70后追求务实但开始认品牌；80后开始注重个性但依旧看重品质；90后、00后作为移动互联网新生代，信息获取途径更多，更追求个性、关注内容，具备较强的自我意识、多元的价值观、丰富的兴趣圈层。但与此同时，随着社会压力增大，文化层次更加丰富，御宅族、低欲望人群和丧文化群体也日渐壮大。表面看来，消费降级、简化需求成为这些人的共同选择，但实际上他们同样愿意为情感付费，在自己感兴趣的领域一掷千金。

成长于中国经济高速发展和物质极大丰富的年代的Z世代，与其他年代人群相比，消费意愿更强，消费潜力更大，更乐于表达与分享，注重个性化，主要依靠网络获取信息，更清楚如何利用网络平台发声，打造自己的互动社群。根据国家统计局的数据，1990年及以后出生的人口已超过总人口的1/3。他们的年消费增长率为14%，是"上一代人"（1980—1989年出生的人）的两倍。他们喜欢个性化、定制化和场景化的消费形态，消费习惯更加多元，购买行为具有网络化特征，更多地追求享乐和感官刺激。在满足生理和安全等基本需求之外，也不断追求好看、好玩、好用的产品，以及社交、悦己、圈层认可等精神享受。

根据研究机构对新消费人群趋势的研究，按照消费诉求的不同，中国消费者大体可以分为六类。（见图2-4）

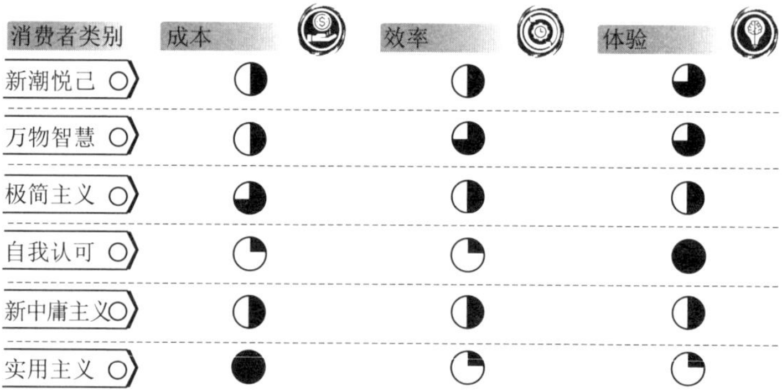

消费者类别	成本	效率	体验
新潮悦己	◐	◐	◔
万物智慧	◐	◔	◔
极简主义	◔	◐	◐
自我认可	◔	◔	●
新中庸主义	◐	◐	◔
实用主义	●	◔	◔

图2-4　不同消费群体对成本、效率、体验需求的差异

（1）新潮悦己：追潮、追美、追惊喜，追求社会风尚影响下的群体消费和率性购买。强调"消费即信仰"，愿意为满足自我身份认可和文化归属的需求买单，关注个体体验，对成本关注度较低。

（2）万物智慧：始于创新，终于实效，对于自身能感触到的创新产品积极尝试，通过追求全方位的智能高效生活，满足生活品质和自我实现需求。关注效率和体验，对成本关注度相对较低。

（3）极简主义：回归物质和精神双重减负，控制物欲，提升生活品质，重获身心自由。对于产品的选择强调性能而非品牌，价值诉求相对复合，强调化繁为简，关注成本，同时也在意体验和效率的升级。

（4）自我认可：对内关爱"小我"，对于自我生活品质和健康愿意投入；对外关注"大我"，回归自然、尊重环境，追求更广阔的社会价值与自然价值，最关注体验。

（5）新中庸主义：综合考虑各方面，强调需求是生产的动力，在时间和精力有限的情况下，通过选择"都还可以"的产品，做出综合满意度最高的选择，例如预制品、一次性产品、复合功能产品等。价值诉求最为综合，各项相对均衡。

（6）实用主义：聚焦功能满足，崇尚性价比，偏好能满足功能需求的优价产品，认可可以购买到高性价比产品的渠道，最关注成本。

2019年底暴发的全球新冠肺炎疫情对消费者心理和行为带来较大影响。看待品牌时，消费者心智中的"安全性""趋同性""便利性""目标性"四个要素进一步凸显；对消费环境、产品和服务的安全性有了比以往更高的要求。个体消费受群体影响效应凸显，"趋同性"购买心理将得到强化，未来以社交为基础的购买行为将快速增加。消费者对便捷性和速度的要求相较以往进一步强化，社区型商业、线上商业交易将进一步提升，同时配送时效也将成为消费者购买行为中更为重要的决策影响要素，而消费者基于品牌预设的"目标购物""速战速决"等购物方式将成为主流，在购买行为上消耗的时间也将进一步缩减。

新消费时代的行业格局

中国经济经过了40余年的快速发展，从产业发展阶段的角度而言，相较其他发达经济体"串联式"发展模式，中国的"并联式"叠加发展成果显著。2021年中国人均GDP突破10000美元，部分城市居民人均GDP超过20000美元，总体实现全面小康。

动态效率的演进，总是遵循着从"大"到"小"、从"易"到"难"、从"基本"到"升级"的过程，从满足大多数人的总体基础需求演进到满足小部分人个性化的升级需求。

在之前的章节中，我们可以看到消费需求从基础的物质需求与计划性消费逐渐向精神需求与即时性消费延伸，消费产品的品类和购物渠道业态也随之变迁。早期传统商超、百货、街边店较好地满足了消费者对基础物质和计划性消费的需求，而外卖、便利店与无人零售门店业态的发展满足了消费者对高效、即时性消费的需求，购物中心等现代渠道满足了消费者的休闲娱乐与社交需求，定制门店与精品店则意在服务消费者个性化与追求品质的需求。电商和多业态融合则在一定程度上兼顾了更多元的消费层次需求以及更高效率的需求。总之，零售业态的变迁最终都是满足消费者需求变化的重要体现。

随着新消费时代的持续演进，用户个性化的升级需求推动消费企业进一步在消费模式、生意模式、传播模式和流量模式上重新思考用户价值传递。

（1）消费模式变革：从"囤补/计划性消费"到"'种草'/非计划性消费"

全渠道发展及时满足了消费者在刚需品类上的计划性需求，电商定期促销和购物节也促使消费者形成了对于部分品类商品囤补式的消费习惯。随着人均可支配收入的提高,人们工作以外的时间被更多地分配到健康和休闲活动中,购物需求也逐步过渡到通过社群浏览和分享而触发的非计划性需求,消费活动融合到"种草"和社群内传播/分享的互动式消费环节中来。

(2)生意模式变革:从"以货荐货"到"因人入货"

在早期"人找货""人找场"的模式下,随着消费者线上购物习惯的养成,以及平台电商对用户大数据的整合,平台构建了基于算法逻辑日趋"精准"的"以货荐货"的模式。当消费者有相对明确的购物目标,在零售商(包括线下和线上)构建的"场"中寻找商品时,随着消费者购物相关数据的累积,平台能够更加精准地推荐相关商品给消费者从而促成交易。而在新消费时代,用户购物旅程会逐步形成以"小圈子"为中心的模式。该模式以"小圈子"的信息和人设为基础,在"因人入货"的模式中,商品信息通过各类社交媒介分散式地渗透/推送到消费端,影响消费者产生认同感从而达成交易。

(3)传播模式变革:从"中心化"到"去中心化"

传统线下零售和传统电商平台是以"中心化"方式单线式传播的,平台在带给消费者统一入口的同时,控制流量分配,商家通过购买流量和价格战拉动销售增长。在排名和营销导向的马太效应之下,流量不断向头部商品汇聚,中小长尾商品淹没在海量商品之中,结果是消费行为愈发关注高性价比头部商品而暂时"遗忘"了个体多元需求。这与动态效率时代消费者需求日趋个性化的发展趋势相悖。

而以"去中心化"方式进行的裂变式传播触点多元,依靠"小圈子"熟人经济与口碑效应打造多点式传播模式,每个社交节点都是流量入口,用户强黏性和高转化率让商家获得更广阔的空间。同时,"去中心化"传播模式在满足用户个性化需求的基础上,也在一定程度上缓解了价格战拉动销售带来的线下经销体系利益不匹配难题。

（4）流量模式变革：从"公域流量"到"公域+私域流量"

平台电商的集中效应推动了线上消费习惯的养成，头部效应也导致过往高流量平台的相对单一性。商家依赖公域流量进行线上营销，平台控制流量分配使商家为获取流量和满足平台促销要求而使得成本不断挤压利润。随着消费者对自身需求的进一步了解，以及商家用户运营能力的提升，商家通过打通私域流量和公域流量实现不同渠道会员的融合和需求满足，同时实现了线上线下利益平衡，也为品牌方反向赋能产业链全流程提供了数字化基础，形成了运营流量闭环的能力，帮助品牌方打造长期的用户经营能力。

成本篇

选择的重要性

在传统概念中，成本是人们进行生产经营活动或为达到一定的目的，所耗费资源（人力、财力和物力）的货币表现，包括材料、折旧、工资、销售过程中产生的费用，以及因管理而产生的费用。总体而言，成本是对生产过程中所消耗的生产资料和劳动力的事后统计，但是对于如何进行有效的成本管理没有涉及。

动态效率中的"成本"是个相对的概念，是为达到一种目的而放弃另一种目的所牺牲的经济价值。成本优化不是事后统计，而是基于事前正确选择，明确企业有效成本管理的思考维度和相关策略。动态效率中的成本管理从战略方向选择、核心资源的价值优化以及重点成本项利用率最大化三个维度递进综合考量，卓越的成本管理需要满足精准、精简、精细这几个重要指标。（见图1）

图1 卓越成本管理的关键要素

精准 — 战略方向选择
精简 — 核心资源的价值优化
精细 — 重点成本项利用率最大化

"精准"指企业结合自身所在"赛道"，通过战略方向的"精准"选择，聚焦核心，集中优势兵力赢得关键战役的胜利。

"精简"是企业在做好选择的前提下，精简一切非必要成本，聚焦企业价值创造原点，集中核心资源做深、做透、做极致。

"精细"是为满足消费者优化体验的需求和维持市场竞争力，企业最大化重点成本项（产品/劳动力/渠道）利用率。

第三章　精准：选择好赛道，打造绝对优势

　　动态效率中成本的概念是，为达到一种目的而放弃另一种目的所牺牲的经济价值，本质是一种牺牲和价值选择。可能是多种资源的价值牺牲，也可能是单方面的价值牺牲。比如：企业是选择聚焦主业纵深扩大规模，还是进行横向扩展多元化发展？企业是选择将资源投放到品牌能力建设还是生产供应能力建设？企业的价值选择是相对于其他选择的价值牺牲而言的，对于企业有限的资源而言，做出任何一种选择，都意味着放弃另一种选择。

　　资源作为企业经营过程中的重要约束条件，总是相对有限的。这里所说的资源包括人力资源、资金等方面。企业在资源有限的情况下，如何选择发展方向？如何夯实核心竞争力？作为成本管理中最核心的要素，"精准"对于解答这些问题的必要性和重要性不言而喻。"精准"的基本原则是选择好赛道、打造绝对优势。图 3-1 中的巨星矩阵，是依照赛道价值和企业竞争优势构建的。其中："巨星"是指在好赛道中有足够竞争优势的企业；"灰姑娘"是指虽在好赛道中但缺少核心竞争力的企业；而"山大王"是指虽然自身有突出竞争优势，但是所在赛道并非"好赛道"的企业。所谓的选择好赛道，是在空间

大、增速高、竞争少、自身强的赛道中做出选择、识别机会；而打造绝对优势，则是在识别和选择赛道的基础上，通过资源的集中投放构建企业的核心竞争力。

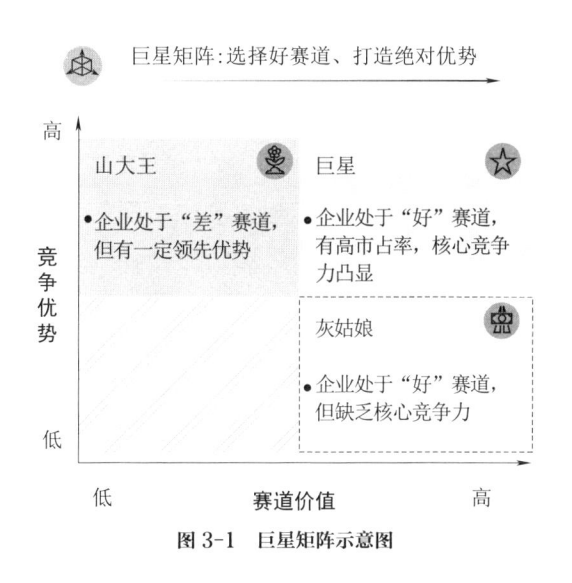

巨星矩阵：选择好赛道、打造绝对优势

山大王
- 企业处于"差"赛道，但有一定领先优势

巨星
- 企业处于"好"赛道，有高市占率，核心竞争力凸显

灰姑娘
- 企业处于"好"赛道，但缺乏核心竞争力

纵轴：竞争优势（低—高）
横轴：赛道价值（低—高）

图 3-1　巨星矩阵示意图

选择比努力重要

好赛道的四大标准和三种选择

动态效率中成本要素的"精准"指方向选择的"精准"，是成本管理中最重要的前提条件。如果选偏了方向，往往会事倍功半；选错了方向，就会南辕北辙；而如果选对了方向，则会事半功倍。

回顾过往，在不同历史阶段，总有一些事后看来很"命好"的产业赛道，例如：房地产、互联网、软件、新能源汽车、3C（计算机、通信和消费电子产品）、体育、智能家居、集成电路等等。虽然在不同的历史阶段，因为宏观环境和供需关系的差异，具体的"命好"赛道会有所不同，但这些"命好"的好赛道都符合四大关键标准：空间大、增速高、竞争少、自身强。这一定理亘古不变。（见图3-2）

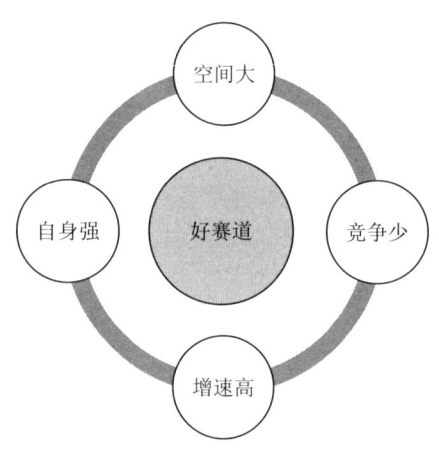

图 3-2　好赛道的四大关键标准示意图

空间：企业所在行业的市场规模。例如：2021年，餐饮行业的市场规模为4.7万亿元、体育用品行业的市场规模为3000亿元左右。

增速：行业的复合年均增长率。例如：2014—2019年，中餐行业的复合年均增长率达到9.2%，而西餐行业的复合年均增长率达到12.8%。

竞争：竞争的激烈程度，通常考量指标是市场集中度。例如：2020年，运动服饰行业CR5（业务规模前五名的公司所占的市场份额）约为70%，餐饮行业CR10则低于10%。

自身能力：主要指企业的核心竞争力，核心竞争力可能来自专利、资源或者核心能力。例如：苹果的创新、迪士尼的IP（知识所有权）、美的的成本管理等。

在现实中，很多企业即使了解了好赛道选择的四大标准，仍只把当期业绩结果作为衡量企业好坏的唯一标准，这种固执的"静态"认知在很大程度上是因为傲慢、懒惰、无知和怯懦。这种情况对企业而言，如同在崎岖的山路上开车，司机只踩油门不看路，是极度危险的。

对企业而言，战略方向的选择无疑是最重要的，是最消耗企业家精力、企业家也最应该花费精力的地方。企业发展是以社会大环境为背景的，而大环境是易变的、不确定的，是复杂与模糊的。这里说的社会大环境，既包括宏观经济，也包括产业发展周期和企业生命周期。企业家在企业经营中，既需要动态判断社会大环境，也需要基于自身资源和能力对机会做出识别和选择。对企业经营赛道做出选择，也就意味着对企业经营领域和竞争环境做出了选择。

在本书所讨论的自由竞争市场环境下，赛道选择的不同决定了企业竞争战略选择的不同。结合赛道的选择，企业竞争战略有三种（规模化、非竞争、差异化）。

（1）规模化：对于空间大、产品相对标准化或者产业核心能力要求相对单一的市场，规模化是获取市场领先地位的必要选择。在规模化竞争的过程中，领先企业通过降低利润快速提升市场占有率，获取相对的竞争优势。在没有法规限制的情况下，企业会持续增加市场份额，直到形成赢家通吃的"寡头"或者"双寡头"效应，"赢家"重新拥有定价权；或者在这个过程中出现颠覆性的新技术革命，新技术重整行业格局。例如：诺基亚最辉煌的时候占据全球41%的功能手机市场份额，直到智能手机出现；柯达生产的胶卷曾占有全球44%的市场份额，直到数码相机出现。在纯净水这个赛道上，根据AC尼尔森统计数据，2018年我国瓶装水行业CR3、CR6分别达到了57.9%、80.5%，在替代产品和大的兼并收购出现之前，市场会处于相对稳定的状态。

（2）非竞争：上面所述的规模化可以说是一种"硬碰硬"的竞争

战略，是在已有市场中进行的竞争，结果往往是"以胜败论英雄"，对于胜利者的最高评价就是百战百胜；而"非竞争"战略则是通过对市场和消费者的洞察，发现未被充分满足的"非显性"需求，在规避竞争的同时保障利润空间，从而达到不战而胜。《孙子兵法》中写道："百战百胜，非善之善者也；不战而屈人之兵，善之善者也。"对于"非竞争"战略的思考过程，可以从价值链、消费人群、区域市场、品类产品这四个维度着手，在已有市场中找到新顾客，在老顾客中找到新需求，并能够根据这些需求的共性开发出产品和服务。例如：潮玩找到了玩具中的非竞争赛道，突破了玩具只能小朋友玩的普遍认知，通过满足成年人这一新消费人群的消费需求获得非竞争市场的高速增长。根据2021年11月京东消费及产业发展研究院发布的《Z世代玩具消费趋势报告》，购买潮玩的消费者中26~35岁人群占比高达40%。京东2021年"双十一"当天潮玩成交额同比增长423%。跨境电商品牌Shein（希音）通过中国供应链优势拓展海外新兴区域市场获取成功，Lululemon（露露乐蒙）品牌瑜伽裤、蕉下品牌防晒伞等众多品牌通过"非竞争"的品类定位快速获得市场份额。

（3）差异化：提供"独一无二"的商品和服务，以最大化地满足消费者的本质需求。比如：一位办公室白领购买了一个相框，相框是为了装全家福照片（表象诉求），而在办公室摆放全家福照片是为了在工作时间也可以感受家人的陪伴（个人情感），同时也是为了给办公室其他人展示自己家庭的幸福（社会情感）。企业在理解了消费者本质需求的基础上，可以思考满足陪伴、展现幸福诉求的产品除了相框还可能有什么。可不可以是一台可动态循环播放多张照片的投影仪？可不可以是用3D打印技术打印的一张三维家庭照？可不可以是一台还原照片当时影像的VR/AR（虚拟技术）设备？一定还有更多的好主意和好产品可以满足这些本质需求。元气森林是一个由做游戏开发的创始人带领团队创立的品牌。2021年上半年，元气森林获取了中国气泡水行业超60%的市占率，仅无糖气泡水就卖出了1亿箱。在高度竞争的饮料市场，元气森林只用了不到5年时间就取得了这样的成绩。国家统计局数据显示，2020年我国碳酸饮料产量达到1971.3万吨，元气森林在这个存在很久的大市场中，洞察到消费者想喝但怕胖的隐性需求，从而快速获得了成功。

总体而言，企业选择赛道的四大标准是空间大、增速高、竞争少、自身强。企业基于自身所处赛道，可以选择不同的竞争战略（规模化、非竞争、差异化）或战略组合。规模化战略的关键是聚焦核心能力的快速扩展；非竞争战略是发现或创造未被充分满足的"非显性"需求，可以从价值链、消费人群、区域市场、品类产品这四个维度分析思考；而差异化战略则是通过溯源的方法，发现消费者最本质的需求，从而创造出独特并满足本质需求的产品或服务。

对企业而言，如何选择好赛道？面对不同赛道，如何选择有效的竞争战略？不同发展阶段的战略如何制定和调整？如何找到非竞争或差异化赛道？集团公司如何制定多种战略组合？等等，这些都是企业在发展过程中必须思考的问题。

聚焦核心能力的规模化

在20世纪80年代，曾有过关于未来商业是由大企业主导还是由小企业主导的争论。由小企业主导这一观点的支持者认为，大企业将如同恐龙一样逐步消亡，但是，从之后企业的生存和发展来看，当今各个领域的主角依然是规模化的大企业。从发展的路径而言，企业也是从小到大、从大到更大，这一趋势在各行各业中都越来越明显。

企业在自身核心能力范围内的规模化，随着规模的进一步扩大而产生更大的集约效应。这个特点在市场规模大、竞争基础稳固、行业发展相对稳定的产业尤其突出，比如奶制品、番茄酱、家电，还有前面提到的纯净水行业，等等。当然，银行、航空、汽车、电信等行业也都在其中。企业在获取较高的市场占有率以后，往往会通过快速拓展和并购来进一步强化自身的规模化优势。例如：波音兼并麦道，中石油收购加拿大尼尔森，建设银行收购巴西工商银行，大众点评与美团网合并，饿了么与百度外卖合并，安踏集团收购亚玛芬集团，等等。

聚焦体育用品设计、生产和销售的安踏集团，多年来通过"单聚焦、多品牌、全渠道"战略的高效执行，从最初默默无闻的福建品牌成长为如今全球领先的多品牌体育用品集团，属于聚焦核心能力进行规模化扩张的典型案例。

2015年，安踏集团在中国的年度营业收入刚刚超过100亿元人民币，董事局主席丁世忠制定了中国市场的千亿战略，提出了"单聚焦、多品牌、全渠道"的战略关键词。所谓的"单聚焦"指安踏集团只聚焦做一件事，聚焦做好一件事，这一件事就是做大、做好体育用品。丁世忠说："认认真真、心无旁骛地做好每一双鞋、每一件衣服。"在天空中飘满了"风口上的猪"的时代，雄心勃勃的丁世忠为何如此克制？

我们先按照对好赛道的关键选择标准，衡量一下安踏集团所选择的体育用品是怎样的一条赛道。

（1）空间大不大？增速快不快？

理性地分析一下体育用品这个行业的规模。欧睿的数据显示，2021年中国体育鞋服市场规模为3000多亿元，2025年规模将达到6000亿元，2030年预计为9000亿元。

快速增长的大市场主要由几个核心要素驱动。首先，政策方面，体育用品是体育产业中的一个子产业，国务院在2021年印发的《全民健身计划（2021—2025年）》中，提出2025年我国体育产业总规模将达到 5 万亿元的目标,这意味着体育产业步入发展快车道。体育产业在发达国家的 GDP 占比一般为 3%~4%,中国目前只有 1%,还有巨大的增长空间。

其次,需求方面,央视财经发布的《中国美好生活大调查(2020—2021)》数据显示:2020 年,中国人每天多了 24 分钟休闲时间。休闲时间多了人们会干什么?会去消费和娱乐,会关注自己的身体健康和精神愉悦。过去,因为高速发展,我国每周有规律地运动两次的体育人口只占总人口的 30%。而在一些高收入国家,体育人口通常会超过一半。未来随着 GDP 的进一步增长,中国体育人口的渗透率也会增加,运动频次的增加会进一步推动大家进行更高频率、更多场景感、更多体育用品细分类型的消费。

最后,我们看看行业本身的发展趋势。2020 年新冠肺炎疫情导致全球体育用品行业收入下滑了 15%,其中美国下滑 20%,中国仅下滑 1.5%;中国体育用品全球市场份额从 13% 上升到 15%。2021 年,在大国崛起和民族自信因素的驱动下,中国体育用品的增长高歌猛进。

(2)竞争激烈吗?自身强不强?

2020 年,全球运动服饰行业成熟市场 CR5 基本在 30%~40%,中国运动服饰行业 CR5 约为 70%。中国体育用品赛道上有"Just do it"(只管做)的耐克,有"Impossible is nothing"(没有不可能)的阿迪达斯,也有"Keep Moving"(永不止步)的安踏,还有众多优秀的同业者。同一条赛道上,各品牌在品牌、商品和渠道上都有各自的优势,所有的头部企业都拥有强烈的学习和进步的愿望,竞争激烈到一个城市、一家门店、一双鞋、一件衣服之间的胜败之分。

安踏集团 2007 年上市,经过 15 年的高速发展,大众专业品牌安踏、中高端运动时尚品牌 FILA(斐乐)、高质感专业运动品牌迪桑特、轻户外品牌可隆等已经构建出多品牌矩阵,越来越完整地满足不同消费者在多运动场景下的细分消费需求。2019年,安踏集团收购总部位于芬兰的亚玛芬集团(始祖鸟、威尔胜、萨洛蒙等品牌的母公司),这也是中国服装行业历史上金额最大的一次跨国收购。在体育用品市场这条空间大、增速快,并且高手如云的快车道上,安踏集团通过"品牌管理+零售运营"核心竞争力的构建,通过聚焦自身核心竞争力的迭代升级,通过清晰的多品牌战略布局和高效执行,快速实现了规模化扩张。2021年,安踏集团在成立30周年之际,公布了新十年战略——"单聚焦、多品牌、全球化",在中国品牌第一的基础上,继续朝着中国市场绝对第一、全球市场领先的方向一路狂奔。

如果所在行业本身属于规模大、增长速度快的赛道,企业就具备了得天独厚的先天优势。而企业自身核心竞争力的不断加强以及市场占有率的不断提升,会使得规模化优势进一步集聚和放大,从而加速核心竞争力的巩固。

寻找非竞争性的赛道,并坚持做下去

相对于已有市场中"硬碰硬"的竞争,"非竞争"战略的重点是发现未被充分满足的"非显性"需求。这看起来不难,但真正做起来却如西天取经一般,需要突破艰难险阻并抵挡住诱惑。如何在巨头环伺,每一片市场都被大家虎视眈眈盯着的情况下,找到这个"非竞争"赛道?在进入这条"非竞争"赛道,尤其是逐步做大后,如何防御眼红的巨头?面对自身能力建立后机会变多的诱惑,如何坚守?

寻找"非竞争"赛道,可以从价值链、消费人群、区域市场、品类产品这四个维度着手思考,通过分析市场、竞争、潜在需求等,在已有市场中找到新顾客,在老顾客中找到新需求,并能够根据这些需求的共性开发出产品和服务。很多创新的业务模式，都是在这四个维度找到了破局点，可以从这四个维度上想一想什么还可以，也可以问一问为什么不可以。比如前文所述的潮玩行业，传统观念中玩具都是给小朋友的，那么从消费人群角度，我们可以想一个问题：为什么成年人没有玩具？是成年人真的不需要吗？玩具的本质究竟是什么？泡泡玛特创始人王宁说："潮玩的本质，是保护消费者的梦想。"梦想是每个人都应该有的，也是每个人原本就种在心里的，这就找到了一个玩具行业之前没有触及的"非竞争"赛道。另一个案例，定位"高端优雅 时尚运动"的FILA品牌，就是在国际时尚品牌（比如法国鳄鱼、汤米·希尔费格、拉夫劳伦等）和国际运动品牌（比如耐克、阿迪达斯、彪马等）这两个大牌林立的赛道中间，找到了一条市场空间不小的"非竞争"赛道，满足消费者"运动即美学"的消费诉求。

2009年，安踏收购了FILA在中国地区的商标使用权和经营权。2010年，为应对中产阶层崛起，FILA开启品牌转型，从原来的中端运动品牌提升为中高端运动时尚品牌，定位"意式经典、高端优雅、时尚运动"；同时，进行销售渠道重组，将所有经销商门店改为品牌直营模式，产品设计上进一步增加品牌的时尚感，使其更具潮流辨识度。2014年，FILA实现扭亏为盈，并逐步成为安踏体育不可或缺的重要增长引擎。2021年，FILA销售额超过218亿元。

从一家亏损的品牌，成长为一家定位清晰、业务模式成熟、销售额超过200亿元的中高端体育运动品牌，在FILA的这个发展过程中，如前文所述，我们可能最关心两个问题：第一，FILA是如何找到"非竞争"赛道的？第二，面对百花齐放、竞争激烈的市场，FILA是如何一步步夯实品牌定位、坚守定位并不断突破增长天花板的？

（1）如何找到"非竞争"赛道？

体育用品市场是一个巨大的市场，需求呈现出多元化、个性化和专业化的趋势，不同消费群体的消费能力有差异，不同消费群体对于不同运动项目的专业程度也有差异。比如有这样三位消费者：一位是常年保持每周四次以上运动，并且热衷网购优惠产品的年轻人；另一位是全程马拉松成绩稳定在三个小时之内，只穿顶级科技跑鞋的跑者；还有一位是虽然运动不多但装备很全，每次都是一边运动一边晒美照的女性。这三位消费者在购买体育用品时一定是有差异的，购买体育用品的出发点也一定是不同的。

我们可以从运动指数和消费指数这两个维度，对中国体育用品市场的消费人群进行划分。运动指数反映消费者的运动习惯和运动意愿，消费者运动频率越高，越渴望提升专业运动表现，则运动指数越高。消费指数代表消费者的消费行为，消费者的收入和购买支出越高，需求越多样、越进阶，则消费指数越高。相较而言，"极致专业"与"专业实用"类人群的运动指数高，前文描述的热衷网购优惠产品的年轻人就属于"专业实用"型，而那位马拉松跑者则属于"极致专业"型。

FILA所选择的"高雅精致"人群，消费指数和运动指数都相对较高，这个消费群体追求精致优雅的生活，享受运动的从容和乐趣，不属于"一定拼到底、最后必须赢"的硬核竞技运动类型。他们将运动融入自己的生活方式，希望在运动场上体现优雅自如，在商务休闲场合得体而舒适，渴望品质精良、优雅高效，不追求绝对的运动频率，强调个人风格，追求高档舒适的购物体验。他们的收入水平和运动鞋服年均购买支出，与各类运动人群相比都处于较高水平。

2010年之前，市场长期处于需大于供的状况，众多体育用品公司凭借"借船下海"（代工生产）、"借网打鱼"（经销批发）的轻资产模式，快速做大。当年，旺盛的市场需求让大多数品牌商无暇思考细分市场，生产更多的货、开出更多的渠道门店是当时多数品牌商"唯一"的目标。但是，市场在2010年达到了供需平衡点，整个体育用品行业由于长期粗放的经销模式陷入了"关店潮""库存潮"。2011—2014年，行业复合年均增长率不到1%，品牌商自顾不暇，全部精力都在用来自救。

此时的FILA相较于其他体量巨大的品牌，反而轻装上阵、了无牵挂。重新定位"意式经典、高端优雅、时尚运动"的FILA，在目标消费人群中已经有了较高的品牌认知度和认可度。在"高雅精致"这个市场细分赛道上，基本没有其他核心品牌覆盖，在这个周期内其他品牌也都自顾不暇。拥有"天时、地利、人和"的FILA在这样的"非竞争"赛道中，快速走向了强大。

（2）如何夯实品牌定位并不断突破增长天花板？

2014年之后，随着宏观政策层面的利好，以及行业结构性调整的完成，各大品牌的增长恢复到20%以上，毛利、净利水平也呈现明显增长。FILA在这个周期内，也完成了新品牌"从0到1"的发展，进入从"1到100"的增长快车道。

在引起市场诸多关注的同时，日益强大的FILA也面临着可以更快做大的诱惑。可是今天看来，提起中高端时尚运动品牌，消费者还是马上会想到FILA。那么过去十多年，FILA是如何保持清晰的品牌定位，通过营销、商品和渠道管理一步步夯实"高雅精致"的品牌定位，不断突破增长天花板的呢？

营销策略层面，FILA构建了契合品牌核心价值点"高雅精致"的代言人矩阵，"分阶段""巧、轻、准"地展开。例如，2017年，FILA主品牌选择高圆圆作为其代言人；在品牌大使及挚友层面，选择了高雅运动（马术）明星华天及诸多优雅靓丽的演艺明星。

FILA 网球主打专业运动员，陆续签下了阿什莉·巴蒂、索菲亚·肯宁等年轻的大满贯冠军球员，之后又签了黄景瑜、张艺兴、木村光希、倪妮等演艺明星，按节奏增强 FILA 品牌的优雅、高级感、国际范儿等品牌属性，也逐渐提升品牌在年轻消费人群中的认知度。

商品品类是传递品牌形象、塑造品牌心智、支撑业绩发展的核心载体。为了更好地满足"高雅精致"人群的运动需求，FILA 持续扩充"优雅"运动品类，包括网球、高尔夫、瑜伽和滑雪等。在明确品牌定位和品类扩充方向的基础上，FILA 将"优雅"概念融入运动鞋服设计，在产品设计环节诠释"运动即美学"的理念。例如在线条层面，目前市场上众多优雅运动产品的设计趋于繁复，FILA 通过简约的线条、干练的设计来构建优雅运动产品的差异化竞争力。

从渠道角度看，FILA 最初就定位全直营、全渠道业务模式，提高运营效率和顾客体验；即使在品牌扩张的过程中，也仍然坚持在上线的核心商圈购物中心里开店，不下沉，保持相对克制的增长。当然，成长是品牌有生命力的一种表现，FILA 品牌长期保持高于行业平均水平的年复合增长率。那在战略克制的情况下，FILA 是如何解决增长天花板问题的呢？

购买行为依赖于由购买者、使用者和施加影响者共同组成的买方链条。FILA 主品牌有很大比例的消费者是女性，作为主体消费人群，女性还主导着儿童和男性的购买决策。FILA 的这些"高雅精致"消费人群，希望自己和家人能够在运动和生活的不同场景下有得体的运动穿着，能够体现自己从容且享受运动乐趣的价值诉求。因此，FILA 子品牌的拓展逻辑也以此为依据，FILA 主品牌、FILA 儿童、FILA 潮牌和 FILA 高尔夫等子品牌应运而生。

FILA 凭借差异化的中高端运动时尚品牌定位，通过品牌、渠道和商品运营不断夯实"高雅精致"的消费者心智，通过日益完善的母子品牌架构服务目标消费人群更完整的消费需求，不断突破增长的天花板。

FILA通过对市场和消费者的洞察，发现未被充分满足的"非显性"需求，清晰定位了"非竞争"赛道，并在"天时、地利、人和"的周期内，完成了品牌基础建设，夯实了全直营全渠道的业务模式。FILA在过去十多年的高速增长中，不论外界如何熙熙攘攘，始终初心不变，今日终于活出了自己想要的模样。

三种构建差异化的思维方式

（1）只给你最需要的

生活中大家总是倾向于比较，觉得别人已经做过或者正在做的事情自己也应该做，从而很容易陷入一种想要做得更好就要多提供一些产品或服务的惯性思维。但这样发展的结果往往只能是细小的迭代。虽然采用类推或比较的思维方式容易理解事物，但得到的结果很可能是错误的，跟事物的本质差之千里。例如，企业很容易就会认为提高饮料产品的竞争力，只要加量不加价，或者开展买二赠一这样的促销活动即可，或者认为要想提高消费者忠诚度，只要向会员顾客再增加一些服务，或引入一些不同的价格折扣体系即可。

很多处于激烈的竞争市场中的品牌，也总是希望通过增加功能来获取"差异化"优势，但结果往往不尽如人意。例如：帮宝适纸尿裤带有"超弹性侧边"，好奇纸尿裤则附带"全方位伸缩侧翼"；前者具有"超吸收™芯材"，后者则具备"锁水层®保护"……这些品牌看似都在强调自己的独特性，但它们所强调的"显著不同"，或者通过表达所呈现的"与众不同"，在消费者看来却是"大同小异"。纸尿裤消费者最看重的要素其实很简单，只要宝宝穿着不难受、不漏尿就很好。至于使用了什么高科技芯材、什么锁水层保护、什么带侧翼……都是品牌方的自以为是，对消费者而言缺乏实质性的差别。

宜家的定位是为消费者提供满足功能需求、价格低廉、样式美观的产品。基于这些最重要的需求，宜家并不提供免费的送货和安装服务。为了满足核心定位，减少非必要服务来维持低价，宜家除了在产品设计上满足消费者对功能的需求，也花费了大量心思尽量减少安装组件和外部工具的使用，把没有免费送货安装的"缺点"转化为易安装的卖点。面对众多的家具供应企业，宜家坚持自己的价值定位，把所有无关的服务都取消，因此获得了非常清晰的品牌定位。当雅虎的首页"什么都有"时，谷歌选择首页只有一个搜索框，成为最终的赢家；当所有餐饮企业菜单越来越厚的时候，麦当劳用一个汉堡包成就了全球餐饮业最有价值的品牌。这些品牌不会用竞争对手的"标准"要求自己，更不会通过对标竞争对手的"长处"，不断做"多"来满足自己想象的消费者需求。这些品牌对于目标消费者最需要的产品和服务，竭尽所能提供极致的满足。但是对于其他真需求，它们坚持不提供，更不用说很多伪需求。它们不会因其他竞争对手拥有而有丝毫妥协。这份仅提供最需要的服务的"固执"，成就了它们在消费者眼中的独特地位和巨大成功。

（2）敲碎了再来一次

约瑟夫·熊彼特在他撰写的《经济发展理论》一书中提出，创新并不是从无到有创造出来，而是把既有的要素重新组合起来。

在宅急便建立之初，小仓昌男发现日本国内C2C（个人对个人）业务需求很旺盛，但当时只有国有邮局在做。这些国有邮局服务态度恶劣，需要消费者自己到邮局填单寄送，并且邮寄时间要5~6天，还频繁出现丢单现象。

针对当时的情况，小仓首先决定采用上门收取货物的做法，并且首创"隔日达"模式。这就是"宅急便"名字里所包含的"宅配"

和"急便"两个词语的内涵，表明宅急便差异化的核心竞争力是上门取货和快速送达。

小仓昌男把市场格局敲碎来看，定位了 C2C 业务，把构建核心竞争力的要素敲碎了一个一个地去解决，针对时效提出隔日达。要实现快速送达，就需要密集的货物集散点，对于急于拓展业务的小仓而言，立刻去租仓库不但成本高，而且时间来不及。于是，小仓组合了线下的小酒店、米店作为货物集散小仓库，还提出"服务第一、利润第二"，并提出统一价格。最后，他又把所有核心竞争力要素（时效、服务、价格）按照新的定义重新组合，从而构建了属于宅急便自己的增长飞轮。到 2019 年，宅急便的营业额达到 600 亿元人民币，员工近 20 万人，成为日本最大的物流公司。

我们在面对复杂问题时，需要有意识地将复杂模糊的大问题敲碎成可以着手解决的小问题，再把这些小问题继续敲碎，直到其成为独立的关键要素。重新审视这些敲碎的关键要素，针对能够解决消费者痛点并能成为企业差异化核心能力的关键要素提出改进建议，再围绕这些关键要素重新组合。

马斯克早期研究电动汽车时，遇到电池成本居高不下的难题。当时储能电池的价格是 600 美元/千瓦时，相当于仅电池的成本就超过 5 万美元，占当时车辆总成本的近一半。这给马斯克带来极大的困扰。他把电池从元素层面拆解为碳、镍、铝、钢等，如果只是购买这些材料，每千瓦时仅需花费 82 美元，约为电池总成本的 13.7%。也就是说，电池成本高昂的直接原因并不在于原材料，而在于原材料的组合方式。在发现问题后，马斯克采用松下 18650 钴酸锂电池的管理程序，一举将电池成本降至全行业的最低水平，这让他取得了巨大的成功。马斯克之所以能获得成功，是因为他将所有固化的旧要素敲碎拆解，找到问题症结所在，解决核心问题要素后进行重新组合。

（3）没什么"本来就是"

1973年，大英图书馆因为旧馆年久失修，不得不搬去圣潘克拉斯的新馆。当时，图书馆的藏书有1300多万册之多，搬迁费预计需要350万英镑。但图书馆的搬迁经费连预计搬迁费的一半都不到，馆长为此很苦恼。这时一个馆员找到了馆长，说他有一个解决方案，只需要150万英镑。馆长很高兴，这个费用图书馆是有能力承担的，但馆员提出了一个条件。他说："如果150万英镑还有剩余，能将剩余部分作为奖金给我吗？"馆长想了想觉得没问题，就同意了。随后，这名馆员以图书馆的名义在报纸上发布了一则消息："即日起，每个市民可以免费从大英图书馆旧馆借20本图书，借阅期限为两个月。两个月后，请到新馆归还图书。"市民看到消息后，纷纷到图书馆借书，不到10天所有藏书几乎都被借光了。两个月后，大家又把书归还到新馆。就这样，图书馆借用市民的力量完成了一次漂亮的搬家。至于费用，只花了登报的几英镑。馆员打破了"搬家本来就是要花钱请人"的传统思维，用巧妙的方法完成了搬家，当然顺便也赚了很多奖金。

福特汽车创始人亨利·福特说过：如果我当年去问人们，他们想要什么，他们肯定会告诉我"一匹更快的马"。很多"深入思考"的创新，其实只是一种自以为是的优化迭代方案。而真正的差异化选择，首先需要打破"本来就是"的僵化思维。乔布斯没有解决翻盖、滑屏等功能手机的问题，马化腾没有解决PC（个人计算机）时代的即时通信问题，福特没有解决马车的问题，张一鸣也没有解决门户新闻的问题……但他们都创造了跨时代的产品。打破"本来就是"思维的能力，就是洞察需求本质的能力，就是打破原有系统的思维局限，开展更大边界、更有价值的创新的能力。

2011年，马斯克宣告了"造出可重复利用的重型猎鹰火箭"的想法。2021年11月13日，一枚搭载了53颗星链互联网通信卫星的"猎鹰9号"火箭从佛罗里达州发射升空。然而，在Space X（太空探索技术公司）成立之初，它面临的最大问题依然是"成本"。美国国家航空航天局单次发射成本高达16亿美元，因为"运载火箭只能一次性使用"，这在传统的火箭运载技术中基本是"行业共识"。

在普通人看来，这种集体共识、信念与假设，就是隐形的教条，而马斯克在心里反复追问："这个共识成立吗？总是成立吗？有没有例外？能被打破吗？除非……"他用层层追问的好奇心与逻辑思维抓住了火箭升空成本问题的本质，之后，终于在2018年2月实现了可重复利用的重型猎鹰火箭的成功试飞，让火箭的单次发射成本从16亿美元降到了9000万美元，节省成本95%。面对移民火星火箭发射成本居高不下的问题，马斯克深挖"成本"背后真正的问题，破除了"本来就是"的"一次性使用"心智界限，抓住问题本质，针对问题找到方案，破除边界。

差异化竞争优势的构建首先需要重塑思维前提，摒弃"本来就是""应该是这样""给得多就是好"等思维前提，最大化满足消费者核心需求。为此可以"放弃"其他不重要因素，将所有生产和服务环节"敲碎"并重新检视，找到未被（良好）满足的环节，从而提供对应的产品和服务；抛开传统的"理所当然"，回归需求端核心诉求，从而通过资源利用最大化解决问题，满足需求。

把握拐点，打造绝对优势

数学上的"拐点"，指改变曲线向上或向下方向的点，也就是曲线的凹凸分界点。英特尔前总裁安迪·格鲁夫对"战略拐点"的定义是：一个企业生命过程中即将发生根本性变化的时刻。在至关重要的拐点时刻，要通过新的方式和"全部"资源的投入打造绝对优势，获得新的发展机会，扭转全面格局，赢取全面胜利。

在世界和中国战争史的典型史实中也能明确看出，双方实力相当的战役在两军交战中大多都存战场形势突然发生转变的拐点：在拐点之前，两军的胜负还不明显；但是在拐点之后，战争局势逐渐明朗，胜利的天平开始向一边倾斜。

第二次世界大战中的拐点，是发生在1942年的三大战役：苏德战场的斯大林格勒战役，太平洋战场的中途岛海战和北非战场的阿拉曼战役。在这三大战役中，盟军从守势转为攻势，投入巨大资源，并首次取得重大胜利，这也成了扭转整个二战走势的重要拐点。

中国解放战争中的拐点，则从1948年战略反攻阶段的"三大战役"开始，包括发生于最重要重工业基地的辽沈战役，覆盖中国人口最集中、农业最发达地区的淮海战役和发生于政治、经济、文化中心的平津战役。这"三大战役"也是规模最大、双方投入兵力最多、持续时间最长的决定性战役。

这些大战役中取得绝对优势的"大胜利"都具备以下三个特点：

第一，目标明确，师出有名；

第二，锚定撬动全局的关键战役；

第三，"all in"（投入所有）资源，赢取关键战役。

成为唯一，而不是领先

我们也许可以通过向榜样学习的方式而名列前茅，但不可能通过同样的方式成为引领者。如同在漆黑的夜里，蜿蜒的山路上，第二名可以参照第一名的车尾灯领先其他对手，但永远也无法通过这种方法超越第一名。在竞争对手优势明显的情况下，企业仅仅凭借"我的品牌不比你差"是不可能超越竞争对手的。在品牌与品牌之间没有明显"差异感"的情况下，消费者只能对比功能和价格。品牌通过大量营销投入或许可以略微提升业绩，但成本巨大，消费者最终也会丧失对品牌的忠诚。

希望打造绝对优势的品牌，需要创造一个"唯一要素"。这个"唯一要素"是你有而且在这方面很强，而竞争对手没有，可能是某种价值观、产品性能、品类、服务或者其他消费者认为必需的关键要素。价值观维度的"唯一要素"例如：奔驰的"尊贵"、宝马的"乐趣"、沃尔沃的"安全"、Apple（苹果）的"创新"、海底捞的"服务"，等等。品类维度的"唯一要素"例如：可口可乐等于可乐，新荣记等于米其林中餐厅，波司登等于羽绒服，等等。

Swatch（斯沃琪）手表品牌创建者尼古拉斯·海耶克，推翻了人们对瑞士腕表的固有认知（用上乘的金属和珠宝精工细作，在顶级的珠宝店出售），将腕表打造为另外一种产品类别，即日常生活中的时尚配饰。Swatch忽视消费者对自己所处品类（瑞士手表）的原有认知，借用另外一种已经在消费者心智中存在的品类认知（时尚配饰），将自家的产品"嫁接"组合。消费者已经知道"时尚配饰"是什么，因此，只须简单地重新构造从"Swatch"到"时尚配饰"的关联，就可以唤起相应的行为习惯。Swatch手表构建的"唯一要素"就是"瑞士时尚手表"。

对于成熟市场而言，多数品类或价值观要素相关的"唯一要素"在消费者心智中早已"名花有主"，众多消费者的需求满足和概念认知都和大赛道里的大品牌画上了等号。然而，对经历了高速成长期的新兴市场而言，大公司的"大品牌"虽然获得了很大的体量，但从大体量中挖掘到"唯一要素"并不是一件容易的事情。

在2022年北京冬季奥运会中大放异彩的安踏品牌，就属于在新时代掘到"唯一要素"并获得绝对优势的案例。

体育用品行业是"好赛道",安踏品牌的营收也连续十余年领先于其他国产品牌,但前些年的状况是,无法超越国际头部品牌,无法绝对领先于国内其他品牌,也无法通过"唯一要素"与其他品牌形成心智区隔。国际头部品牌在产品和品牌上具备消费者认知优势,为保持在中国市场的增速,这些年国际头部品牌加速下沉中低价位段和底层市场。而在民族自信和Z世代崛起的新时代背景下,国内其他领先品牌也通过发力"国潮",取得了良好的市场反馈,一贯"爱拼敢赢"的安踏品牌处于四面楚歌的被动局面。

2021年,安踏品牌发布了五年战略目标及未来24个月快速增长"赢领计划"。安踏品牌提出安踏等于"中国运动品牌领导者"这一"唯一要素"。经过系统的"资产"盘点,挖掘出支持这一"唯一要素"的三个"唯一"核心优势。

(1)市场份额连续十余年领先于其他国产品牌;

(2)在中国国家队装备打造和奥委会合作中持续领先,累计为28支国家队打造比赛装备,并与中国奥委会连续合作8届奥运会,290位奥运冠军身穿安踏登顶领奖台;

(3)产品专利数量在国内品牌中持续领先,累计拥有超过1400项产品专利。

独一无二的"重磅资源"完整地支撑起了安踏品牌"中国运动品牌领导者"的地位。相较于国际头部品牌,安踏是中国运动品牌,这是区隔度;相较于国内领先品牌,安踏是领导者。三个绝对领先的"唯一"足以支撑起其领导者地位。通过对"唯一要素"的构建,安踏形成了"不战而屈人之兵"之势。

锚定撬动全局的关键战役

通过"唯一要素"锚定战略制高点,以撬动全局关键战役的

"赢"带动战略拐点的出现；当拐点出现时，局势逐渐明朗。

安踏品牌的产品定位是大众专业，核心价值点是专业，品牌主体消费人群为大众消费者。我们可以站在消费者视角去思考。身为大众消费者的"我"，是愿意购买便宜的大众品牌，还是愿意购买自己负担得起的大品牌？毫无疑问是后者。而对于不具备专业运动装备检测能力的"我"而言，无法判断专业、不专业或者仅仅是看上去很专业。但如果品牌商告诉"我"一个可以毫不犹豫就相信的理由，那么决策过程就很简单了。

基于上述逻辑，安踏品牌锚定"专业为本""品牌向上"两大关键战役，通过八大具体举措执行落地撬动全局，这些举措包括：持续为中国国家队打造比赛装备，完善全球研发体系，突破核心品类，赢领双奥战役，赢领Z世代，加速DTC升级，赢领数字化变革，巩固儿童运动领导地位及推动可持续发展等。

在"专业为本"战役中，紧扣"唯一要素"的三大举措包括：

（1）持续为中国国家队打造比赛装备：安踏品牌在过往这些年，累计为28支国家队打造奥运装备，1400多项专利支撑下的很多鞋服装备其实都是"高科技"产品，其中包括能承重1吨的举重鞋、能防抓且排汗功能良好的摔跤比赛服、冰刀都划不破还能减风阻的"速滑服"等等，这些都远远领先所有同业者。专业竞技赛事具有较高的门槛，相关资源具有明显的稀缺性，安踏通过对顶级运动赛事奥运会产品的持续打造，形成运动品牌的技术壁垒，推动"专业为本"战役的成功。

（2）完善全球研发创新体系：安踏品牌计划未来5年投入超40亿元研发成本，整合全球科技研发力量，强化科技创新核心能力，尤其是中国、美国、日本、韩国、意大利五大设计研发中心及专业人才队伍的搭建，并同清华大学、东华大学等高校及科研机构开展产学研合作，通过整合全球优质战略供应商体系，与国际领先的材料及化工供应商，一起打造内外融合的创新平台。

（3）突破核心品类：发力最能代表大众专业运动品类的两大核心品类（跑和篮球），同时发展女子品类。（a）跑步品类：打造氮科技平台和跑步产品矩阵，通过对中国人脚形及跑步习惯的研究，提供适合跑者的专业装备，助力顶级赛事和顶级跑者，培育青年跑团等；（b）篮球品类：引入国际级产品设计资源，继续支持国际篮球巨星，投资年轻高潜明星队伍，以篮球初中联赛为起点助力中国校园体育发展；（c）女子品类：研发和设计兼具科技和颜值的新运动美学产品，满足女性在运动场景的不同需求。

在"品牌向上"战役中，紧扣"唯一要素"的几大举措包括：

（1）聚焦双奥：聚焦2021年东京夏奥和2022年北京冬奥"双奥战役"，通过赞助奥运相关装备产品，以及奥运营销的大力投入，结合一、二线城市主流商圈推出"安踏冠军店"，引领品牌向上突破；同步推出全品类高阶产品"冠军系列"，涵盖奥运品质标准的专业运动品类及国家队同款生活休闲品类。

（2）赢领Z世代：继续推行年轻化，赢领Z时代。（a）基于年轻人热爱的新兴运动延展产品赛道，如滑板等，与王一博、谷爱凌等自带强运动属性并在年轻群体中拥有巨大影响力的优质运动偶像紧密合作；（b）加强商品设计的年轻化，培育年轻化的设计师平台，与Z世代年轻人共创产品；（c）加强品牌互动的年轻化，以年轻消费者喜闻乐见的营销方式与他们对话，联合跨界青年意见领袖，创建口碑营销，扎根运动社群等。

（3）加速DTC升级和数字化变革。（a）DTC升级：DTC在整体流水中的占比提升至70%，店效提升40%，借此推动全渠道货通，强化快反模式，加快商品周转，同时加大一至三线城市布局，增加购物中心门店数量，提升主流渠道占比，进而提高品牌势能；（b）数字化驱动：未来 24 个月投入超 4 亿元加强数字化，驱动 DTC 变革。到 2025 年，计划实现有效会员数量翻倍，使其达到 1.2 亿；私域流量流水占比预计将由现在的不足 10% 提升到 20% 以上；会员贡献率达到 70%，会员复购率达到 40%；商品 5 个月售罄率提升至 75%；进一步强化生产及供应链的智能化。

（4）巩固安踏儿童市场领导地位：以儿童专属运动科技及全渠道运营效率为核心竞争力，保持线上线下持续高增长，通过全渠道人群运营及整合全渠道货品，实现 5 年目标，即线上业务占比超 40%，与各科研机构合作进行专属科技研发，重点围绕"跑步、户外、篮球、足球"四大场景进行产品开发，深化儿童运动保护科技的应用，同时助力中国少儿运动赛事及训练营。

（5）推动可持续发展及体育公益：继续推动可持续性商品的研发与创新，不断推出环保商品。在连续 6 年披露 ESG（环境、社会和公司治理）报告的基础上，进一步明确 ESG 目标，加强与国际环保组织合作；联动亿万消费者共同推动全球的生物多样性保护并推动塑料包装袋采用可再生环保材料。在社会公益方面，将继续加大安踏"茁壮成长"青少年体育公益计划的投入，从 2020 年起，3 年总投入超 6 亿元，到 2023 年底，预计共有 700 万欠发达地区青少年因此受益，以体育公益参与中国乡村振兴。

集中优势兵力赢取关键战役

华为创始人任正非说："火箭燃烧后的高速气体，通过一个叫拉法尔喷管的小孔，扩散出气流，产生巨大的推力，可以把人类推向宇宙。像美人一样的水，一旦在高压下从一个小孔中喷出来，就可以用于切割钢板。可见力出一孔，其威力之大。""如果我们发散了'力出一孔，利出一孔'的原则，下一个倒下的也许就是华为。历史上的大企业，一旦过了拐点，进入下滑通道，很少有能回头重整成功的。"

任总所描述的"力出一孔，利出一孔"原则，与"集中优势兵力打歼灭战"的核心理念一样，是在竞争中高效制胜的法宝。奥运会作为全球体育运动的最高殿堂，万众瞩目，与国家荣誉、民族情感有着天然的联系，是体育运动品牌最完美的营销场景。安踏品牌自2021年发布"赢领计划"以来，围绕"专业为本""品牌向上"两大关键战役，在2021—2022年期间，从东京夏奥会吹响号角，到北京冬奥会集中发力，集中所有资源聚焦"双奥"。

在东京奥运会高举高打：2021年6月安踏在北京发布了东京奥运会中国体育代表团领奖装备（冠军龙服）。这次发布会上除发布由首位获得奥斯卡"最佳美术设计"奖的华人、视觉艺术大师叶锦添设计，象征中国体育最高荣耀的"冠军龙服"以外，还发布了安踏设计的游泳、体操、举重、拳击、摔跤等项目中国奥运选手的比赛装备。同时，现场还通过会场运动科技主题展览，正式公布"爱运动，中国有安踏"全新品牌理念。

在东京奥运会期间，历届奥运冠军、明星名人、KOL（关键意见领袖）等在微博、抖音发布"穿安踏国旗款，为中国队加油"的图文、视频，将安踏与奥运的关联推上了前所未有的高度。同时，安踏连续发布多个包含奥运科技的大众产品系列，包括氮科技、氢科技、唤能科技、细胞元科技、速干科技、智能分子科技等多种运动鞋服科技，让所有消费人群了解安踏与奥运相关的专业运动属性，加强安踏品牌与奥运中国国家队（品牌向上）和奥运科技（专业为本）的关联度。

在北京冬奥会集中发力：安踏签约包括谷爱凌、武大靖、隋文静、韩聪在内的多名冬奥明星，构建了"冰雪明星矩阵"，随着各位冬奥运动员的优异表现和场下与观众的积极互动，安踏提供的比赛装备和场下服装获得了极高的曝光度。从渠道角度，安踏推出了代表安踏品牌奥运科技的安踏冠军店，陆续在一线城市核心商圈购物中心开业，安踏冠军店完整展示了安踏与奥运的关联，消费者在安踏冠军店也可以购买到包含奥运科技的最新产品。

冬季奥运项目的比赛装备既要能保暖御寒，又要防水透湿，尤其是自由式滑雪、短道速滑、速度滑冰等项目，更加考验运动装备的性能。本次北京冬奥会上，安踏为12支中国冰雪国家队提供高科技比赛装备，例如：获得过"ISPO[①]全球设计大奖"的中国短道速滑队比赛服，采用了先进的空气湍流控制减阻和边界滑移减阻技术，相比于普通滑冰服，减阻可提升5%~10%；比赛服采用全身单层防切割面料，突破传统比赛双层设计理念，比传统比赛服轻30%。安踏还为北京冬奥会提供了17个品类的制服，包含羽绒服、功能夹克、保暖内衣、冬季运动鞋等，整体运用了两大自主研发的面料科技——炽热科技和防水透湿科技。这些代表安踏专业运动领域科技实力的奥运产品科技同时运用到了大众产品系列中。

---

① ISPO是亚太地区重要的运动用品商贸平台。——编者注

第四章　精简：集中精力，做深做透

人的精力如同网络带宽一样，如果过于分散必然会导致"网速"变慢，对企业来说也是同样的道理。企业要在做好"精准"方向选择的前提下，"精简"导致"网速"变慢的非重点事项，为重点事项释放带宽"提网速"。在动态的市场环境中，要以自身核心竞争力为企业边界的定义标准，把精力集中在企业核心竞争力最强的领域，纵观古今，众多企业都是通过"收缩"取得了行业领先地位。技术进步、时代变迁让很多企业成为历史长河中的匆匆过客，但聚焦价值创造原点的企业，通过集中资源把核心价值点做深、做透、做极致，实现了引领发展、穿越周期。

把精力放在自己最擅长的地方

"收缩"是为了更好地增长

世界名校麻省理工学院有一条校训：在这个地方，睡眠、学分和社交，你最多只能做好两样。事实上，能做好两样已经是万里挑一的天才了。所以，即便是世界上最优秀的学生，也必须明白，为了更好地"得到",必须学会"放弃"。战国时期的孟子说过:"人有不为也,而后可以有为。"孟子认为人的精力是有限的,只有放弃一些事情,才能在别的事情上做出成绩。

在这里,"收缩"不是扩张的反义词,而是企业或个人通过对环境和当前能力的评估,选择相对更重要的长期目标进行的资源调整,其他不重要的目标都暂时搁置或完全舍弃。

"收缩"的核心是把精力集中在最重要的事情上,通过理性识别现有局势和自身状况,制定相应的策略和执行方法。

(1)理性识别:客观理性地对待环境和自己。首先,所有事物都处在环境之中,理性分析环境、政策、供需情况是做出选择的前提。例如:对于企业应该先做大还是先做强的问题,在一定历史阶段答案一定是唯一的,"既要……也要……"这种模棱两可的回答无法解决问题。在需求远大于供给的阶段,做大一定是首选,就如同遍地都是黄金的时候,你一定先去捡那些大的金块。

其次,无论如何理性看待可能性,资源永远是重要约束条件,所以客观看待自身能力和潜力、自身所处阶段、自身近期和中长期的目标就尤为重要。例如:对于初创企业而言,用户数量和拉新效率可能是更为重要的指标;而对于业务稳定寻求发展的企业而言,兼顾用户持续增长和价值管理就更为重要。如同应届毕业生就业,在工作岗位供给不充分的情况下,先就业再择业、先生存再发展也是大概率适用的指导原则。

即使我们在自己感觉已经看清环境和自身能力的情况下,有时候还是无法做出取舍,原因可能有两点。一是当局者迷,"不识庐山真面目,只缘身在此山中",没有真正地理性识别所处环境。这时候我们可以听听其他人的看法以帮助我们客观全面地看待问题,也可以把自己从当局者身份中抽离出来,站在旁观者的角度来问自己一些问题，比如："如果某某（一个自己希望成为的人）遇到我这种情况，他会怎么做？"二是看清了但舍不得，不能理性客观地对待，比如王先生在工业区开了一家餐饮店，新冠肺炎疫情期间工厂全部关门了，此时王先生希望继续坚持下去，我们能给他什么建议呢？这种情况下，我们需要设置止损线，这个止损线基于自我对于金钱、精力的投入和自我心态等方面的综合评价。

（2）懂得放弃：根据综合评估的结果，组织为了保障资源集中在最重要的事情上，会依照不同的情况选择不同的"收缩"战略。第一种，药疗型"收缩"战略，即当企业现有经营领域的市场吸引力微弱、失去发展活力且趋向衰退，企业市场占有率受到侵蚀，经营活动发生困难，或发现了更好的发展领域和机会时，为了从原有领域脱身，转移阵地另辟道路而实行的"收缩"。同时，在原有经营领域内采取减少投资、压缩支出、降低费用、削减人员的办法，逐步收回资金和抽出资源用以发展新的经营领域，在新的事业中找到出路，推动企业更快地发展。第二种，手术型"收缩"战略，是指企业卖掉其下属的某个战略经营单位（如子公司或某一部门），或将企业的一个主要部门转让、出卖或停止经营。这是在企业战略发生重大调整时所采用的战略，也是企业在采取各种方法均无效时采取的战略选择。手术型"收缩"战略是去掉经营赘瘤、收回资金、集中资源，加强其他部门的经营实力，或者利用获得的资源发展新的领域，或者用来改善企业的经营素质，抓住更大的发展机会。

"收缩"是对资源的重新分配，成功则来自对长期目标的理解和坚持。VUCA 时代[①]，企业面对行业和外部环境的变化，如经济危机、

[①] VUCA 时代指的是变幻莫测的时代。VUCA 是 volatility（易变性）、uncertainty（不确定性）、complexity（复杂性）、ambiguity（模糊性）的缩写。

行业出现周期性波动、外部黑天鹅事件等等，都需要积极优化资源分配，从而保证长期目标的实现。例如：IBM 从硬件、服务与软件到云计算等业务方向的调整，就是为了应对行业发展趋势，从而塑造了百年企业；百思买通过"收缩"海外市场的布局，回归北美主市场，从而塑造了"扭亏为盈"的商业典范。在全球新冠肺炎疫情影响下，企业须"收缩"经营范围、削减所有冗余资源投放和非核心业务，聚焦核心业务，重新分配有限资源，从而保证企业的可持续健康发展。

顺应趋势的"收缩"

老鹰是世界上寿命最长的鸟类，其寿命可达 70 岁，但在 40 岁左右的时候，老鹰必须自我主动完成拔毛断喙，唯有如此才能重获新生。舍得放弃说起来容易，做起来并不容易。尤其是对于已经取得一定市场地位的企业，这就更不是一件轻松的事情，需要有极大的决心和执行力。

英特尔公司在过去 50 余年中，主动发起过两次"舍得"之旅，都是在理性识别环境后，主动做出的先舍后得。之后，通过近乎"偏执"的转型决心和执行力，在高速运行的情况下完成了"换轨"。正因如此，英特尔公司至今仍然稳居全球半导体行业和计算创新领域前列的位置，并持续转型为一家以数据为中心的公司。

第一次"收缩"之旅中，英特尔完成了从存储器向微处理器业务的转型，由时任英特尔总裁的格鲁夫和董事长摩尔发起并推动。

1970 年，英特尔生产出 DRAM 芯片 –1103，不仅开启了半导体存储器对磁芯存储器的颠覆，也宣布了一个存储帝国时代的诞生。1973 年，英特尔年收入达到 6600 万美元，在全球存储器市场的市占率近乎 100%。但从 20 世纪 70 年代中期开始，日本公司在国家政策支持下，通过价格战迅速崛起并快速占领市场。80 年代中期，英特尔在存储器市场的市占率已低于20%，并持续下滑。截至1984年，存储器业务只占公司销售额的20%，但占用了公司80%以上的研发费用，公司大部分利润都来自微处理器业务。

1985年10月，英特尔正式宣布退出动态RAM存储器市场，专注于发展微处理器业务。此后，英特尔在前总裁格鲁夫的统一指挥下，开展了艰巨的全面转型，一方面关闭和处理掉生产动态RAM存储器的7座工厂，一方面集中精力开发生产微处理器。到20世纪90年代，英特尔在微处理器市场市占率已超过80%。1992年，英特尔的销售额达58亿美元，利润首次突破10亿美元，成为世界上最大的半导体企业。

如果说第一次"舍得"之旅多少有些"不得不"的意味，那么第二次"舍得"之旅则更多是顺应趋势主动求变的过程，第二次"舍得"之旅启动了英特尔从专注于芯片研发生产向以数据为中心的市场的转型。

2016年，英特尔认为未来世界是基于数据的，计算将无处不在且多样化，便开始推动第二次"舍得"之旅。当时，英特尔在处理、存储、传输数据市场中，包含PC及周边、移动通信、数据中心、非易失性存储、物联网和FPGA（现场可编程逻辑门阵列）市场等，有25%的市占率。英特尔分析得出通过渗透进产业链更多的环境，剩下的75%的市场都存在进入的可能性。

这一次与第一次"舍得"之旅不一样的是，此时英特尔的六大技术支柱产业（制程和封装、架构、内存和存储、互连、安全、软件）支撑下的技术和生态护城河又深又宽。在不断增长的数据中心业务中，英特尔把关注重点聚焦在AI发展、5G技术应用、云计算和边缘计算这三方面的核心应用，并据此调整了组织架构、产品路线图和市场策略等。从目前情况看，第二次"舍得"之旅已成功过半，新业务的销售收入占比已超过50%，很多重要的应用在各个领域都全面开花结果。例如：运用英特尔DL Boost（深度学习加速技术）的3D"运动员追踪"（3DAT）是业内首创的计算机视觉解决方案，它可以支持从生物力学机制的角度对运动员动作进行分析。这项技术已经应用在2020年东京奥运会100米及其他短跑项目的视频回放中。英特尔True View（真实视图）技术合成体育场馆的全部空间，让球迷可以自由选择从任何有利位置和运动员视角，以流式传输的方式在其设备上观赛。

英特尔通过自我革命式的"收缩"，使企业在获得新生的过程中推动着行业的发展。对于未来，正如英特尔前CEO（首席执行官）司睿博（Bob Swan）在接受采访时所说："我们正在不断重新定义和发展'Intel Inside'的真正含义。"

聚焦重心的"收缩"

聚焦发展重心的"收缩"，最知名的案例应该是杰克·韦尔奇掌舵时期的通用电气（下称GE）。韦尔奇上任伊始，对各个部门提出严格的绩效要求：如果在各自细分市场中做不到第一、第二，你们就别干了！结果在韦尔奇刚上任的两年时间里，GE就出售了71个业务子公司，在1984年之后的5年里，GE股价暴涨237%，完胜大盘。之后市值更是一度成为全球最高（8293亿美元），GE被誉为能够代表人类工业时代的标志性企业。

但之后的GE，以"慢半拍"的速度大举进入所有短期高增长行业，不断扩大的业务范围让GE快速回到了韦尔奇接手前的业务格局。在金融业务大获收益之后，GE大举进入包括商业信用卡、租赁和再保险等在内的几乎所有非银行金融服务市场。金融行业高额获益的兴奋感，让这家被誉为最成功的制造工业企业的公司陷入了重金融、轻制造的躁动中，也因此种下了深陷 2008 年金融危机困局的祸根。

为了应对金融危机，GE 开始缩减金融业务，并走上了全球并购扩张之路。2016 年，通用电气首次出现巨额亏损，亏损了 61.26 亿美元。此后，为了渡过难关，通用电气公司先后卖掉了家电、保险等相关产业，进军了软件、安全等领域，但是收益都不算太好。近些年，互联网相关产业蓬勃发展，GE 调整方向，向人工智能、云计算和新能源等热门领域进军。到 2021 年底，GE 总市值仅剩下不到 1000 亿美元。

回顾 GE 这些年起起伏伏的历程，我们可以看到 GE 成于聚焦核心能力的"收缩"战略，败于跟风、追求短期利益的"扩张"行为。可以说，GE 如今的境况给全球所有企业一个警示。

收购兼并是企业增强核心能力、扩大市场范围的战略举措，随着企业业务的发展，全球并购不断增多。打包收购的资产和收购企业核心能力之间的适配性和兼容性，直接决定了收购兼并的结果，哪些应该保留？哪些应该剥离？哪些应该部分整合？这些看似很难的问题，答案其实就是围绕核心能力构建的"收缩"战略。

2019 年，安踏集团收购芬兰体育用品集团亚玛芬，亚玛芬集团旗下除了我们所熟悉的始祖鸟、萨洛蒙、威尔胜等品牌，还有健身器械品牌必确和智能运动手表品牌颂拓。

安踏集团在运动鞋服领域的成功经验是有目共睹的，无论是对安踏主品牌，还是对斐乐、迪桑特等收购的国际品牌的成功运作，都体现出安踏集团在运营国际品牌的成功率和成功效率上，可以驾驭得游刃有余。但对运动器械或者智能手表，安踏的经验不多，其经验和偏好更加倾向于偏"软"的鞋服。必确和颂拓则是偏"硬"的器械和装备类品牌，主要市场也偏向欧洲和北美。

必确的业务范围包括健身器材、健身设备、健身配件等产品的制造、分销和服务，在出售前两年，利润持续下降：2018 年，其年度净利润为 1050 万美元；2019 年，年度净利润下降至 630 万美元。安踏集团于 2020 年 12 月以 4.2 亿美元的价格将其卖给美国居家健身巨头 Peloton。双方公告发布后，Peloton 股价上涨 8%，同时安踏股价也上涨 5%，可见对两方来说这都是好事。

颂拓是全球运动手表市场的主要参与者之一，品牌历史可以追溯到 20 世纪 30 年代。近年来，随着该公司专注于质量、时尚设计、路线规划和准确性，其设备的功能少于竞争对手，市场份额不断被苹果、华为、小米三个智能手表厂商以及佳明、高驰等运动手表厂商蚕食。2022 年，颂拓品牌被出售给专注于可穿戴电子设备的中国公司猎声。

安踏集团对于出售亚玛芬旗下业务表示："出售事项能透过优化合营集团内部资源以配合有关策略，包括专注于鞋服品类的扩展以及加速直面消费者的销售。"

简单踏实才是硬道理

回归价值创造原点

"物竞天择，适者生存"的法则主导着自然界 40 多亿年的历史并延续至今。商业文明发展长河中，随着科技进步和时代变迁，企业有些涅槃重生，有些烟消云散，还有些坚守百年屹立不倒。究其原因，能否为消费者创造价值，是考验商业价值的金科玉律，也是商业世界的进化论。

（1）交付价值：企业交付的价值应该是消费者真实的需求痛点，这些痛点随着社会进步逐步被释放。但无论形式如何，能够更快捷、更有效地解决用户痛点的模式和方法，对消费者而言就具有价值。每次出差时，我都会随身携带一个压缩旅行包。尤其是到了冬季，从零下十几度的北方落地温暖如春的南方，随手取出压缩旅行包，就可以把厚厚的羽绒服或者棉衣很方便地收纳进去，不用很烦琐地打开行李箱。而从南到北，在下飞机时拿出大衣，压缩旅行包也很容易被收纳进随身背包里，很方便、很灵活。压缩旅行包解决了消费者两个互相矛盾的诉求点：携带方便且不占空间，有足够的可收纳空间。

链家针对二手房交易市场上虚假房源泛滥，消费者为此心力交瘁的核心痛点，于2011年提出了100%"真房源"，假一赔百，打破行业"潜规则"，重构消费者信任。打开链家网，没有任何弹窗的界面上有一句醒目的话："真房源，如你所见。"链家对于所有经纪人的要求是严格执行"真实存在、真实委托、真实价格、真实图片"四个标准。链家对解决消费者核心痛点的坚持，让房产中介行业将丢失的消费者信任一点点重新捡了回来，让房产中介人员的职业尊严逐步建立了起来，也让链家一步步壮大并赢得了尊重。

（2）做深做透：企业交付的价值是99%还是100%解决了消费者痛点？这个数值与100%这个基数之间的差值，就是可能被颠覆的裂缝。差值越大也就意味着被取代或颠覆的可能性越高，被颠覆取代的周期也会越短。世界上创立时间超过200年的公司有5586家，其中日本有3146家。而创立超过100年的公司，日本有21000家以上。在技术研发方面，日本有四个指标位列世界第一：（1）研发经费占GDP的比例位列世界第一；（2）由企业主导的研发经费占总研发经费的比例位列世界第一；（3）日本核心科技专利数量占世界第一，占比在80%以上；（4）日本的专利授权率高达80%，位列全球第一。可见日本除了专利申请数量多，专利申请的质量也很高。丰田模式就是极致精益生产的典范。我们所熟悉的寿司之神小野二郎、拉面之神山岸一雄等，也都是一生只做一件事，把一件事做到极致。

2017年之前，京东长期亏损，但投资人却一致看好其发展前景。主要原因是京东的GMV（商品交易总额）一直在高速增长，多数利润都投资到物流、算法等提升核心竞争力的领域。如今，"快"已经成为所有人对京东共同的认知。在一、二线城市，当日达已成为常态，京东前几年重点推动"千县万镇24小时达"时效提速计划，通过仓储、中转场地和智能设备投入，大数据精准备货，增加运力和班次，将偏远地区订单升级为每日一送或每日两送。基于核心竞争力的做深做透，京东在消费者心中的长期价值得到了持续提升。

去除一切非必要

互联网时代，信息的流动与透明、法律法规和金融体系的完善，以及物流业的高速发展，使得过去很多利用渠道垄断和信息差的"做买卖"模式逐渐坍塌，而与此同时，很多新的商业模式如雨后春笋般层出不穷。

哈佛大学克里斯坦森教授在《创新者的窘境》一书中指出："众多的事实让我们看到，那些由于新的消费供给方式的出现而'消亡'的公司，本应对颠覆性技术或模式有所预见，但他们都无动于衷，直至醒悟，却为时已晚。"

行业里的大公司往往会更加专注于价值更高的客户、销量和利润更高的商品、增长率更高的业务单元，并且配置大多数的公司资源不断巩固和拓展这些领域。当市场上突然出现颠覆性技术或者模式时，颠覆者会快速向市场提供更便宜、更好用的替代品，并且直接锁定低端消费者或者产生全然一新的消费群体，这些行业里的大公司往往无计可施。之后这些颠覆者不断发展，一步步蚕食这些大公司的市场份额，最终取代传统产品占据统治地位。

拼多多成立于 2015 年 4 月，当时阿里巴巴刚上市，面对巨大的舆论压力，淘宝开始了打假行动，平台一下消失了 24 万家低端商家；也是在这一年，京东抛弃了同样面向低端产品的拍拍。

2015 年 9 月，拼多多上线了，"无缝衔接"成建制地接收了这些被淘宝和京东"抛弃"的商家。这些商家在淘宝和京东摸爬滚打多年，积累了大量的电商运营经验，也非常了解低消用户。这些商家很多本身就是工厂，直接生产、直接销售给用户，这也是其能一直保持低价的原因。

同样被"无缝衔接"的还有所谓"五环外"的低消人群。那个时候，全国居民每个月的人均可支配收入不足 2000 元。这些低消人群更加看重功能和价格，并不在意品牌，甚至不了解哪个是正品，当然也不会为品牌付溢价。

2015 年，微信快速拥有了 5 亿用户。按照雷军的说法，2015 年小米手机至少卖了 8000 万部。做社区拼团出身的拼多多团队，在这一年利用微信流量和拼团，把成建制接收过来的商户和消费人群连接在了一起，没有任何多余的动作。消费者直接用微信小程序进行单品购买，操作简单，价格低廉，在满足了熟人感情联络和游戏娱乐的同时，也完成了熟人拼团和商品推荐。

拼多多创始人黄峥说："供给和需求是一体的两面……要从根本上改革供给侧，得先变革需求侧，需求侧是拉动供给侧变革的牛鼻子。""……我们要做的事情永远是匹配，让合适的人在合适的场景下，买到合适的东西。"

2018 年底，拼多多推出了"新品牌计划"，帮助中小企业以最低成本对接平台消费者需求，培育新品牌，为这些中小企业提供研发建议、大数据支持和流量倾斜。截至 2020 年 10 月，参与"新品牌计划"定制研发的企业超过 1500 家，累计推出的定制化产品超过 4000 款，订单量也突破 4.6 亿，多个年销售额过亿元的优质代工厂自主品牌诞生。

拼多多"新品牌计划"中，通过发挥互联网平台的优势，让价值回归生产与消费两端的典型案例就是 2020 年的卖蒜事件。根据农业农村部信息中心数据，2020 年的大蒜价格降至 5 年来最低，批发价格同比下跌近 60%。拼多多联合新农人商家以高于市场价 0.15 元/斤的价格，收购了大蒜主产区河南中牟县 546 家贫困户的 2000 多亩大蒜，上线当天卖掉 33 万斤，仅溢价收购一项就为贫困户增收 100 多万元。而拼多多上的大蒜价格为 5 斤 9.6 元，大约是普通超市的四分之一。新农人拆解了拼多多每斤大蒜的成本结构：种植成本 0.69 元、快递成本 0.7 元、包材成本 0.16 元，折算后利润约为 0.37 元/斤。这样大规模"拼"的模式，在传统农业模式里是想都不敢想的。从长远的角度看，公司要想存活下来并且稳定增长，一定要持续给社会创造价值。

截至 2021 年 6 月，拼多多平台年度活跃用户数达到 8.499 亿，商家数达到 860 万，平均每日在途包裹数逾亿单，是中国用户数最多的电商平台，更是全世界最大的农副产品线上零售平台。

做深、做透、做极致

在经济高速增长、模式花样百出的市场环境中，"一夜暴富""一夜成名"的消息总能让很多人羡慕。多数人只是把这些消息当作茶余饭后的谈资，也有些人试图模仿这样的"成功"路径，但结果往往如同那些消息的主人公一样，都草草收尾、结局暗淡。反观那些真正的成功，则多是聚焦"简单"。"简单"的本质需求、"简单"的核心能力、"简单"的价值提供，把所有精力都放在一件"简单"的事情上，把小事当大事干，结果往往是美好而精彩的。

在印度孟买这个有着 2000 多万人口的城市里，有一群叫作 Dabbawala（达巴瓦拉）的人。这是一个很神奇的群体，神奇之处在于这个群体已经存在了 130 多年，每年的客户保持 10% 的增长。而 Dabbawala 的平均受教育程度仅为小学五年级，有很多近乎文盲。他们没有电话和 GPS 系统，也没有汽车、摩托车……就是这样一个群体每天为孟买客户配送大约 20 万份午餐，且投递错误率仅为 800 万分之一，创造了最佳时间管理的吉尼斯世界纪录。

孟买人口约为 2130 万，是印度人口第二密集地区，整个孟买地形呈狭长状，南部是办公和商业区，多数居民在北部居住。印度中产阶层的平均月收入为 300 多美元，而孟买外籍人士的平均年薪是全球平均水平的两倍以上，达到 217165 美元（汇丰银行 2018 年数据）。孟买市区房屋租金高昂，一套 100 平方米的普通住房月租金在 2500 美元左右。作为一个多种族国家，各种族间的饮食习惯差异较大，通常情况下食物在吃之前是不会混合的，需要多层大饭盒分开包装，例如各层分别装咖喱、蔬菜、面包等。

孟买城郊线路每天有超过 2000 列火车运行，运送超过 600 万的乘客。很多在南部区域上班或上学的中产阶层和普通劳动者都居住在城市北部，虽然非常拥挤，但它是大多数人唯一的选择。极度拥挤的交通、大大的饭盒、市区高昂的消费、特别的饮食习惯、家里饭菜的味道……多种因素促使"送餐小哥"（Dabbawala）的出现。中产阶层只须每月支付月薪 2%~2.5% 的服务费（6~8 美元），就可以每天吃到自己妻子或者妈妈现做的午餐。这个价格不是平台竞争补贴后的价格，而是长期以来形成的，保证 Dabbawala 持续经营和消费者接受的合理定价。印度电影《午餐盒》(*The Lunchbox*) 讲述的就是孟买 Dabbawala 送餐背景下的爱情故事。

5000 人规模的 Dabbawala 团队要保证 20 多万份午餐在每天中午

12：30前准时准确送达，除了Dabbawala自身的体系，对客户的严格要求也是核心。Dabbawala要求家庭主妇严格守时，连续三次在收取餐盒时造成等待将被列入黑名单，用机制保证低效因素的最大化剔除。整个运送过程中，每个餐盒需要经过大约5次换手：清晨到客户家领取餐盒送到最近的火车站，分拣到不同的板条箱，通过火车送达距离目的地最近的车站，分拣后交由快递员处理。下午反向物流将餐盒送回顾客家里。一个小组的Dabbawala负责整个过程，但每名Dabbawala在整个环节中任务单一、路线固定，对于任务事项和交付环境非常熟悉。同时，组员都受过交叉训练，能够胜任不同的工作，包括收取餐盒、分拣、配送、收款及客户关系等，保证了每次2~3名后备人员的选择灵活性。

前面提到过，Dabbawala平均受教育程度为小学五年级，有很多近乎文盲。印度落后的基础设施，使得智能手机、电子化跟踪监控都无法使用。在这里，最高效、可靠的信息系统就是数字、字母和颜色，独特的编码系统是保证餐盒能够快速、准确被分拣的唯一标识。每个餐盒上都会手写带颜色的字母和数字，包括每个步骤对应的地点、小组和Dabbawala信息。以图4-1中的编码为例：左边E代表收取餐盒的街区，同时对应了负责收取餐盒的Dabbawala编号；VP代表送餐出发的火车站；中间的3代表目的地火车站；右边的9代表最后一步负责运送的Dabbawala；AI代表目的地建筑物；12代表楼层。

Dabbawala协会让每个Dabbawala都是股东，享有分红的权利。Dabbawala属于同一个种姓阶层，拥有乐天的传统和虔诚的信仰，坚信给人送食物会带来好报。Dabbawala每个小组的新成员都是由老成员推荐加入并经过严格审核的，每个小组的收入按月平均分配给小组成员，每人月平均收入可以达到160美元，相当于普通农民月收入的3~4倍，国庆时也会让Dabbawala在游行队列里展示印度的风尚。

这个行业为每位 Dabbawala 赋予了收入可观的工作和价值被认可的荣誉感。

- 送餐地火车站负责组别代码（9）
- 送餐地建筑缩写代码（AI）
- 送餐地细节资讯（12）
- 顾客居住地火车站代码（VP）
- 送餐地火车站代码（3）
- 居住地火车站负责组别代码（E）

图 4-1　Dabbawala 餐盒编码体系举例

我们可以看到，Dabbawala 用没有任何现代科技的自行车和木条箱，用没有任何智能系统支持的简单数字字母，用没有文化但在自身岗位上做到极致的信念，把送饭盒这一件听起来简单到不能再简单的事情，踏踏实实地连续做了 130 多年，为社会、顾客、企业和员工带来了持续价值。

第五章　精细：单位产能最大化

企业要满足消费者需求并维持市场竞争力，在运营层面需要尽可能做到单位产能最大化。如果能够用"最少"的货、"最少"的人、"最少"的渠道，实现最大化的销售，这是任何商家都期望的结果。能实现吗？企业通过提高商品贡献率/劳动生产率/渠道利用率可以接近这个极致的目标。从产品周转角度，通过纵向做深单品/单客贡献，横向打通商品周转，最大化商品贡献率；从劳动生产力角度，根据能标准的标准、能压缩的压缩、能自动的自动、能整合的整合四个准则，最大化劳动生产率；从渠道角度，通过拉长有效营业时间、扩大有效营业面积、增加客单价和消费者到店频次，最大化渠道利用率。通过对成本管理中三大成本要素的单位产能最大化，企业必然能够在满足消费者预期、构建品牌心智以及打造核心竞争力方面超出预期。

产品周转最大化

用"更少"的货创造"更多"的销售

人们主观上认为的自己对某件事物的了解程度，我们称之为"主观知识"。根据以往的研究，人们更倾向于依赖"主观知识"做决定，但相较于"真实知识"或"专业知识"，"主观知识"通常并不那么可靠。例如：人们通常会依据"主观知识"认为只有为消费者提供更多的选择，才能满足消费者的消费诉求，消费者的满意度才会提高，但结果往往事与愿违。

以色列荷兹利亚（Herzliya）跨学科研究中心艾瑞森商学院的研究者利亚特·哈达（Liat Hada）的研究表明：当面临更多选择时，那些"主观知识"依赖程度高的消费者会觉得选项太多而难以做出决定，或者事后也更容易对自己做出的决定不满意；而那些"主观知识"依赖程度低的消费者则会觉得更多的选项亦提供了更多的信息，有助于他们货比三家，从而青睐有更多选项的情况。同时，根据哈达的研究，消费者对于某类商品的熟悉程度会影响其购买意愿。例如：同样是红酒产品的销售，对于"主观知识"依赖程度高的消费者需要推荐"爆品"红酒，这样有助于他们做出选择；对于"主观知识"依赖程度低的消费者则需要提供更多红酒选择和详细说明，以便于他们依据这些信息做出选择。而对于那些所有消费者都熟悉的品类，比如软饮料类，则应该提供更少的选择。

所以，我们在"成本"这一篇里讨论单位产能最大化，主要的讨论范围会集中在消费者熟悉的商品品类。

虽然用"更少"的货贡献"更多"的销售，用"主观知识"做判断，这两个矛盾的观点好像很难同时实现，但可以通过纵向扎得深、横向打得通两个维度，驱动产品周转率最大化的实现。

扎得深：从"主观知识"或者过往的"专业知识"的角度而言，销售是通过吸引足够多的消费者进场，并且在场内产生更多转化而实现的，用电商的专业计算公式就是 GMV= 流量 × 转化率。但我们发现依照这个逻辑走下去的结果却是，流量越来越贵，而且转化率也越来越低。究其原因，是过往的供给端推送或者消费者主动搜索模式的问题。移动互联网时代，上述模式逐渐被能够更高效匹配需求的供给模式所颠覆。企业间的竞争变成了如何基于数据和洞察了解消费者需求，并根据需求匹配更好的资源，以使消费者需求得到最大化满足。

我们所熟悉的 Costco 在 2019 财年全球实现营收 1527 亿美元，拥有 9430 万会员，其年度 ARPU（单客经济贡献）超过 1500 美元。我们印象中卖杂货的 Costco，2018 年售出超过 65 万辆汽车（其中逾 53.3 万辆是新车），比美国最大的汽车零售商 AutoNation（汽车王国公司）多售出了 20%，很诧异吗？Costco 的增长飞轮就是通过丰富的品类和高性价比吸引会员，在深入了解会员需求的前提下，依照需求开发品类丰富且高性价比的产品，这些"超出预期"并基于需求的产品在进一步满足消费者需求的同时带动了企业增长。今日头条、拼多多、戴森等一大批深谙"做深"逻辑的企业，都是通过匹配消费者需求和供应端资源"扎得深"的高手。

打得通：门店购物，可能会发生一家店有款式但是没有消费者需要的尺码，而另一家门店刚好有这个尺码，却因为没有消费需求而将这件商品当作滞销库存的情况。到了季末，公司发现滞留了很多库存，而没发现的是已经损失的潜在销售机会。也有消费者购买衣服鞋子时，往往会先去电商网站上挑选，但担心款式尺寸不合适，再到品牌门店试穿，即使在线下门店淘到合意衣服，也会担心价格虚高，往往会拍下条形码在线上旗舰店比价。这些简单的案例场景，其实反映的是众多品牌在不同区域、不同渠道、线上和线下间的常态，不同场景投放不同资源，大量数据无法融合，各种交易无法同步。由于各个板块的割裂或者利益分割，原本可以高效流动的商品成了滞销品，让无处不在的销售机会成了消费者失落的原因。

每年"双十一"，优衣库的销量总是名列前茅。消费者去优衣库购物的体验满意度很高，而在之前几年，优衣库还在为线下门店到店提货率低而头疼。随着优衣库中国对全渠道管理的细化推进，消费者可以自助查询商品库存、就近门店或者一键线上下单。优衣库天猫官方旗舰店开通全品类全国 500 多家门店自提服务……优衣库这一系列举措就是从消费者角度出发，从优衣库全盘考量，打通了全品类线上线下区隔，让用户拥有无缝购买的美好体验。

以"有限"的单品创造"无限"价值

选择通过"有限"商品赢取"无限"市场的企业，无论是苹果、特斯拉、微信等现代高科技企业，还是可口可乐、爱马仕、同仁堂等存续多年却依旧生命力旺盛的企业，都是通过对需求本质的理解提供价值的。而试图通过"无限"商品去应对"有限"市场的企业，则往往因为各种"不确信"而不断增加供给，从而陷入越来越低效的泥潭。

ALDI（奥乐齐）1948 年创立于德国，在全球 10 余个国家拥有超过 1 万家店铺。德勤发布的《2019 年度全球零售商力量报告》显示，截至 2018 年 6 月，在全球 250 家零售商中，ALDI 以 982.87 亿美元的销售额排在第八位，海外市场营收占 ALDI 总营收的 66%。

ALDI 的高性价比模式让其自带流量效应，因为对于食品和日用消费品等基本消费品类，即使在消费升级趋势下，消费者也会更愿意为优质优价的产品买单。以 ALDI 中国门店销售的鸡蛋为例，ALDI 只做两款商品，一种是 10 枚 450 克的保洁鲜鸡蛋，售价 10.9 元，一种是 12 枚 540 克的营养谷物蛋，售价 9.9 元，比市场同类产品便宜 40%~50%，而且鸡蛋都是紫外线灭菌、清洗涂膜，并且能够溯源的。在 ALDI 德国也是如此，ALDI 德国没有广告政策，主要通过"ALDI Informs"（奥乐齐信息）每周的线下和在线时事通讯推广给消费者。

ALDI通过自创的"Like Brands"和"Swap & Save"营销活动，改善品牌认知度并加强消费者忠诚度。ALDI会通过盲眼试吃，证明ALDI自有品牌与其他知名品牌的商品品质相同，并且大多数喜欢这些知名品牌的顾客也喜欢ALDI的品牌。ALDI德国门店每周都会针对受欢迎的食品提供大幅度折扣特惠活动。通过"精品＋高性价比"策略，ALDI德国在3年内的门店销售额增长超过100%，市场份额从2.3%提高到2.5%。

ALDI的门店面积一般为300~1100平方米，平均只有沃尔玛、世纪联华这类大型超市的25%~50%。在传统模式下，商品陈列是以利润驱动，毛利率高的商品会被陈列在消费者容易看到的位置，品牌为获取更好的货架位置通常会支付给超市额外的费用，但ALDI的陈列则是由流量、实际动销和利润率等多因素共同决定的。

ALDI超过90%的商品是自有品牌，并且门店只提供最常见的食品和生活必需商品，SKU（库存量单位）数量大约为1000个，是其他大型超市SKU数量的10%~15%。在多数商品品类上，ALDI只提供一个品牌，选择一家厂商进行合作定制专卖，这些自有品牌都来自知名厂商，ALDI会参与产品的设计和制造，并通过质量控制流程确保产品质量。在商品选择上，ALDI主要考量三个指标：销量、商品贡献率和产品质量。

从采购角度而言，单个工厂供应整个品类，大单品容易形成规模采购优势，从而保证自有品牌的每一款产品都是质量好、性价比高的大单品。加上ALDI的销售渠道和规模效应，其在与供应商的谈判中处于绝对优势。此外，ALDI还通过全球采购、进口商和制造商采购、控制中小企业稳定供应和自产自销部分商品这四种采购方式来满足价格和质量的双重要求，确保其采购成本最低。对顾客而言，ALDI为消费者供应的精选商品，在帮助其节省挑选时间的同时也提升了购买率。正是 ALDI 的大单品战略，使其商品贡献率是其他大型超市的 30 倍。通过大单品模式，ALDI 占据了用"有限"SKU 创造"无限"价值的绝对优势。

以"无感"的连接激活"有感"的需求

许多商家都曾经历了线下的渠道为王和平台电商高流量所带来的高销售，一切都来得太匆匆。面对"老"流量和"新"流量，因势利导的商家只能左手接一个、右手接另一个，由此演变为线上、线下多盘货的局面，渠道不同、货品不同，"多盘货"带来的必然是大量的库存和低效的商品周转。2010—2014 年中国服装行业爆发的库存潮和倒闭潮，也都和"多盘货"有直接的关系。每年的"双十一"，也存在一个渠道商品脱销，另一个渠道却有大量滞销库存的尴尬局面。

发展到今天，商家逐步发现了"一盘货"的价值以及"无缝"全渠道消费者体验所带来的巨大价值。商家虽然明白其中的道理，但是面对过去长期形成的多级经销体系、"遥远"的消费者，以及过往品牌商努力构建的经销商边界，如何才能通过"一盘货"服务"一群消费者"呢？

2017 年底，京东提出"无界零售"概念，原来的互联网零售商也成为零售基础设施提供商，既服务终端的消费者，也服务平台的品牌合作伙伴。京东从"导流获客—优惠券管理—物流配送—零售渠道—用户服务"等消费链条着手，通过数据技术、物流配送、支付等多个环节的升级，使消费者"无缝"体验从品牌官方旗舰店到品牌线下店的购物。

奥康鞋业在全国有 1216 家门店。2018 年"五一"假期期间，消费者可以在奥康京东官方旗舰店选择商品下单，由离消费者收货地址最近的门店优先直接发货；消费者在线下购物时，可以使用小程序里为消费者定制的线上优惠，线下门店核销优惠券后消费者即可享受相关优惠。就是这样一些"本不复杂"的"无缝"场景，在假期3天时间里，创造了5.48万张订单，增加了8.09万新用户。

也许这些数据并没有让你产生"惊艳"的感觉，但是京东通过与品牌商的合作，用自身更加成熟的数据技术、支付、物流、运营、流量等多项资源赋能品牌商，帮助品牌商完善了会员大数据画像，为进一步精准推荐商品、增加定制化营销活动以及导流获客等打造了样板。对于品牌商而言，以消费者为中心的全触点打通，帮助其进一步细化理解消费者需求和痛点，实现全时段精准营销与全渠道数字化营销，并解决了线上线下割裂"多盘货"的问题。

劳动生产率最大化

二战后，日本转入战后经济恢复期，当时日本工业产业的平均劳动生产率仅为美国的1/9到1/8。当时，日本汽车制造业劳动生产率还要远低于工业产业的平均水平。

现在日本工业的劳动生产率已然处于世界领先水平，而这一切都来自日本丰田汽车的精益生产模式。丰田生产方式创始人，是被誉为"日本工业之父"的大野耐一，他在《丰田生产方式》一书中讲述了自己对于二战后日本工业产业劳动生产率低的看法："……一定是日本人在生产中存在严重的浪费和不合理现象。只要消除了这些浪费和不合理现象，劳动生产率就应该是现在的10倍。"这种思想构成了丰田生产方式的基本思想，即彻底消除一切成本浪费。而发掘问题的方法就是大野耐一自创的"五个为什么"，不断提问前一个问题为什么会发生，直到问出问题的本质。例如：大野耐一检查工厂时，发现工厂地板上有一摊油，问"为什么"，答"因为机器漏油"；问"为什么机器会漏油",答"因为油箱破了";问"为什么油箱会破",答"因为我们所采购的油箱材质较差";问"为什么我们所采购的油箱材质较差",答"因为价格低";问"为什么我们要采购价格低但质量差的油箱",答"对采购员的奖励视短期节省的开支而定,而不是看长期的绩效表现",而支撑丰田生产方式的两大支柱是"准时生产"和"自动化"。

1950年,丰田公司的产量从战后的3000多辆,恢复到12000辆,基本达到战前的水平。1982年,美国通用公司人均生产6辆汽车,而丰田公司人均生产55辆。从人均利润贡献角度,美国通用公司人均利润为1400美元,而丰田公司人均利润为14000美元,是美国通用公司的10倍。20世纪90年代初,丰田公司年产量接近500万辆,名列世界第二。

丰田生产方式对于提高劳动生产率、节约总体成本的显著效果是毋庸置疑的。基于对丰田生产方式两大支柱"准时生产"和"自动化"的理解,以及对更多商业案例的分析研究,可以总结出提高劳动生产率的四个准则。

能标准的都标准

提高劳动生产率,认知对于解决问题是最重要的,要解决问题先要找对问题,并确定解决问题的优先顺序。《卖油翁》里卖油翁对陈康肃公说:"我亦无他,惟手熟尔。"对于卖油翁而言,"油自孔入而钱不湿"是一种高超技能的体现,但如果需要在短时间内灌装大量油瓶,卖油翁也没有足够的"惟手熟尔"的徒弟。那么,应该先解决"油自孔入而钱不湿"高技能灌油工人的培养问题,还是先解决油瓶因口小而难灌装的问题呢?答案显而易见。总而言之,先想清楚再行动,是提高劳动生产率的第一步。

提高劳动生产率，前提是要理解问题的本质，类似大野耐一"五个为什么"的"剥洋葱"式提问方式，就是找出问题关键要素的好方法。这个阶段，准确找出关键要素比"勤劳"要重要得多。关键要素就是我们需要去解决的问题，而不是"第一个"问题，关键要素的提升要点就是"标准化"，在不断的实验中，把"完美的标准"固化下来，形成步步有标准的工作流程。

麦当劳 1955 年创立于美国芝加哥，在世界上拥有大约 3 万家分店，跨越六大洲、100 多个国家和地区，主要售卖汉堡包、薯条、汽水等快餐。一家大型跨国连锁餐厅，如何让消费者在全球任何一家店都吃到口感一致的汉堡和薯条呢？

我们以被《经济学人》当作全球汇率校准器的巨无霸汉堡包为例。麦当劳在 1975 年有一句广告语，"Two all-beef patties, special sauce, lettuce, cheese, pickles, onions on a sesame seed bun"，有人将其翻译成中文打油诗，"双层牛肉巨无霸，酱汁洋葱夹青瓜，干酪生菜加芝麻，人人食到笑哈哈"。这则广告长期广泛流传，甚至在 2003 年麦当劳推出的名为"i'm lovin' it"（我就喜欢）的英语广告标语竞赛中，还被以快速说唱的音乐形式展现。在这则广告语中，我们看到了麦当劳在产品标准化上的精细程度。麦当劳对于全世界每一家门店制作巨无霸汉堡包的流程、标准以及食材选择都有严格的统一标准。例如，巨无霸汉堡包里的牛肉饼成分标准是：83% 的牛肩肉和 17% 的五花肉，脂肪含量必须在 16% 和 19% 之间，肉饼的直径是 95.8 毫米，厚度是 5.65 毫米，重量是 47.32 克。对于牛肉饼每一面的煎制时间、温度等，也都有详细的标准。

麦当劳的薯条为什么口感刚刚好呢？炸薯条有标准流程，麦当劳规定了每筐薯条的磅数，每 30 秒需要把薯条炸篮轻微提起摇晃，在出锅前滴油 10 秒，把炸好的薯条倒进薯条站后，需要在薯条上方

30 厘米处用盐罐分配器撒盐，之后再用薯条铲将薯条铲入薯条盒。

能压缩的都压缩

标准流程形成后，定期优化和高效执行保障，是提高劳动生产率不可或缺的步骤。有没有什么步骤可以合并？有没有什么步骤可以删减？例如：新冠肺炎疫情期间所使用的国务院行程卡，打开就可以自动弹窗确认手机号码（默认本机号码），就比打开小程序、输入手机号、填写验证码等要高效得多，也能节约很多时间成本。执行过程中，压缩无效工作时间，压缩任务串行等待时间，提高所有工作人员专注、熟练、多任务并行的能力，都是提高劳动生产率的必要环节。

华罗庚在《统筹方法平话及补充》一书中，通过对"烧水泡茶"五道工序（烧开水、洗茶壶、洗茶杯、拿茶叶、泡茶）不同组合方法的比较，得出烧开水的同时洗茶壶、洗茶杯、拿茶叶是用时最短的工序安排。华罗庚希望传递的思想是，将原先串行的任务统筹并行安排可以大幅度提高劳动生产率。优衣库要求每位门店员工都能一分钟叠7件衣服，即使收银员也需要具备这个技能。为什么呢？收银员每天上班8个小时，其中有大约5个小时在专注完成收银工作，而余下的3个小时则可以折叠整理收银台附近的衣服。收银员通过刻意练习掌握了快速折叠衣服的技能，通过统筹安排8小时内的任务，达到了最高的劳动生产率。这样，门店可以用更少的员工完成工作，员工也会得到更多的收入。

能自动的都自动

科技的发展，让商家的劳动生产率大幅度提高，也让消费者在越来越"懒"的同时，有了轻而易举成为"专业"人士的机会。流水线和机器取代人是工业时代劳动生产率快速提升的关键，如同丰田生产方式的两大支柱是"准时生产"和"自动化"。

工业机器人时代，很多之前依赖人的环节或任务都被机器所取代。对于多数产业而言，现代社会的劳动生产率一定远高于农业时代，无论人类的体力多么好、技能多么熟练、衔接多么流畅，机器似乎都可以做到，甚至做得更好。主要原因还是机器可以更加专注、更加熟练、更加标准，而且不用休息。

拍照、朋友圈晒图已然成为很多人展示自我、社交生活的一部分。每个人都希望能够拍出与专业摄影师一样水平的照片，但是要掌握曝光、亮度、色彩平衡、色阶、色相、饱和度、对比度等等，对于大家来说又过于复杂。这时，美图秀秀等很多修图软件里的滤镜功能就出现了，把能整合的都提前帮消费者整合好，一键自动美颜，降低了操作难度，提高了效率。

现代人的厨房里除了微波炉、电饭煲、电压力锅、电热水壶、电磁炉等，可能还有打蛋器、绞肉机、面条机、空气炸锅、豆浆机、料理机、榨汁机、破壁机、面包机等等，能自动化的几乎都自动化了。商家再把"分开"自动化的功能整合，生产出新的"二合一""三合一""多合一"产品，这些自动化产品在给消费者和餐饮企业带来便利的同时，也使上游制造商的业绩持续增长。

能整合的都整合

整体劳动生产率的提升就是提升各个环节的生产率。例如：如果把很多工作前置，让上游环节可以有序地安排生产，下游环节可以更从容地组合，整体的劳动生产率是不是会比下游环节全部应对更高效呢？一定会。如果把几个相对顺序和内容都"固化"的"小"步骤，打包成一个"大"步骤，每次任务中只须调用"大"步骤，这样会不会更加高效呢？也一定会。

看过"李子柒"视频的观众，都会被古朴的田园生活所吸引，每一餐都从食物的种植讲起，娓娓道来，令人向往。而在快节奏的城市里，很多人都是通过点外卖、吃速食食品来解决一日三餐的。例如，一个阳光灿烂的午后，你有几个广东客家朋友准备来家中做客，你想自己动手做一餐饭，既营养健康，又不用花费太多时间，怎么办呢？如果计划做一只盐焗鸡，通常会准备一只品质优良的仔鸡和盐焗鸡香料包，之后按照食谱步骤焯水、腌制以及盐焗卤制。但在古代，仅仅准备盐焗鸡香料包里的各种香料，就是个极耗时的事情，更不用说各种香料的配比可能还是个不外传的"秘方"。而现在，餐饮供应链企业整合了采购、（预）加工和配送环节，这让餐饮门店和消费者都能够更快、更方便地做出品质不错的美食。

新鲜的奶油蛋糕往往需要提前定制，成品奶油蛋糕可能不够新鲜。互联网蛋糕品牌幸福西饼通过分布式工厂模式，优化解决了这个"矛盾"。幸福西饼自建了全自动的蛋糕半成品生产中心，并在配送半径3公里的范围内建设了若干卫星工厂。通过半成品集中生产，多点分布卫星工厂完成蛋糕最终制作的模式，能提前的都提前，构建了快速生产、快速配送的竞争优势，年营收超过10亿元，复购率达到60%，每日订单量近4万笔。

渠道利用率最大化

提高有效性是解决利用率问题的关键

面对寸土寸金的实体门店和越来越贵的平台资源，商家在不断提高销量和毛利的同时，如何最大化利用这些"昂贵"的渠道资源，成了消解渠道成本压力的重要议题。

海边的一家烧烤店菜品口味好、食材新鲜、环境优美，吸引了众多资深食客频繁光顾，这也是这家店在当地一直排名靠前的原因。这家店铺面朝大海，也是很多餐厅都希望租赁的宝地，业主念在和烧烤店老板多年的交情，提出同等条件下优先续租给烧烤店。可是，下个月起烧烤店租金要大幅度上涨，这让店里几个资深伙计不免忧心忡忡。

夏夜里，烧烤店生意依旧很火爆，除了店内，店外也搭起了很多临时桌椅，即使如此，还是有很多食客在排队等待。这家烧烤店一般的营业时间是19:00到24:00，这个月开始营业时间延长为18:00到次日凌晨2:00，除增加了几道当地必吃的料理外，还增加了娱乐项目，让食客们在大快朵颐的同时也能点歌助兴。一个月下来，虽然比往日辛苦很多，但到月底除去比之前多出的支出，剩下的钱比之前多了很多，老板和伙计们略显疲惫的脸上笑容灿烂。

渠道利用率与时间、空间的有效性以及一定的时间空间内产生的效果有直接关系，通过拉长有效营业时间、扩大有效营业面积，增加客单价和消费者到店频次，渠道利用率自然会得到提升。

拉长门店有效营业时间

购物中心里的两家门店，都是早上10:00开门，晚上22:00关门。可是在购物中心月度销售榜单上，一家名列前茅，一家几乎垫底。站在两家店的门口观察一段时间，不难发现原因所在。一家店上午从10:30开始、下午从15:30开始陆续有客人到店，而另一家除了中午和晚上用餐高峰期，其他时间只有几个店员零零散散地坐在空荡荡的店铺里。

在相同的营业时间里，第一家店铺的有效营业时间比另一家的有效营业时间长很多，这就是造成它们之间业绩差异的根本原因。那么，如何增加店铺的有效营业时间呢？通常有三种方法：（1）适度拓展满足店铺客群需求的品类，延长店铺有效营业时间；（2）通过增加高频购买单品或服务，增加消费者购买频次，从而增加单位时间产出；（3）通过扩展店铺物理空间，延长店铺有效营业时间。

"日咖夜酒"是一种全时段运营的新业态，就是在同一家门店白天卖咖啡、晚上卖酒。对高度重合的客群，售卖满足客群需求但不同类别的商品，例如：Manner（上海咖啡连锁品牌）咖啡馆售卖简餐，星巴克臻选售卖低度酒，定位年轻人群的海伦司采用日咖夜酒模式，还有很多品牌把咖啡店开进自己的服装店。它们将同一群消费者的场景和需求在同一个空间上进行时间维度的扩充，从而让店铺无论白天还是夜晚都熙熙攘攘、客流不断，增加了店铺的有效营业时间。

"吊钩"模式最典型的应用是吉列剃须刀的刀架与刀片。购买了刀架的消费者，会定期频繁购买作为易耗品的刀片。商家通过"刀架－刀片"模式的设计，以低利润方式占领低频消费的"刀架"市场，然后靠销售专属的易耗品"刀片"获利，从而有效增加店铺单位时间的产出。类似的例子还有胶囊咖啡机和咖啡胶囊，电器连锁店里开洗衣店等。

夜里 10 点多，服装店销售员小李坐在自家的沙发上，给熟客推荐当季的几款新品，在下班后的这段时间里完成了两单生意。自从使用了公司推荐的私域运营方法和工具后，小李每月的销售额提高了很多，用小李的话说："现在可以 24 小时做销售，不在店里的时候也可以回答顾客的问题、推荐产品和成交。"在通过私域运营扩大门店物理边界的同时，也增加了门店的有效营业时间。

扩大门店有效营业面积

商家通常会依照产品陈列、销售和配补货周期，设置一定比例的店铺后仓用来放置库存。虽然这些后仓面积不直接产生业务绩效，但商家仍然需要根据整体租赁面积付出租金。

店铺租金是整体成本中占比较大的费用类别，控制其占比尤为重要。换言之，如何扩大门店的有效营业面积是成本管理中的重要环节。那么，如何扩大店铺的有效营业面积呢？通常有三种方法：（1）充分利用前场"三维"空间；（2）重新定义门店空间的作用；（3）就近设置外挂"后仓"功能。

优衣库的门店总能带给消费者一种选择丰富、陈列有视觉冲击力的直观印象。优衣库打造"仓储式"店铺模式，店铺陈列最大化利用了门店空间。例如：夏季纯色的T恤会按照颜色由浅到深，由冷色到暖色的光谱顺序一字横向排列，顺序可以具体到"红橙米黄绿蓝紫"，纵向按照每个尺码15件的标准，由大到小折叠排列，放进仓储式的展示柜里，有些店铺的展示柜直接延伸到吊顶处。这样既增加了视觉上的冲击感，也把所有周转库存变成了陈列商品，增加了店铺的有效营业面积。

Prada（普拉达）上海的几家精品店铺通过沉浸式零售空间、全渠道数字化营销带给消费者全新的消费体验。消费者可以通过Prada无缝打通的微信小程序、官网、第三方平台电商和直播等，在观看品牌活动的同时购买产品。根据腾讯营销洞察（TMI）与波士顿咨询公司（BCG）在2020年合作发布的《2020中国奢侈品消费者数字行为洞察报告》，奢侈品的消费路径已被重构，不再是按照传统的"认知—兴趣—购买—忠诚"的顺序，而是变为"认知—推崇—购买—生活"四个互相影响和连接的环节，顺序也更加随机。消费者更多地把奢侈品当作生活中必不可少的时尚化体验，13%的人当场购买，34%的人"种草"后一周内就买了，另外38%的人会在一个月之内购买。门店已不再仅仅是售卖产品的场所，而成了消费者购买旅程中的一个"随机"的重要环节，可以是产生购买行为的场所，也可以是通过展示品牌理念、产品和文化，增加消费者互动体验的"种草"场所。

物流配送公司所突出的前置仓业务，是在区域仓、城市仓的基础上，进一步将物流触角延伸到离零售店铺更近的地方，从而帮助品牌零售店铺优化库存管理。对于品牌零售店铺而言，在前置仓能够满足"实时"补货服务需求的前提下，将店铺后仓"转移外挂"到物流配送公司的"前置仓"，无疑是释放了店铺的有效营业面积。

效率篇

简单直接最高效

动态效率中的"效率"是建立在资源（有形资源、无形资源）可以更准、更快、更可持续地进行有效转换的基础上的概念。相较于传统概念中"静态效率"的定义，即对有限资源（如原材料、人力、现金等）的最优分配方法，动态效率中的"效率"概念除了强调资源分配效率，更加强调单位时间内对资源（有形资源、无形资源）的配置效率。换句话说，我们可以理解为，在不使其他人境况变坏的前提下，如果一项经济活动在单位时间内不再有可能增进任何人的经济福利，则该项经济活动被认为是最有效率的。

在动态效率理念中，我们对于高效率企业的衡量，从用户触达效率、用户需求响应效率、企业围绕核心竞争力的扩展效率几个维度进行。高效率企业的标准画像是，精准理解需求端诉求、高效匹配供给端资源、高效传递用户价值，并能够通过核心竞争力的提升快速拓展做大做强。

总结而言，动态效率理念中的高效率企业，需要同时满足快达、快通、快拓这几个重要衡量指标。（见图2）

快达 → 快通 → 快拓

高效直接交付　　需求导向的高效　　围绕核心竞争力
用户价值　　　　供应体系　　　　　快速拓展

图2　卓越效率管理的关键要素

（1）快达：快速抵达消费者注意力范围，通过线上、线下等所有渠道触点，增强消费者交互，强化消费者心智。这样的企业通常也是用户首选甚至偏爱的企业，能够基于对用户需求的精准理解，设计生产满足用户需求、解决用户痛点的产品，并且最大化用户价值传递。

（2）快通：高效率企业能够更高效地进行供需资源的配置，包括优选产品品种、需求驱动生产（C2M）、线上线下一盘货等方式，最大化满足消费者需求，并提高产品贡献率。高效率企业具备以商品规划为导向的产销协同体系，动态管理着不确定性下的确定性。

（3）快拓：高效率企业能够通过企业自身核心竞争力优势，快速拓展到更广的消费场景、更多的产品品类、更大的消费市场，并在拓展过程中不断强化核心竞争力和价值创造能力，从而从广度和深度上建立可持续的用户价值创造和服务能力。

第六章　快达：高效叩响消费者心门

随着科技的发展，消费者日常接触到的信息越来越多，能够满足消费者需求的商品也越来越多。对于消费者而言，选择项增加，能够给予每个品牌的关注时间越来越少，对每个品牌的耐心也越来越有限。品牌能够在消费者选择"众多"的情况下，快速"叩响"消费者心门，增加被选择机会，甚至成为"唯一"的偏爱选择，便成了动态效率理念中高效率企业的核心标志之一。

快速"叩响"消费者心门的品牌，往往是能够理解需求侧的核心痛点和关键需求，设计生产出解决痛点、满足需求的产品，能够快速传递和连接价值链上所有的价值，能够通过高效敏捷的方式和消费者建立良好沟通的品牌。

消费者对于品牌的认知包括触点、购物旅程和品牌关系这三个交互层面。（1）触点层面的品牌交互：消费者日常在各个渠道（零售门店、线上商店、推荐评论信息等）接触到的品牌信息，包括营销广告、产品宣传等，但没有明确的品牌偏好，有些"被动""无意识"地接纳信息；（2）购物旅程层面的品牌交互：在购物旅程层面有一定偏向性的体验过程，消费者可能会根据品牌进行定向搜索，按照产品类别或者款式，或者根据"种草"社区等，和品牌建立连接，对于客户而言和品牌有了进一步的深入交互；（3）品牌关系层面的品牌交互：品牌对于消费者购物全周期的管理，包括对用户特征（年龄、地理位置、收入等）、消费者偏好等的理解。这里的偏好可能是消费者通过购物行为表现出来的或者直接告诉品牌的，也可能是品牌通过消费者的购物偏好发现的痛点或者需求，品牌会提供有针对性的产品或服务以满足消费者的这些需求。消费者与品牌的三个交互层面不是割裂的，而是相互包含和交叉的，消费者对品牌的认知和忠诚度也会依照交互层面逐级提升，并呈现交融叠加升级的过程。

消费者与品牌在不同交互层面的交互过程，可以总结为 AIAL 四个阶段，awareness（意识），interest（兴趣），action（行动），loyalty（忠诚），这四个递进的阶段呈现出漏斗形，消费者从 awareness 阶段到 action 阶段会不断流失，只有一部分消费者成功地从 awareness 阶段转化到 action 阶段，从 awareness 阶段转化到 loyalty 阶段的消费者更少。每个环节的留存比例就是消费者对品牌认可要素的客观评价。（见图 6-1）

图 6-1 消费者 AIAL 忠诚度漏斗

我们可以用恋爱结婚做个简单的类比。恋爱结婚的四个阶段可以类比概括为 awareness（相遇）、interest（相知）、action（相恋）、loyalty（相守）。通过这样的类比，我们就会比较容易理解在新消费时代动态效率中"效率"要素的"快达"需要包含的关键点。如同恋爱结婚的过程，大家会用各种方式创造机会叩响心仪对象的心门，创造各种相遇、相知的机会，可能是更多直接见面了解的机会，也可能是通过数字媒体"全天候"的心声表达，这些方式都能够提高从 awareness 到 action 的效率。

品牌企业叩响消费者"心门"有着相似的过程，通过与用户在交互层面上的高效沟通，吸引消费者的注意，并通过直接、高效的服务模式建立感知和触动。这些都会直接提高消费者与品牌从 awareness 到 action 的效率。

快速叩响消费者心门

科特勒说过："今天的顾客已不能忍受不切实际的宣传。顾客有更多的需求并面临更多的供应。顾客希望获取有深度的产品知识，并希望企业能提供有效和可信赖的主意改进自己的选择。"

增量时代，产品供应随着工业化水平的提升而快速增加，消费者对于商品的选择相对有限，消费者在当时更加看重产品的实用性，对于功能性差异不大的产品，也更容易被轰炸式的广告影响购买决策。大量的广告学理论，是在二战后美国众多"军转民"产能快速释放带来供给增加，以及用户需求被极大化满足的背景下产生和发展的。在那个时代，聚焦产品功能的"轰炸式"品牌短期营销行为，确实让许多品牌收获了市场增量红利。但随着市场供需达到平衡，进行短期产品营销的公司纷纷出现了业绩下滑，即使增加营销投入，也无法阻止业绩快速下滑的颓势。

中国发生的情况遵循着相似的规律，增量时代巨大的人口红利和供应链资源，让许多品牌通过短期营销就取得了巨大成功，但在供需达到平衡时，大批企业陷入关店潮，很多从此一蹶不振。存量市场中，消费者对自身需求有了更精准的理解，对产品的价值也有了更多的客观判断。这就使得虽然市场上还常常看到轰炸式的广告，但往往都具有负面口碑，陷入有声量没销量的尴尬境地，这也预示着依靠广告轰炸取得成功的时代，已经随着社会进步而黯然退场。

随着新消费时代的来临，互联网高速发展、消费升级、需求多元化、渠道多元化、信息碎片化等因素叠加，品牌如何才能快速叩响消费者心门呢？我们从大量的商业实践案例研究中发现，品牌价值观与消费者价值诉求匹配度越高，消费者的满意度和忠诚度也会越高。而构建品牌与消费者匹配度的途径，主要有两种：一种是品牌属于"为你而生"的天然匹配型，诞生于价值观变迁和多元文化冲击背景下的品牌，因为在感性内涵层面和理性表象层面都完美满足了消费者的价值诉求，从而获得了成功；另一种是品牌基于对消费者价值诉求的精准理解，通过匹配相关产品、营销和服务等，建立并不断深化与消费者的深度联系，从而获得成功。

无论对于新兴品牌还是对于传统品牌，如何快速叩响消费者心门，并常驻消费者心间，避免昙花一现，成为新消费时代里的必答题。

短期营销无法赢得消费者的"芳心"

所有的品牌都希望快速培育一批高价值、高活跃度、高忠诚度、高认同感的消费者。在早期增量时代，企业通过一款爆品，通过短期海量的营销投放，就可以收获短期销量的快速增加。但是，随着经济的快速发展和消费需求的多元分级，无论是曾经荣耀、如今沉寂的老品牌，还是曾经一时爆红、如今消失的新品牌，都表明品牌企业依靠短期营销"老方法"已无法赢得消费者的"芳心"。

宝洁（P&G）作为全球日化龙头，其传统营销策略是强调产品功能的广告密集投放，通过大笔营销投入，持续宣传单一产品功能点，从而获得品牌的持续增长，这种大营销策略曾被业界推崇为"宝洁模式"。

宝洁作为全球最大的广告主之一，在2017—2019年期间，全球营销投入从462亿元增至745亿元人民币，复合年均增长率达27%，营销投入占运营成本（含研发及生产费用、销售管理费用、行政费用、营销费用、税金等）比重从14%攀升至17%。然而，近十年来，宝洁的营销高投入并没有换来相应的回报。

2010—2019年期间，宝洁家庭洗护品类市场份额下降2%，化妆品品类市场份额下降超过5%。特别是2018年第3季度的净利润，同比下滑高达40%。宝洁全球CEO戴维·泰勒甚至无奈地哀叹："在中国这个我们的第二大市场，没有一个核心品类在增加用户，甚至大部分还在下跌。"尽管近年来宝洁积极推进一系列措施，包括优化渠道、改进产品特色、持续加大营销投入，仍无法阻止市场份额的持续下滑。

在微信自媒体时代涌现的一批网红品牌同样如此。这些品牌创造各种概念吸引关注，并在资本的催生作用下，快速获得估值的增加，部分品牌甚至一度创造"营销神话"，各种媒体争相报道，直到"人间清醒"的消费者日益远离，失去了所有的光环与色彩。

曾经被誉为"餐饮网红始祖"的雕爷牛腩，定位"轻奢餐"，通过创造一系列"吸引眼球"的互联网营销活动，博取消费者和投资人的关注。例如：用500万元向香港食神戴龙购买秘方，切牛腩的刀用大马士革钢锻造，炖牛腩的锅已申请专利，服务员黑纱蒙面，邀请数百位美食达人和影视明星试菜，进行封测营销，制造12岁以下小孩不得入内等争议性话题，众多博取消费者眼球的活动层出不穷。

层层叠叠的热点话题被大量转发评论，一度被当作"互联网思维融合传统餐饮"的标杆案例来学习。但仅仅过了一年，雕爷牛腩的口碑就迅速下滑，消费者更是频频吐槽，仅存的消费者也全部是尝鲜型。过度包装的营销方式，让"人间清醒"的消费者满足一时好奇后便不再光顾。

技术的易用性和普及性，让新时代的消费人群可以更快、更全面地了解产品并完成择优对比；更多的可支配收入和自我意识觉醒，让新时代的消费人群更加了解自己的需求，也更加有能力追求属于自己的个性化体验。在这样的背景下，品牌过去"一招鲜吃遍天"的大规模营销投入方式不再适用。消费者对品牌的期望是能够理解自己的核心痛点和关键需求，而不仅仅是从产品功能出发。不同消费者的需求和痛点存在一定的差异性，使得采用轰炸式营销的品牌并不能有效覆盖足够的目标消费人群，这也是依赖短期营销的品牌往往陷入"开始即结束"魔咒的原因。

"为你而生"的品牌直叩消费者心门

在物质供应丰富的时代，消费者购买产品不再仅仅是满足自己的物质功能需求，产品成了消费者自身价值观的一种表达方式。随着经济的发展，消费者越来越倾向于在消费中实现自我协调，也就是以价值观为基础，在认知和购买的过程中，希望品牌传递的价值和个人的价值诉求一致，个体的价值诉求可以通过价值观与之相符的品牌产品得到传递和展示。例如：热爱环境保护的消费者对于有环保概念的品牌会多一些偏好，有"创新"价值诉求的消费者对于以"创新"著称的品牌自然会多一份青睐。

对于能够叩响消费者心门的品牌而言，品牌所销售的也不仅仅是一组产品，而是代表品牌价值观的一个集合。消费者只有在对品牌的感知与自身的价值体系相吻合时，才会做出积极的购买行为。品牌的价值观表达集合对消费者的满足程度越高，消费者也就越忠诚于该品牌。例如：喜欢国际范儿、高雅、精致的消费者，就会自然而然地选择有这些价值元素的品牌；喜欢高性价比、高质量的消费者，对于具备结实耐用特性的大众品牌就会有更多的偏好。

当然，随着消费需求的多样化，不同消费群体的价值诉求悬殊，具备确定的价值观表达集合的品牌，往往无法满足所有消费群体的价值需求。"叩响心门"的品牌需要明确符合品牌定位的核心消费群体，并且最大程度地满足核心消费群体的价值诉求。有刺激、个性价值诉求的消费者，和只关注功能、性价比的消费者会有不同的品牌选择，一个品牌也很难同时满足这两类消费者的需求。

同一个文化价值体系下的消费者的价值点分布具有一定的普遍性。欧美消费者看重的"平等""可持续"等价值点在中国消费者心中的重要性往往偏低，而中国消费者看重的"进取""拼搏"等价值点在其他成熟经济体的消费者心中的重要性也偏低。品牌可以通过对区域消费人群价值诉求点分布图的分析，匹配品牌对应目标消费人群的价值诉求点，在人群价值诉求点集合层面创造"为你而生"的品牌定位，从而构建"难以逾越"的独特竞争优势。

这里以某区域市场消费者的价值点分布图为例进行分析，以"价格敏感度"和"需求多样性"为两轴，排布了20个反映消费者感性诉求的价值点。其中，"刺激/娱乐"、"酷/潮流"和"无忧无虑"的内在情感关联相对紧密，在图中分布的位置也相近，均位于右上角，一个品牌可以通过满足这一组价值诉求点而建立独特的品牌定位；而"成本至上"和"明智购物"在价值取向上相似，在图中的位置也相近，一些以"优价优质"为定位的品牌能够很好地满足这类消费人群的价值诉求。（见图6-2）

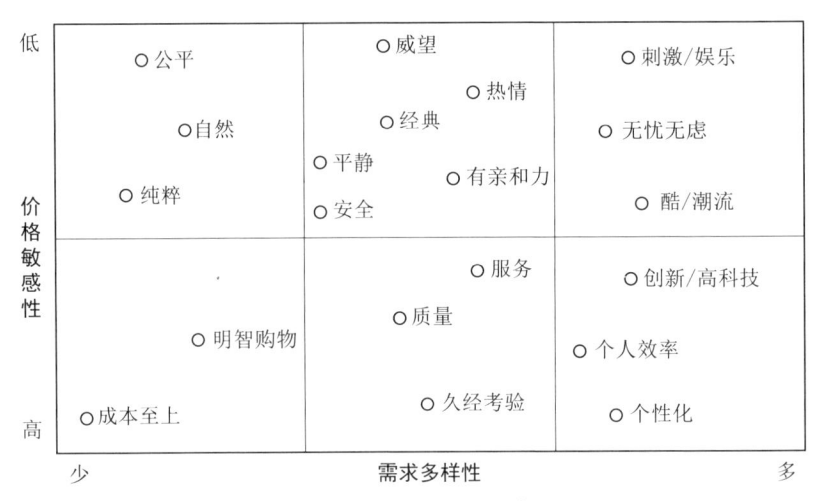

```
低
      ○公平          ○威望         ○刺激/娱乐
                         ○热情
      ○自然         ○经典        ○无忧无虑
                   ○平静  ○有亲和力
价  ○纯粹           ○安全         ○酷/潮流
格
敏                      ○服务    ○创新/高科技
感                      ○质量
性   ○明智购物                    ○个人效率
     ○成本至上           ○久经考验  ○个性化
高
   少              需求多样性              多
```

图 6-2　价值诉求点分布示意图

基于这些价值诉求点的分布，品牌可以全面、深入地了解当前市场上的消费者构成和核心消费群体的价值诉求。品牌可以将自身和竞争品牌与这张价值诉求点分布示意图进行匹配，从而做出以下调整：（1）分析品牌对目标消费人群价值诉求的满足程度，制定有针对性的品牌战略；（2）分析市场竞争状况，即哪些市场仍为空白，哪些市场处于高度竞争状态，并检视自身品牌组合，避免多品牌集团之下的几个品牌针对同一类消费人群进行竞争，制定优化指向明确的品牌/多品牌战略以获取更大的市场份额。

回顾那些诞生于社会价值观变迁时期的品牌，它们都拥有非常忠诚的消费群体，品牌也都经久不衰。这些品牌诞生于时代变迁和多元文化冲击的背景下，看似偶然，实际是品牌代表了特定历史时期消费者的价值表达方式。这些品牌更像一个文化符号，在这一背景下，承载着特定人群的价值诉求、态度和品位。

以 Paul Smith（保罗·史密斯）、Fred Perry（佛莱德·派瑞）为代表的品牌，诞生于英国战后经济复苏时期。当时，劳工与贵族阶层存在两极之间的相互对抗，同时新兴资产阶级也日益壮大，多元的社会文化衍生出了丰富多样的青年亚文化，包括新兴资产阶层的摩斯族，劳工阶层的光头族、泰迪男孩等，这些青年亚文化族群分别寻求代表自我主张的时尚符号，于是这些代表时代价值观的品牌应运而生，Fred Perry 甚至成了摩斯族制服。以 Beams（碧慕丝）为代表的品牌，诞生于二战后的日本，这些品牌满足了二战后日本的一批质疑自我、离经叛道、逃避社会的亚文化人群（包括涉谷族、御宅族等）的价值诉求。而二战后的美国，在多元文化难以调和的背景下，孕育了代表精英俱乐部的品牌 Ralph Lauren（拉夫劳伦），同时也孕育了代表黑人街头文化的 Stussy（斯图西）等品牌。

中国新一代的年轻人所经历的时期更为特殊，一方面经济飞速发展，城镇化进程加快、互联网发展逐渐成熟、资本不断涌入，另一方面全球化加速，年青一代受到全球化文化的影响，同时民族自信心快速增加。在这样的特殊时代背景下，中国很多新国潮品牌迅速崛起。新国潮品牌的崛起也是对特定消费群体价值观的集中展示。例如：基于中国传统文化的文创产品——故宫文创等，体现民族自信的华为手机、百雀羚等，都是中国人自我认同和民族自豪感的代表。（见图 6-3）

这些品牌的诞生顺应了当时消费者价值表达的需求，代表时代文化符号的品牌往往是最稳固的，也是最长久的。这些"为你而生"的品牌往往都能直叩消费者心门。

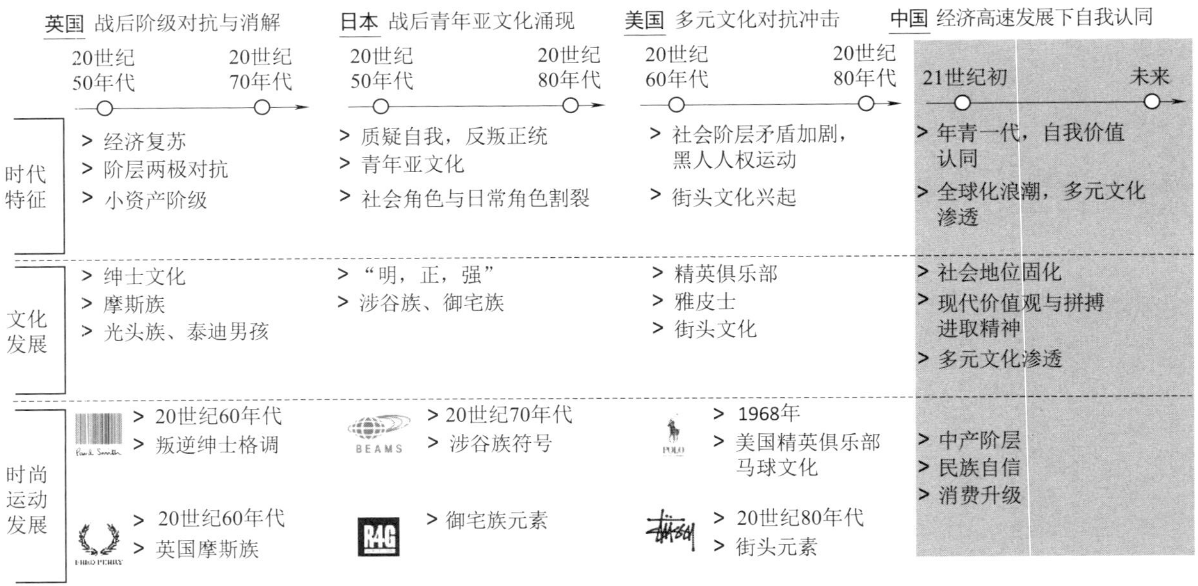

	英国 战后阶级对抗与消解		日本 战后青年亚文化涌现		美国 多元文化对抗冲击		中国 经济高速发展下自我认同	
	20世纪50年代	20世纪70年代	20世纪50年代	20世纪80年代	20世纪60年代	20世纪80年代	21世纪初	未来
时代特征	> 经济复苏 > 阶层两极对抗 > 小资产阶级		> 质疑自我，反叛正统 > 青年亚文化 > 社会角色与日常角色割裂		> 社会阶层矛盾加剧，黑人人权运动 > 街头文化兴起		> 年青一代，自我价值认同 > 全球化浪潮，多元文化渗透 > 社会地位固化 > 现代价值观与进取精神 > 多元文化渗透 > 中产阶层 > 民族自信 > 消费升级	
文化发展	> 绅士文化 > 摩斯族 > 光头族，泰迪男孩		> "明，正，强" > 涉谷族，御宅族		> 精英俱乐部 > 雅皮士 > 街头文化			
时尚运动发展	> 20世纪60年代 > 叛逆绅士格调 > 20世纪60年代 > 英国摩斯族		> 20世纪70年代 > 涉谷族符号 > 御宅族元素		> 1968年 > 美国精英俱乐部 > 马球文化 > 20世纪80年代 > 街头元素			

图 6-3 诞生于时代变迁和多元文化冲击下的品牌

116　　　　　　　　　　　　　　　　　　　　　　　　　　　动态效率

"叩响心门"的品牌营销能汇集消费者

品牌会顺应时代变迁，对多元文化冲击时期的消费者价值诉求予以精准满足。除此之外，实际商业环境中，消费者所希望表达的价值诉求和品牌希望传递的价值观，总是不能完全一致，两者之间或有重合，或有偏差。

准确地衡量这种偏差，是品牌得以校准自身定位，并贴近消费需求的前提。因此，针对消费者价值诉求与品牌价值观进行交叉分析和差距诠释的诸多工具就应运而生，这些工具将这两个"虚无缥缈"的概念体系联系起来。对于品牌而言，精准理解消费者的价值诉求，描绘消费者特征，是管理过程中必不可少的步骤。

在明确消费者价值体系后，企业需要根据消费者价值诉求与品牌自身价值方向的匹配性来确定目标消费者，同时也需要瞄准目标消费者价值体系不断深化与消费者的联系。品牌依据这样的交叉匹配工具，将消费者理性特征与感性诉求进行整合分析，描绘出更加全面、精准的消费者画像，进而依据消费者画像制定品牌战略和品牌策略层面的指引，驱动品牌全面成长。

某品牌的目标消费者价值体系是满足消费者"个性化"和"新超酷"的核心价值点，辅以"质量"和"服务"的价值诉求。该品牌的主体消费人群是18~35岁、中等收入的二、三线城市消费者，他们激进，爱好竞争，注重绩效，对价格不敏感。因此，该品牌在营销、商品和渠道三个维度上，通过如下的策略落地和方向选择，深化与目标消费者价值诉求的联系。

（1）营销：通过筛选同时满足"个性化"和"新超酷"特点的代言人进行主题代言营销，该代言人的特质在目标消费者人群中被广泛认可。品牌在营销沟通策略和沟通渠道上，也选择了目标消费者喜闻乐见的方式，相较于传统广告渠道和广告内容，营销投放更多地选择了专属的垂直网站和短视频营销方式。（2）商品：将体现"个性化"和"新超酷"特质的时尚元素融入商品设计中，例如：扭花、刺绣、彩条、涂鸦等。在强化时尚休闲品类的同时，也扩大商务时尚正装品类，以满足消费者爱好竞争和注重绩效的场景诉求。为满足目标消费者注重绩效和对价格不敏感的快速购买需求，在完善会员关系管理的同时，终端陈列也保持清晰简约，所有商品同款同价。（3）渠道：为匹配"个性化"和"新超酷"的消费者价值诉求，品牌门店装修减少了木质元素使用，而增加了大理石、玻璃和不锈钢材质，并摆放巨型玩偶模型在门店中，增加门店打卡点以提高购物效率和体验。

精准推荐除了采用根据消费者关注过的一种产品，系统提供其他类似产品推荐的"以货荐货"方式，还常用关联分析法，通过消费者和消费者交易数据的匹配，找到消费者、消费者经常购买的典型商品，交叉分析找到其他与之关联性和依存度高的商品，从而得出对业务有指导性的结论。

关联分析最广为人知的案例就是啤酒和纸尿裤。新生儿爸爸在给孩子购买纸尿裤时会顺便购买啤酒，这就是通过对消费者（新生儿爸爸）和该消费者交易数据（交易单据）的分析，将消费者长长的交易单据进行关联性和依存度处理后得出的结论，品牌可以依据这些结论进行相关营销活动匹配。有时候"精准投放"的程度常常让我们自己都"吓"一跳，好像算法能够"算"出我们心中所想一样。

DTC 直面消费者模式

新消费时代的动态效率中快达的标准之一，是能够提高供给侧和需求侧的互动效率，最大化完成从供给侧到需求侧的价值传输。众多的传统品牌企业都经历了从线下渠道为王时代，到平台电商崛起时代，再到全渠道融合时代的变迁。对于随着时代变迁完成演进的企业而言，这个过程本身就是企业满足消费者需求升级的过程。

渠道为王时代，品牌企业所采用的经销模式，帮助其快速完成了渠道拓展。平台电商时代，平台集聚的流量红利和释放的供给侧能量，让品牌企业获得了更广的营销和销售通路。但是，随着消费者对动态效率中"效率"要素的要求提升，企业主动且"不得不"重新思考如何将供给侧价值更多、更直接地传输到需求侧的问题。

在这样的背景下，当重新审视供给侧到需求侧的整个价值链条，我们会发现缩减中间渠道，以及增强品牌和消费者的高效互动，是完成价值最大化传输的关键。缩减中间渠道，可以有效降低对最终价值交付不增值的流通和营销成本，从而让消费者付出的成本能够更多地体现在产品和服务价值上。中间渠道的缩减也可以帮助品牌增加与消费者之间的交互机会，让品牌企业能够更加精确、及时地把握市场行情，直接了解用户消费习惯的变化，从而更高效地提升消费体验，促进品牌价值的有效传递。

DTC 直面消费者模式就是在这样的背景下产生的。在动态效率的理念里，DTC 并不是一种技术工程，而是促进供给侧价值最大化传输的一种商业模式。例如：眼镜 DTC 品牌 Warby Parker（瓦尔比·派克）通过去除中间商，向消费者提供远低于传统眼镜行业零售价的复古眼镜产品，赢得了高速增长；DTC 剃须刀品牌 Dollar Shave Club（一美元剃须刀俱乐部）创立之初，面对美国剃须刀市场份额的 72% 被吉列公司所占领的市场竞争态势，通过按月打包寄送方式构建了与订阅客户长期稳定的关系，从而获得了垂直领域的成功；跨境电商 DTC 品牌 Shein（希音）通过将中国供给侧优势价值输送给海外消费者，并选择 KOC（关键意见消费者）进行社交媒体传播推广，在海外获得了成功；瑜伽服装 DTC 品牌 Lululemon 通过以门店为中心的消费者社群建设，构建了消费者的高度忠诚并取得了优秀的业绩。

我们会发现，无论是新兴品牌还是历史悠久的传统品牌，将供给侧的价值最大化传递给需求侧的消费者，缩短品牌与消费者之间价值传递的距离，增加品牌价值观与消费者价值诉求的相互认知、相互理解、相互融合匹配，都可以提高品牌获得消费者青睐的效率。

缩短品牌与消费者的距离

任何模式的存在都有其自身的时代背景，时代背景的变迁推动了业务模式的更替。旧业务模式的瓦解往往出现在新业务模式诞生之前，旧业务模式的淘汰是在新时代背景中，旧模式价值传输效率急速降低、缺陷暴露后的自然选择。

早期依靠"借船下海"的生产外包和"借网打鱼"的经销模式快速做大渠道并取得规模优势的企业，凭借着对经销商的平衡管理，以及对商品端和品牌端的把控，获取了品牌溢价和巨大的增量市场红利。

这些经销制的品牌企业，一旦订货会完成就可以把出货金额计入销售，并完成货权的实时转移。经销模式的本质就是批发模式，虽然品牌商有各种管理规则、手段和方法，但是经销模式下，并不能了解门店的库存，更无法打通经销商和品牌总部的会员系统，对于终端渠道和消费者需求的理解精细度也不足。

随着供给和需求平衡点的转移，供需失衡导致过往批发压货带来的问题积重难返，让很多品牌企业的平均存货周转天数成倍增加。经销模式带来的高库存和关店潮让整个行业增速急剧下降，行业陷入大震荡。

同时，品牌企业面临的平台电商的官方旗舰店和区域经销商之间的经营范围竞争，一直是经销模式下解不开的难题。在这样的行业变局和现实冲突之下，品牌企业不得不寻找和采用新的业务模式，以摆脱困局，推动企业重获往日荣光。

安踏作为通过经销模式做大的品牌，同样经历了上面描述的状况，也是其中的典型代表。面对当时的行业困局，安踏通过推进DTC转型，提升门店终端的运营效率，缩短品牌端与终端消费者之间的距离，实现了业绩的优化改善。到目前为止，整个过程经历了如下几个阶段。

（1）从"批发生意"向"批发零售"转型：2010—2014年行业发生大规模关店潮时，安踏推动了零售转型，这时的零售转型从所有权关系角度来看没有变化，更多的是品牌方对终端管控力度的增强，这个阶段可以定义为"批发零售"。在这个过程中，安踏增强了对终端的经营管理力度，通过数字化的推广，实时掌握分销商的进销存，以及终端交易和会员等信息。对经销商的考核也从过去主要考核出货量，转变为考核库销比、连带率、坪效、售罄率、客单量等指标，在订货会中增加更精细的订货和陈列指导，并对终端店员进行培训。经过这一阶段的转型，虽然销售收入仍然以出货价计算，但是"批发零售"对于终端运营效率的提升还是明显的，也带动了安踏业务逐步企稳并在之后一直保持高于行业平均水平的复合年均增长率。

（2）从"批发零售"向"直营零售"转型：虽然"批发零售"解决了终端管控精细化的部分问题，也在一定程度上提高了运营效率，但是由于货权和所有权归属原因，很多问题依旧无法根本解决。同一区域消费需求的细分，一、二线城市树立品牌形象及短期盈利问题，全渠道打通提升消费者体验问题，等等，都无法在"批发零售"模式下得到彻底解决。为此，安踏在2020年8月启动了DTC"直营零售"转型，第一阶段收购了11个省市3500家门店的所有权，其中约60%由安踏集团直营管理，主要包括三种门店：（a）运营成本较高的一、二线城市的现代购物中心；（b）分销商运营状况欠佳的中层城市门店;(c)部分销售贡献尚可,但是经销商面临的当地竞争加剧的区域门店。另外40%由加盟商按照安踏运营标准管理。(见图6-4)

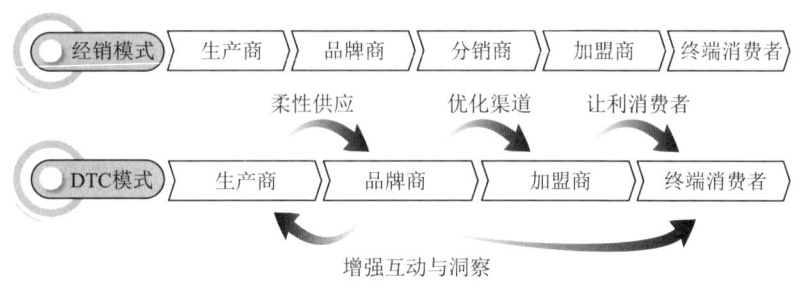

```
经销模式： 生产商 → 品牌商 → 分销商 → 加盟商 → 终端消费者
          柔性供应    优化渠道    让利消费者

DTC模式： 生产商 → 品牌商 → 加盟商 → 终端消费者
              增强互动与洞察
```

图6-4 经销模式和DTC模式对比

安踏品牌推进DTC"直营零售"转型的过程中,品牌总部依照门店类别制定了人、货、场运营标准,通过数字化手段在终端落地,提升消费者和导购的交互频次和交互有效性,并通过商品配补调智能化水平、门店直配和会员运营等中台能力的提升,整体推动单店运营效率的提升。

中国市场在广度和深度上的多元性和差异性,是其他国家和地区所少有的。对于在中国运营的全国性品牌企业而言,通过缩短品牌和消费者之间的距离,精细化理解和管理各个层级市场的消费需求,提升品牌价值传递到消费端的比例和精准度,是新消费时代品牌企业发展的必经之路。

加速全域消费者体验提升

电子商务的快速发展释放了消费者在时间、空间上的约束,消费者的消费习惯也随着科技进步和人均可支配收入的增加发生了相应的变化。但是,由于传统渠道和电子商务发展阶段顺序的差异,很多传统企业无意或者被动地将自身的线上和线下业务分开管理，两个独立团队管理着线上线下两个独立的价值链，一个品牌之下线上线下两盘货，线上业务成了独立于传统线下业务的另一种渠道，或者成了线下业务的清货渠道。消费者在多种渠道接触到品牌产品时，由于品牌的不一致，消费者品牌感知会逐渐模糊并渐行渐远。麦肯锡在一篇关于全渠道的文章中提到："虽然公司可能会专注于优化单个接触点，认为整体将自动大于各部分之和，但这种有针对性的干预可能会放大服务的差异和其他交互中的不一致性。"

品牌企业需要关注消费者在全域购物旅程中的综合体验提升，单个渠道或者单个触点的改变都不能保证消费者忠诚度的提升。因为从消费者角度而言，其购物习惯并没有从一种渠道完整地迁移到另一种渠道，消费者真正期待的是在任何时间、任何地点都可以获得品牌提供的最佳体验，购物渠道只是消费者依据自身综合效率和体验做出的相对最优选择。消费者在购物旅程中可能用各种各样的界面与品牌产生不同触点的交互，例如微信、抖音、百度、淘宝、京东、官方网站、实体门店等等，也可能通过某个界面看到产品评论、品牌广告、口碑传播等。这里的每个环节都会影响消费者最终的购买行为，以及是否再次购买并成为忠诚客户。

从诸多打通全域消费者体验的商业案例中可以看到，无论是从线上发展到线下的新兴消费企业，还是从线下升级到线上的传统企业，通过打造全域消费者体验，取得卓越业绩的比比皆是。这些企业把两种渠道进行交融，完善优化了消费者体验以及消费者履约模式，这也是这些品牌企业成功的关键要素。

（1）从线上到线下：随着消费者线上消费习惯的养成，以及科技进步带来的线上消费便利性和体验的提升，众多新兴消费品牌通过大数据分析，精准发现消费者潜在需求，通过线上流量运营快速建立并强化消费者连接；在拥有一定量的线上消费人群后，通过线下渠道持续扩大规模，方便消费者获得线上线下无缝衔接的履约体验，并打通消费者旅程中的全域场景。成立于2016年的元气森林，通过挖掘消费者"好喝不胖"的诉求，开发出无蔗糖碳酸饮料，快速实现线上饮品销量第一。2019年，元气森林的品牌偏好度超过可口可乐；2020年天猫"618"，元气森林销量超过可口可乐。在持续推动"无糖主义"的用户沟通价值点以外，元气森林也快速布局线下全家便利店等渠道的铺货，以完成消费者"想喝随时就能买到"的全域消费体验的提升。眼镜DTC品牌Warby Parker，最初以99美元的复古眼镜架爆红，虽然其网站尽显易用性和个性化，也提供免费邮寄顾客最喜欢的5副眼镜供选取的服务，还是有很多消费者希望能够到门店里进行挑选。Warby Parker之后也在纽约Apple Store（苹果商店）的对面开出旗舰店，以完善消费者线下履约模式，提升用户体验。类似这样在细分市场领先的线上企业拓展线下业务的还有很多，最终能够稳固市场地位的品牌往往都是通过原有线上渠道完成与用户的沟通互动，通过线下渠道进一步优化完善履约模式、推动体验升级的践行者。

（2）从线下到线上：很多传统品牌由于历史发展阶段原因，在电子商务盛行之前，线下实体就已经有了一定的规模，在电子商务的发展过程中，传统企业最初只是简单地把线上渠道当作"库存下水道"，之后将其发展成传统渠道之外的"另一个"销售渠道，也因此出现了线上线下两盘货、线上线下场景和会员权益无法打通等情况。部分企业积极转型，取得了良好成效。FILA品牌门店采用全直营、全渠道模式，2015年开始在电商平台首发新品。除了传统的平台电商天猫、京东旗舰店，FILA与B站（哔哩哔哩）、抖音、小红书和微信小程序等多个渠道合作，通过"公域+私域"的结合打通门店数字化和顾客数字化，将形成的消费者洞察数据输入给总部设计研发人员，再通过商品数字化打通全场景体验，匹配门店进行配货和营销。丝芙兰品牌增加门店 AR 虚拟试色魔镜、交互式货架、智能推荐技术等提升客户体验，同时将 70 余家丝芙兰门店与京东美妆合作，通过京东大数据支持开展精准营销，并为消费者提供美妆商品 1 小时送到家的服务。

与用户构建长期稳定关系

DTC 品牌不仅仅可以缩短品牌和消费者之间的距离，也能够与消费者建立更长期稳定的关系，这种长期稳定的用户关系来自品牌对消费者的深刻理解、价值的高效传递和交付，以及帮助消费者找到个体的价值感和存在感。

DTC 品牌会通过缩减或者剔除品牌和消费者之间不增值的流通环节，降低生产经营成本；通过减少消费者选择项的方式，缩短消费者决策时间；聚焦资源提升产品性能，最大化地满足大多数消费者的需求。DTC 品牌会构建让消费者能够找到存在感的发声渠道，通过全域社交平台实现与用户的近距离沟通，同时也会与消费者共同完成产品创作和优化。

DTC 品牌对用户的理解不是以短期流量变现为目的，而是通过不同场景下消费者的不同需求，去改善优化对相关需求的满足，并与用户构建亲密关系。

全球最大的床垫品牌企业 Casper（美国智能床垫品牌），通过 DTC 模式解决了床垫这一低频消费品在线上购买无法体验，并且退换货复杂的问题，将消费者购买体验和产品放在了同样重要的地位，从而与消费者构建了长期稳定的关系。

（1）强有力的产品和服务：因为床垫价格高昂并且不易退换，所以消费者的决策成本较高。消费者购买床垫时，往往需要到实体店体验弹性、舒适度和款式，之后才会下单购买。Casper用较少的款式降低了消费者的选择成本，将所有产品的原材料和生产工艺等信息，用简单易懂的方式呈现在官网上，消费者可以很方便地查询。Casper所有的床垫都承诺100天免费试用，100天内不满意无责任退款、退货，并且所有产品享受10年保修期。Casper的这几大举措显示出它对自身产品质量的信心和对顾客的信任，在建立起消费者线上购买信心的同时，也简化了品牌与消费者的沟通。

（2）把产品当作一种文化进行宣传：Casper希望能够设计一款满足不同人偏好的床垫，这款产品的价格普通消费者也能够负担得起，让消费者不再需要反复思考就能做出决定。这款产品不需要等待几周后才能收到货，而是几天甚至几小时后就能高效配送到消费者家中。Casper的品牌承诺是打造一款无须选择的最好的床垫，这个"无须选择"所传递的是一种围绕睡眠的"无忧优选"文化，消费者只须从几款功能明确的产品中做出选择，点击鼠标就可以轻松完成订购，最快可以在60分钟内免费送达。除了利用名人的影响力在社交媒体上推广床垫，Casper也让消费者把购买床垫后的开箱过程变成了一种令人难忘、值得分享的体验。很多Casper的开箱视频在YouTube（油管）上都有数百万的浏览量，从而达到了为公司免费宣传的目的。

（3）真心诚意地以消费者为导向：100天免费退货，说起来容易，很多品牌都会因为担心利润损失而无法兑现承诺，或者不敢承诺。Casper将100天免费退货承诺执行得很彻底，收到退货申请后，会尽快将产品从消费者家中移走，或者把它捐给当地的慈善机构，或者回收利用。这一过程所传递的信号，让消费者和企业员工都了解了Casper对于承诺的态度。这种态度从始至终都会传递，而不是只出现在结账那一刻。Casper会密切关注消费者评论中的重要关键词，例如"当你睡不着时该做什么"和"如何早点入睡"等，鼓励消费者提交一份关于睡眠习惯的调查问卷，并提供折扣券作为奖励。通过这种方式，Casper可以深刻理解消费者最为紧迫的问题是什么，从而聚焦解决问题并改善市场营销策略。Casper官网上的评论区100%透明，消费者可以查看其他消费者对Casper的所有评论，包括负面评论，Casper甚至会开放消费者社交媒体链接和公众媒体的证词。这种"真心实意"的方法，可以促使Casper加速修正不完善的环节。另外，Casper认为与其让这些负面评论出现在其他网站平台，不如使其出现在自己的官网，这样能更好地控制营销过程。

高效提升用户价值贡献

消费企业的价值创造可以相对直观地用销售额进行衡量，即销售额 = 有效用户数 ×（单客经济贡献）× 留存率。传统静态效率理念是基于静态资源下的竞争视角而言的，价值的实现依赖用户数和用户成功留存所产生的价值转换。换言之，传统静态效率理念中设定了用户数是线性增长的，并且有潜在流失的基本假设，企业需要付出相应的成本获取和维护用户，从而实现业绩的增长。

然而，在动态效率理念中，用户价值的贡献是基于破局型增长的网络裂变增长逻辑而言的。用户数不再是在数量相对固定的情况下的比例维持概念，而是在提升客流量的基础上，通过拓展新市场、新需求、新流量入口，获取更多用户来源渠道，利用已有客户裂变吸引更多的新用户，通过企业间的协同合作推动高价值会员的快速增长，从而有效提升高价值用户比例。例如：关键用户通过口碑传播、裂变传播等方式，提升拉新效率，缩短裂变生成新用户的时间，从而带来用户数和用户价值的跃升。（见图6-5）

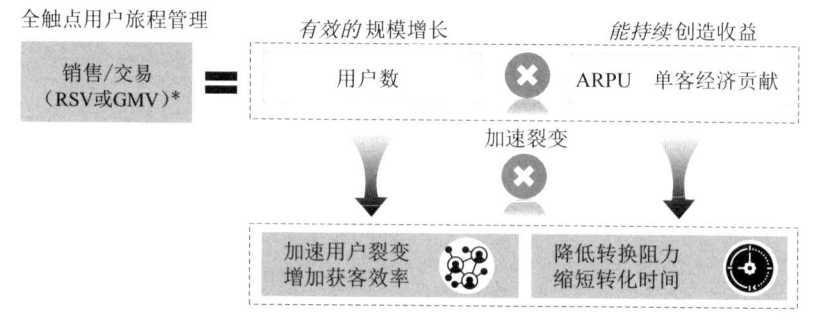

图 6-5　高效用户价值管理概念图

*RSV 指零售销售额，GMV 指商品交易总额

单客经济贡献是在形成有效用户的基础上，有效激活用户的单次最大化贡献和持续价值贡献。动态效率中提升单客经济贡献的方法，是通过高效利用关键用户的网络效应，提升多个网络集合的单客（群）经济价值贡献率，开发用户在网络集合中的付出和参与机会，提升用户黏性，从而大幅度提高以（多个）关键用户为子中心的网络群体客单价、连带率和复购率，最大化用户（群）全生命周期的可持续性价值。

留存率是企业用户运营有效性的核心衡量指标，企业基于对目标人群的精准理解，优化用户全旅程中的各个触点，并极致优化关键触点的体验峰值，搭建满足目标消费人群价值诉求的"小圈层"文化认可，实现用户满意度的大幅度提升，从而实现用户价值转化效率和转化效益的最大化。（见图 6-6）

从大量的案例研究中可以看到，能够实现用户价值贡献高效增长的品牌，往往能够借力关键用户网络裂变价值，打造贯穿全生命周期的极致体验，提升用户规模，增加单客经济贡献率，提高用户价值转化效率与效益，并结合自身业务发展阶段和业务模式现状，确定战略性资源配置方式和阶段性侧重点，从而实现企业的快速发展。

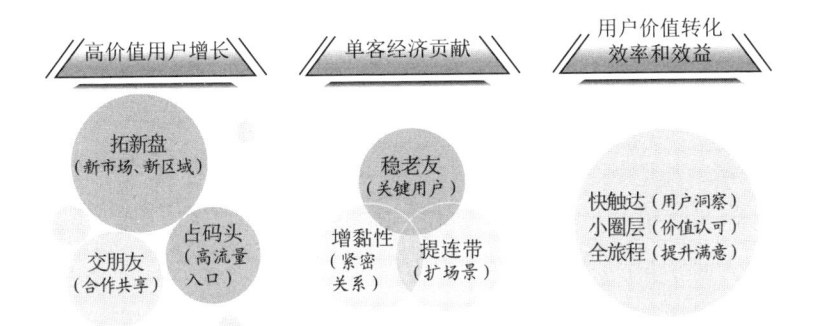

图 6-6　高效提升用户价值贡献方法论

快速实现高价值用户增长

用户是企业销售产生和增长的前提，对于新兴企业而言，获客效率是企业生存和发展的重要衡量指标。大量的实证研究发现，如下几种方式可以帮助品牌快速实现高价值用户增长。

（1）拓新盘：在对宏观环境、行业以及消费需求进行分析的基础上，企业通过降维打击或者填补细分市场需求，实现高价值用户的快速增长。例如：Shein 快速拓展海外市场，实现海外用户的快速增加，取得成功的核心就是对海外市场需求的理解，运用中国丰富的供应链资源，降维覆盖海外国家对于款式丰富、高性价比服装的需求；瑞幸咖啡通过满足用户希望咖啡及时送达，以构建社交场景的需求，实现了用户的快速增加；三顿半咖啡满足了用户希望速溶咖啡还原手冲咖啡口味的需求，获得了高速的用户增长。品牌通过对细分市场未被充分满足的消费者需求的洞察，快速拓展以实现用户的高效增长。

（2）占码头：高流量入口的获取是实现用户高速增长的关键要素之一。在多数品牌销售还依靠街铺和传统百货渠道时，部分洞察到消费者购物渠道变迁的品牌，通过快速布局现代渠道和电商渠道，实现了用户的高速增长。在微信小程序流量释放时，早期快速布局的品牌背靠10亿级高黏性客群的微信生态，实现了高价值用户的快速增长。在直播电商兴起时，布局抖音等直播渠道的品牌也同样实现了用户的高速增长。能够顺应大势，快速"占码头"的品牌都能够实现用户的高速增长，同时带来业绩的大幅度提升。

（3）交朋友：企业间通过协同合作可以实现"1+1>2"的效果，帮助企业快速增加用户数量提高用户质量，进一步推动跨场景打通和多触点覆盖。星空联盟作为全球性的航空公司联盟体系，帮助体系内所有成员航空公司实现了会员数量的快速增加。喜达屋酒店集团通过多品牌酒店会员系统打通的方式，实现了各个酒店品牌共享集团会员总量的效果，也满足了消费者权益通兑的需求。星巴克全面打通与阿里体系的合作，连接双方会员体系，数千家门店实现了星巴克、淘宝和支付宝三方账号互通，做到全域场景下会员注册、权益兑现及个性化服务的相互连接，从而实现了用户的量级增长。

新消费时代，传统竞争视角的用户争夺型增长依然是企业需要关注的，但是动态效率理念里对于用户快速增长，尤其是高价值用户的增长逻辑则是破局型增长的底层逻辑。品牌通过发掘新需求拓展新市场、满足新需求的方式获得用户的高速增长，通过顺应大势、早期快速布局得以收获用户增长红利，通过重构边界、协同合作得以实现共赢增长。基于破局型增长底层逻辑的增长，可以带来高价值用户指数级的高速增长。

有效提升单客经济贡献

单客经济贡献由客单价、连带率和复购率构成，是用户对企业持续创造收益能力的衡量指标，通过对用户全生命周期价值的管理，提升单客经济贡献，典型的方法包含以下几类。

（1）稳老友：企业在获得用户后，接下来应该重点考虑如何培育关键用户，如何通过会员体系提升用户忠诚度。任何企业的会员运营费用总是相对有限的。在传统方法中，企业通过会员积分、礼券、小礼物以及节日问候等"普惠型"的方式进行会员忠诚度的维护，但是效果往往不尽如人意，单客经济贡献并没有得到明显的提升。动态效率理念中，会员维护更多是聚焦关键用户的极致服务，重点培育这一部分用户使之成为关键用户，通过这些关键用户形成良性口碑网络效应，通过单点（关键用户）的单客经济贡献提升，拉动以单点（关键用户）为中心的网络体系的单客经济贡献总额。

（2）提连带：基于对现有用户潜在需求的理解，满足作为购买决策者的用户对新产品和新服务的需求。这些用户可能是使用者，也可能只是购买决策者。比较常见的方式是企业通过多品牌架构的方式来覆盖消费者的多元需求。例如对于FILA品牌而言，其用户追求高端优雅的价值诉求体现，用户购买的服装可能用于日常的穿搭，可能用于打高尔夫、打网球或其他高端优雅的运动中，也可能是消费者给自己的孩子和家人购买。FILA品牌通过子母品牌架构的搭建，满足了消费者在不同运动场景下的和针对不同人群的需求，也有效提升了品牌用户的购买连带率。

（3）增黏性：紧密关系的建立在于彼此的成就，而不是单方面的给予和付出。动态效率理念里用户黏性的建立也遵从这样的底层逻辑。付费会员制度会让用户更加珍惜自己的会员资格，Costco是这方面的典范。作为会员制仓储量贩超市，2019财年，Costco拥有9430万会员，其年度ARPU超过1500美元。区别于传统零售商以差价为利润来源的模式，Costco摸索出了要求用户预先支付额定会员费作为"入场券"，通过长期会员增长获取利润的商业模式。以丰富的品类和性价比为保障，加上精益的会员制运营，Costco获得了极高的用户黏性，2019年基于年度活跃客户的留存率达到87%。另一种方式是让用户深度参与共创，用户对于自己参与和在过程中付出过的产品，往往会有更高的忠诚度。众多品牌的个性化定制业务，以及科技公司让消费者参与到从概念、设计、原型、预售、定产到迭代的整个闭环过程中，都是让消费者在付出中提高忠诚度的高效方式。

传统操作中，通过"买大送小""返券打折"等提升连带率的方式，除了对品牌自身造成伤害，在新消费时代也会越来越低效。简单的会员积分方式被用户当作了常规动作，而无法产生激励作用，消费者随时都会选择离开。而在动态效率理念里，聚焦服务关键用户，通过关键用户产生的网络效应提升多个网络集合的会员忠诚度，通过最大化服务用户的潜在需求提升连带率，通过创造让消费者付出和参与的机会，让用户珍视自己的付出，从而提升用户黏性。在这样的理念体系之下，新消费时代的单客经济贡献得到了可持续性的提升。

提升用户价值转化效率和效益

企业在达成了用户数量增加，以及单客价值最大化后，如何通过精细化运营能力的提升，提高用户价值的转化效率和效益？比较典型的方式包括如下几类。

（1）快触达：技术的快速发展为高效实时理解用户行为、用户习惯和消费数据，以及交叉研究消费者价值诉求与品牌价值观的一致性，提供了可能。企业运用日益成熟的大数据和算法，可以更好地理解消费者，依据洞察指导和优化业务策略，加速目标消费者触达，并更加精准地满足消费者的需求。今日头条、抖音、西瓜视频等字节系产品，利用智能推荐算法持续提供用户感兴趣的内容，以数据驱动的AI技术不断增强用户黏性，从而在短期内实现了高速增长，在各自领域获得了稳固的行业地位。

（2）小圈层：用户对属于自己"小圈层"的产品或服务，往往表现出更高的关注度和转化效率。用户对于"小圈层"的接受和融入，意味着对于"小圈层"价值体系的认可，对于自己所属"小圈层"的个性化产品或服务，往往会表现出更高的关注度。企业通过以大数据为基础的对消费者精准理解下的个性化营销，如内容运营、社群传播、会员裂变等，大幅度提升了用户价值的转化效率和实际效益。Lululemon 对于门店的选址标准之一是周边健身场所的数量，通过这种方式聚集了目标消费人群，并通过瑜伽生活形成 Lululemon 用户高度认可的自我归属"小圈层"，从而实现用户价值转化效率和效益的最大化。

（3）全旅程：用户在整个购买旅程中的各环节感受到的顺滑度和满意度，直接决定了用户价值转化的效率和效益。企业通过打造沉浸式体验，实现消费者在购物全旅程中的价值最大化释放。宜家家居是这方面的典型。宜家销售的并不是简单的桌椅板凳这些产品，而是卧室、书房、厨房、客厅一体化的"家"的体验。宜家在收银台外设置了冰激凌和热狗美食区，以满足消费者购物结束后进行自我奖励的需求。在售后过程中，消费者可以选择自己组装，以获得完整旅程中的参与感，宜家同时也提供收费的送货组装服务。宜家对全旅程中各个触点的完善，以及消费者对典型环节满意度的提升，推动了宜家用户价值转化效率和效益最大化的实现，也支撑了企业优良的运营结果。

用户价值转化效率和效益的最大化，来自对目标用户人群的精准理解和精准匹配，来自用户对自己所参与的"小圈层"的高度认可，同时也来自用户对全旅程中各个触点和体验峰值的满意程度。大量的实证案例表明，在这些方面表现突出的企业，往往都有更好的用户转化效率，业绩表现也更优秀。

第七章　快通：规划导向的高效供应体系

在以产品为中心的市场发展阶段，企业往往只关注产品的生产供应和渠道拓展问题，而忽略了供需两端不匹配的问题，这种供需矛盾成为企业在存量时代，商品和供应方面所面临的一系列问题的根源。

这些由行业发展阶段所导致的问题具有普遍性，这些问题包括：

设计开发大量产品，精准性不足，改款频繁，设计成本与规划成本差异大；

组货缺乏精细化规划，终端商品与消费需求匹配性差；

高库存和缺货现象共存，订货管理、季中管理规则模糊；

供应商管理粗放、质量问题频发、交期稳定性不高；

产销协同效率低下，供销双方关注责任归属而非共同寻找解决方案；

快反机制缺失，季中快反难以匹配需求；

线上、线下商品流转机制缺失，库存难以有效打通；

商品管理相关部门责权利界定、流程设置模糊，跨部门沟通效率低下。

企业虽不一定能全面总结这些问题，但都能感受到这些问题带来的困扰。企业在解决这些问题时，往往只看到了单点问题，却没能系统性地思考这些问题出现的原因，以及如何从根本上系统性解决这些问题。例如：理论上，高库存与缺货的问题不应共存，但事实上却广泛存在并困扰着诸多企业。问题的表象是畅销产品缺货、滞销商品形成库存，但如果拉高一个维度看就会发现，根本原因是企业与消费者沟通渠道的割裂导致产品设计不能满足需求。企业设计大量产品或者频繁进行季中改款，通过"撒芝麻"的平均分配方式掩饰对市场需求的无法把控。归根结底，真正触发问题的是供需关系变化后，之前整个系统老化失灵，导致商品无法承担起供应端与需求端的积极正向沟通。

这些问题存在于整个商品及供应链体系的各个环节，它们看似独立，背后却有着千丝万缕的联系。这些问题看似应归咎于单点的过失，事实上却反映了整个供需系统难以衔接的困境，体现了整个供需系统与当前市场环境脱节所造成的竞争力衰退。因此，解决商品问题应着眼于整个系统的重构，而非单点的突破。

动态效率理念里的"快通"要素中，对如下几个核心问题的解答，决定了企业能否系统性解决以上所述的问题。

（1）如何做到用最少的货实现最大的销售额？
（2）如何用最精准的需求驱动产品的生产？
（3）如何用最快的动态响应应对不确定性波动？

用"最少"的货实现最大的销售额

品牌企业的库销比是衡量运营效率的核心指标之一，很多企业因为库销比高而产生了溢出库存，最终影响了经营利润，甚至对企业的可持续经营产生了影响。在这种情况下,各个经营单元都会觉得很委屈:品牌端尽心尽责地完成了各个渠道和区域的经营支持,部分渠道和区域觉得明明自己很缺货,提交了无数次申请,为什么一年下来总公司有这么多的冗余库存,却没有满足申请,把库存转给自己呢?部分渠道和区域觉得自己的某些产品无法消化,总部为什么一定要压货下来,也不帮助调转消化,最终影响了自己区域/渠道的经营绩效。

用最少的货实现最大的销售额,无疑是所有品牌企业都期望的。如果在商品生产出来之后,能够以最短的配送路径、最快的配送速度、最少的周转次数、最低的总体库存量水平、最少的总体配送成本、最完整的订单形态,到达最直接的消费者触点单元,那么我们就认为这是完美实现了动态效率理念中"快通"的要素。

从逻辑角度分析,用"最少"的货实现最大的销售额取决于两个要素:横向产品品种数"最少",以及纵向单一产品的总体库存数量"最少"。(见图7-1)

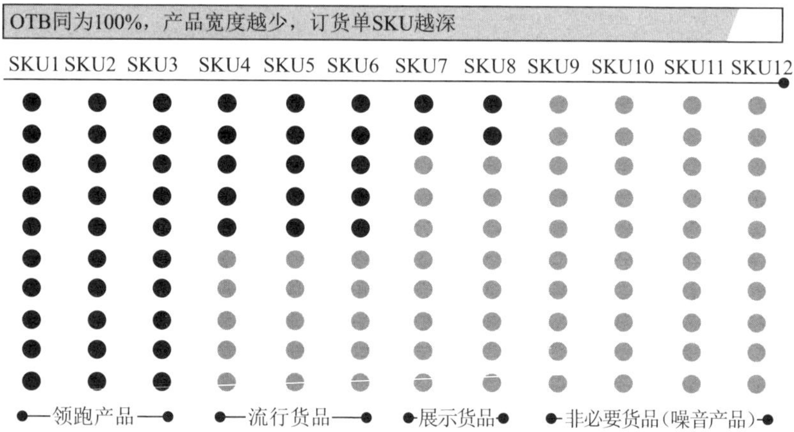

图7-1 高效商品订货理念图

（1）横向角度：在实现总体销售的情况下，采用尽可能少的产品品种数。对于企业而言，需要更加深刻地理解市场和消费者需求，以更加有针对性地推出满足市场需求的产品，这样更容易构建起消费者心中的品牌品类相关性心智。

（2）纵向角度：要实现单一产品总体库存数量的"最少"，在渠道类型越来越多、消费者触点越来越多元，并且外部环境的不确定性越来越强的当下，相对更加具有难度。企业需要依照自身经营模式和不同的产品类别选择不同的库存管理方式，自上而下的集中式，还是自下而上的分散式，抑或是二者相结合，取决于企业对市场消费者的把握程度和产品品类特征。在选择好相关模式的情况下，通过打通全渠道商品库存，统仓统配，发挥集约效应，无疑是实现快通、降低存货风险、实现确定性增长的可选方法。

用"最少"的品种数实现最大的销售额

经销模式盛行的时代，品牌商开发很多产品品种以满足不同经销商的需求，通过产品品种"宽度"的增加提高整体的订货量，尽可能大地提升销售指标完成比例。在需求大于供给的增量时代，旺盛的消费需求和各层级无论怎么做都很靓丽的经营数据，使得单款贡献率等精细化的经营管理指标成了"装饰"参照数据，很多企业的实际经营还是将批发出货量作为衡量经营好坏的唯一标准。

随着供给大于需求的新消费时代来临，在渠道多元、需求多元等趋势之下，"走老路"的品牌依然通过继续增加产品品种"宽度"来应对市场的种种变化。可是在实际经营中，这些品牌却又不得不面临成本日益上涨、利润日趋稀薄、品牌价值不断下滑，以及消费者快速流失等种种困境。这种结果让"走老路"的品牌疲惫不堪且深感困惑。

商品是品牌价值观与消费者价值诉求交流和传递的桥梁，消费者对于品牌价值主张的认知，往往是通过在各渠道上接触到的商品获得的。品牌在每个区域和各个渠道上的产品品种的一致性，决定了消费者总体感知的一致性，也决定了品牌企业所付出的有形和无形成本。（见图7-2）

企业发展历程、市场竞争、品牌战略，以及品牌与经销商话语权等因素，使得公司在实际的业务管理中，出现了不同的品种数战略模式，这些模式大体可以分为三类。（见图7-3）

（1）包含关系：各个渠道的产品品种数包含于企业总体产品品种数中。换言之，各个渠道的产品品种从企业产品品种总量中做出选择，或者企业集中决定了各个渠道的产品品种。企业总部基于消费者洞察集中决策产品开发的公司往往采用这种方法，多数产品驱动的公司也采用这种方法，比如苹果、特斯拉、始祖鸟、麦当劳等公司就是这种范式的极致表达。

（2）重叠关系：兼顾了集中供应产品品种数，以及区域差异化需求，重叠的多少决定了消费者对品牌一致性的认知。重叠比例越高，消费者对于品牌和产品构建的关联性越强，也越容易形成品牌的心智品类，这部分商品需求量的增加也会相对减少营销和生产的平均成本。多数有核心心智品类的多区域经营公司往往属于这一类，比如海尔、华为、沃尔玛等，都是在提供满足全部区域需求产品的基础上，也开发供应满足个别区域市场需求的产品。

（3）交叉关系：各渠道对于产品需求差异大，一种情况是企业的核心竞争力在于供应品质或者品牌历史内涵，差异化可以极大地提高品牌溢价，比如高端定制等。还有一种出现较多的情况是，品牌企业在发展过程中，因为各个区域经销商的话语权较大，逐步形成各个渠道/区域货品需求的差异，品牌企业总部最终成了开发供应各个区域

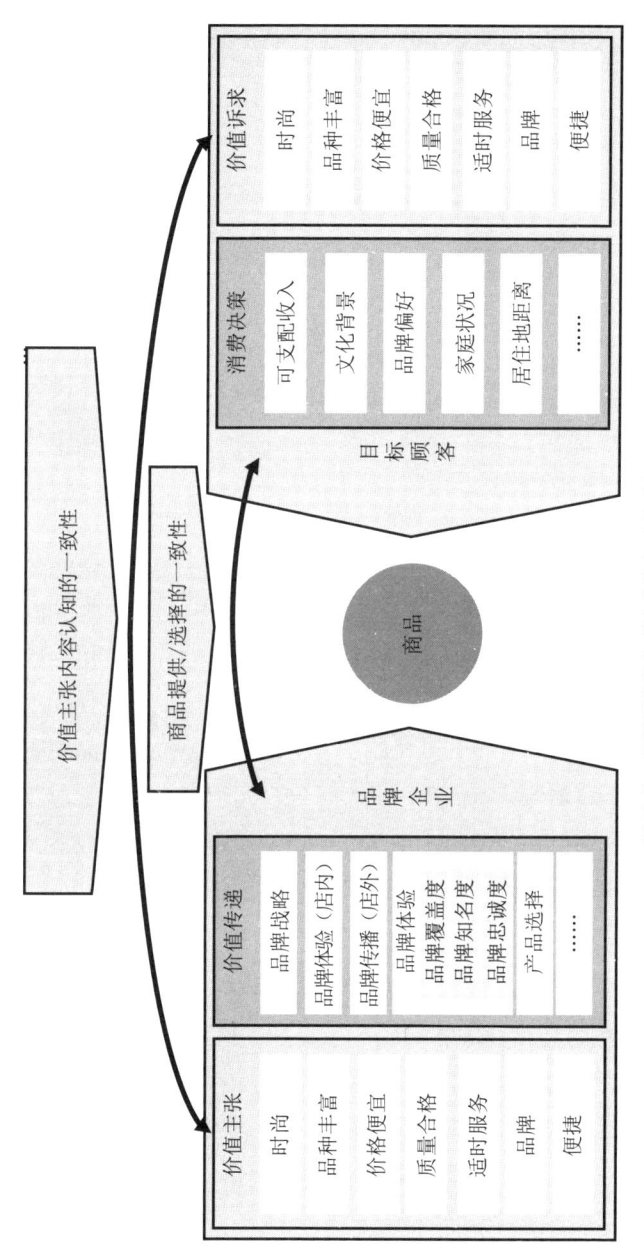

图 7-2 商品是品牌与顾客价值主张传递的桥梁

第七章 快通：规划导向的高效供应体系 139

产品品种总和的供应商。在这种情况下，品牌形象日趋模糊，逐步失去消费者心智，成为售卖产品功能的企业。

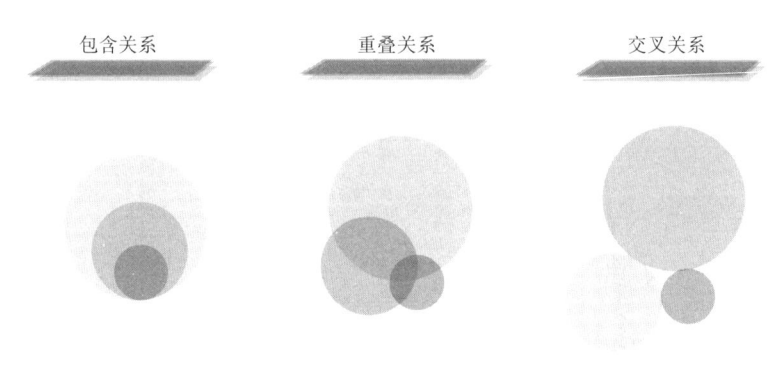

图 7-3　品种数战略的三种模式

消费者商品选择范围和信息获取渠道的极大丰富，使得其对于品牌认知越来越"挑剔"，也越来越"健忘"。消费者对于在多数交互触点上能够形成一致性印象的品牌，往往会多一些记忆和青睐。商品是消费者和品牌之间可感知的桥梁，一个品牌的整体产品品种的一致性，决定了公司整体销售商品的共性，在一定程度上决定了消费者对品牌感知的一致性，也从根本上决定了企业用最少的货获取最大的销售额的可能性和可行性。

用"最少"的单品数量实现最大的销售额

企业选择的品种数战略，决定了企业整体品种数的多少。在确定了品种数的基础上，每个产品品种的整体库存数量与其销售量的比值，是衡量产品流通效率的核心指标之一。由于各个区域之间商品库存不可视、难流转等，很多企业即使采用了相对集中的品种数战略，最终也会整体库存高企，部分渠道/区域因为销售预期未达成而产生库存风险，并进而损失利润，另一些渠道/区域则因为订货量不足丧失潜在销售机会。从整体角度而言，企业会面临销售和利润的双重损失。

很多处于经销模式下的品牌企业，由于所有权和管理精细度等原因，库存可视性、需求预测精准性以及商品调配可行性等方面，都会出现各种各样的不顺畅。在这种不顺畅之下，各个经销商以及各个渠道之间都依照自身的需求预测下单，信息不透明、货品不调拨，最终导致各个区域的经销商和品牌商都遭受损失。

各个区域消费需求和经营能力的差异性，造成品牌企业的部分商品在一个区域脱销，在另一个区域积压，最终因为库存周转不良而只能销毁或者打折销售。消费需求的多元化和消费在单一渠道的离散化，带来比以往任何时候都更加碎片化的订单。碎片化到一定程度，就会造成订单履约成本的急速上升。订单履约成本上升，企业库存匹配不通畅，多方挑战叠加，最终造成企业经营的巨大挑战。再加上很多企业所采用的经销模式，使得库存问题尤其严重。DTC模式从机制上解决了库存可视性和可调拨性的问题，也为品牌企业解决新消费时代的新供需关系奠定了基础。

企业自身特性不同，库存管理的应对方式也有所不同，总体而言可以分为如下三类。

（1）按需进货模式：企业在满足首次铺货的情况下，按照销售预测和周期的期末实际库存情况，确定后续调、补、配货的订单情况，并且在这个过程中不断调优销售预测系统和最小经营单元的市场洞察。在这种模式下，因为对需求的实时动态修正，企业和经营单元的整体库存压力较小。消费需求相对稳定、产品标准统一、生产周期较短，并且送货周期可控的企业通常采用这种模式，比如娃哈哈、青岛啤酒等。

（2）推拉结合模式：企业依据整体产品组合规划，对于不同产品库存实行不同的管理方式，一部分需要体现品牌要求或需求易于预测的商品采用推动的方式确定订单，之后进行正常的库存配送，而对于需求可能存在波动的商品库存，则采用先将一定比例（如70%）库存进行推送，再将剩余库存集中仓储，依据各个销售单元的实际销售情况进行统一分配，并在信息系统中完成调、补、配货的信息流转。

（3）集中推送模式：企业总部按照各个经营单元的规划集中推送配货，常见于总部对经营单元了解程度高、部分批次货源稀缺，或者总部为满足某个区域特定战略目标而集中推送的情况。

企业对于库存管理应对方式的选择，取决于企业经营的产品品类和区域特征，也取决于企业对终端需求理解的精细程度。对于选择按需进货模式的企业，要实时监测库存状况，基于配送效率和成本布局仓储和配送周期；对于采用集中推送模式的企业，则需要提升区域市场的深入洞察能力，做好前期规划和季中实时监控。

在选择好相关模式的情况下，企业需要打通全渠道商品库存，通过设置合理的库存共享规则，对共享库存统仓统配，最大限度发挥集约效应，用最少的货最大化实现对订单的履约能力，减少商品物流转运次数，提高产品的售罄率，实现最大化的销售。

用"最准"的需求驱动产品供给

新消费时代，企业从过往以产品为出发点的逻辑，逐步转换为以市场需求和消费者为中心的逻辑。消费者可支配收入的增加和需求的个性化，使得其对于符合自身需求的商品具有旺盛的购买能力和购买愿望。全价值链的海量数据、大数据算法、技术改良和生产效率提升使得社会供应能力和供应效率有了长足进步，这些都保障了从需求端触发制造端模式变革的实施基础，也拉开了供给侧模式改革的序幕。

市场处于需大于供的状态，通过对价值链条上利益的快速分割，构成并促进了供应端驱动需求端的"快"模式发展。但这种模式一直以来最大的痛点是无法和终端市场构建连接，从而导致对实际需求理解的偏差和失真。这种偏差和失真一方面给供给端带来盲目生产和库存压力，另一方面也给需求端带来价值获取成本高以及需求无法得到彻底满足两大痛点。

SensorWake公司根据用户的反馈，发明了释放香气叫醒人的新型闹钟SensorWake，通过设定时间下释放的气味唤醒用户嗅觉，让用户在气味中被唤醒，缓解了消费者每天因被尖锐的闹钟叫醒而产生的不适感。SensorWake的做法突破了传统闹钟生产厂商一直以来的假设逻辑——用声音叫醒用户，从根本上解决了用户需要被闹钟叫醒，又不喜欢闹铃声音带来的不适感的矛盾。传统闹钟生产厂商过往的各种改善，都是在外观和声音本身上的调整，没有从根本上满足消费者的需求。

通常情况下，用户表达的仅仅是问题和需求，如果用户能把一个具体的产品或方案告诉企业，那么多数情况下说明"这种东西"在这个世界上已经存在了。这种情况下，即便企业能够将这种产品或方案提供给顾客，顾客既不会感动，也不能感受到任何附加价值。企业需要做到基于顾客所反映的问题和需求，充分发挥想象力和创造力，创造出解决消费者痛点，达到超出用户期待的水准，让用户产生"居然可以这样，真了不起！"之类的感叹的产品。

互联网技术的发展和普及、企业生产供应能力的日趋精益，以及协同合作理念的多方认可和践行，使得更准确、更高效、更全面地理解用户需求和痛点，并依据洞察快速设计生产满足消费需求的产品成为可能，新的生产供应模式C2M（customer-to-manufacturer，用户直连制造）应运而生。

美的和天猫联合打造 RX600 洗碗机，解决了中式厨房空间有限并且油污重的问题。天猫利用平台大数据发现消费者对于西式洗碗机"占地大""中餐厨具油污重""难洗干净"等问题搜索比较多。基于平台用户对"洗碗机"的大量搜索信息和用户反馈，天猫结合中式厨房空间小、油污重等特点，与美的一起完善了中式洗碗机的研发需求方案。美的开发的这款洗碗机，针对中国人的餐饮习惯和厨房环境进行改良，尺寸适配大多数中国家庭橱柜高度，无论是嵌入摆放还是独立摆放都可以，对中餐餐具的适用性也做出了相应调整，使得大口径面碗、锅盖、长度较长的火锅筷等餐具也能轻松放入清洁，同时对于喷水强度、节水性、杀菌消毒等细节也做出了细化升级。

Boss 直聘解决了传统招聘中双方需求错配的问题，也在一定程度上缓解了传统互联网招聘无法解决的文字描述模糊性问题。通过供需两端以标签方式进行智能匹配的方式，依托直聊模式，提升了供需两端的沟通效率和匹配精准度。

C2M 模式一方面推动了需求端拉动供给端的高效产品开发，并保障了高效有针对性的营销和销售；另一方面，对于价值链条较长的产品供给，通过高效直接地对接供给端和需求端，保障了供需两端价值的直接传递，避免了非增值环节对产品价值的稀释。

高效满足消费者核心需求

随着供给的日趋丰富和消费者人均可支配收入的日趋上升，消费者对产品的需求，从满足于产品的必要性功能，过渡到对产品的"个性化"提出越来越高的要求和期望。以消费者需求为导向的 C2M 模式，依照对消费者需求的洞察进行产品的设计研发，这些洞察可能来自客户的直接反馈，也可能来自消费者对痛点描述的启发。并以这里为起点，高效推动了供给端对于需求端"最准"的满足。

考虑到新消费人群对于个性化、定制化的旺盛需求，平台电商和品牌商联手，纷纷将 C2M 作为未来重点的增长策略之一，基于自身优势，通过如下五个步骤打造 C2M 商品。

（1）消费洞察：基于用户大数据和行业洞察形成消费者洞察报告，包括消费者未被满足的需求，以及消费者的痛点。

（2）打样试点：打样产品对目标消费者进行需求验证和检测，依照收集到的信息完善产品需求方案开发。

（3）厂商研发：与品牌厂商或者上游优质制造工厂洽谈，供应商根据产品需求方案进行产品设计、研发，并且匹配生产要素进行柔性生产。

（4）产品发售：依照商品特性确定商品销售场景，由品牌商联合京东等平台进行上市发售，并依据销售情况匹配柔性供应。

（5）精准营销：根据对用户大数据的分析，针对潜在兴趣用户进行精准高效的营销推广。

由于平台电商可以高效连接消费需求端和品牌端，C2M 领域展现出一些典型的成功案例。例如：松下卫浴和京东联合推出智能马桶盖，相较于传统的入户调研和小组访谈形式，京东用平台用户大数据分析，大幅加快了大样本量需求收集效率，为深入理解用户需求实现产品精准创新提供了高效全面的支持。消费者反馈的"加热时间太短""怎么防护""盖板很厚很笨重"等声音通过京东快速传达到松下，最终 PQTK10 实现了智能节电，喷嘴自洁升级为喷嘴除菌，厚度从 169mm 降到 112mm……对于领先的生产制造企业而言，往往技术储备丰厚，难的是决定上什么技术、增加什么产品功能，这一技术和功能是不是用户需要的。在 C2M 模式下，企业通过精确需求洞察，推动了产品创新的精准度，缩短了产品开发周期，并创造了超出预期的销售业绩和客户口碑。

评估 C2M 是否成功，通常可以从以下几个维度进行。

（1）供应端是否获取了更多的利润。

（2）消费者是否愿意购买。

（3）库存效率是否有了大幅度提升。

在这个标准下，我们看到了平台电商通过 C2M 模式获得的显著成果，平台电商与品牌联合设计售出的 C2M 新品中，许多单品都成了所属品类销量第一的产品。例如：京东与美的合作的果润维 C 冰箱，仅半年销售占比就达到了 10%；而备受欢迎的带鱼屏，不仅降低了上游面板厂商 40% 的成本，还为消费者带来了接近 50% 的价格优惠。

高效对接供需两端价值传递

C2M 模式除了能够高效满足消费者需求，还能够通过整合需求端，反向拉动供给端，重塑产业链价值传递的新模式。近年来大家普遍提到的新电商，就是用互联网模式，高效对接供给端和需求端，实现供给端价值最大化传递到需求端。

平台电商通常依托技术和商业模式创新，重塑产业和产品标准，规模化推动完善生产体系，通过技术实现产品品质、商品购买过程、物流配送等的可视化，从而构建有保障的商业信任体系。

拼多多为了实现"好货便宜"的价值传递，先期通过"拼交会"和"农贸供应链"推动了各个地方中小企业的数字化赋能改造。通过直播展厅、大数据分析和技术应用，将各产业带的展销需求和用户边玩边逛的需求紧密结合，帮助大量为销路而焦急的企业连接到了海量的最终用户，也让无数的消费者体验了一场供给端好货博览会。通过"农地云拼"等技术创新体系，基于分布式 AI 技术，将分散的农业产能和分散的农产品需求在"云端"拼在一起，在短时间内将田间地头的农产品对接到平台 7.31 亿消费者，有效解决了农产品物流链条长、中间环节多和两端收益低的问题,实现了农产品流通降本增效。

对于销量不大,但复购率、推荐率很高的产品,拼多多通过模型计算出当价格下降时可能的销量会有多大。接下来,它就会扮演一个生产的组织者和协调者的角色,通过海量订单降低供给端价格,从而打开巨大的市场需求。在这个过程中,生产者赚钱,消费者获得"收获大于收货"的超值体验,平台获得市场份额(即流量)。场景营销的商业模式是在重塑生产者和消费者关系,打开无限的增量空间。在这种模式里,三方都是赢家。

这是一场三方共赢的局面,拼多多实际上整合解决了以下几个核心要素,从而实现了供需两端价值的最大化传递。

(1)消费端对于"好货不贵"的巨量需求。

(2)供应源头有产量无销路的困局。

(3)中小商户与消费者交易信任体系的构建。

用"最快"的响应应对不确定性

DTC模式有效缩短了企业和消费者的距离,对于提升全域消费者体验,构建用户长期稳定关系起到了促进作用。依照企业自身特征制定品种数战略,缩减企业供应产品的品种数,对于促进企业品牌品类相关性心智建设,并提高单品单客贡献率起到了积极作用。

但是DTC模式意味着企业需要承担潜在的库存风险,"较少"的品种数意味着需要承担品种判断失误的风险,前者意味着库存积压,而后者意味着销售的损失。在市场动态变化的情况下,任何一方面的风险都可能把企业置于被动的境地。

造成市场不确定性的原因很多,就如同海浪翻腾时很难说清楚是哪一片海浪发挥了主要作用。对于如何应对不确定性,人类自古以来有着最好的方式，那就是回归到有确定性的原点，制订优化方案，并同步制订相应的风险缓冲方案。

以需求为导向的企业，有确定性的原点就是对需求的精准理解和把握。就商品模式而言，有确定性的原点来自研发生产满足消费者需求和解决消费者痛点的产品，通过制定快速响应的商品规划管理体系，为商品从季前规划、季中监测到季末的精细化运营管理提供保障；就供应模式而言，有确定性的原点来自快速响应的供应链管理体系，通过产销协同机制的建立和管理，保障了季中商品的稳定供应，并对于可能出现的需求计划偏差进行动态的支持响应。

快速响应的商品规划管理体系

企业基于公司战略规划、年度经营计划、商品战略等，在各个维度进行年度商品规划。季前的商品规划越详细，监测维度越完善，季中发现风险并制定举措就越高效。

企业的商品规划管理体系，基于年度的财务目标，将相关的关键指标，如销售、毛利、品种数、折扣、库存周转等，从时间、商品品类和市场区域几个维度进行规划。企业在每个维度规划上的细致度，基于企业所在市场的竞争程度而定。例如：对于竞争激烈的消费品市场，规划的细致度在时间维度上到周，品类维度上到最小的子品类和关键单品，市场区域甚至规划到最小的销售单元（门店群）。而对于销售周期长、市场竞争适中的行业，规划的细致度到月、大品类和省市等即可。（见图7-4）

对于需求相对稳定并且产品可以长销的产品类别，商品规划的复杂程度和难度相对较小。而对于升级型消费类别的商品，则需要拆分产品类别的作用进行规划和监测，不同类别的商品需要依照在市场中生命周期的不同采用不同的规划方式，总体遵守商品金字塔原则。

图 7-4 商品规划管理流程

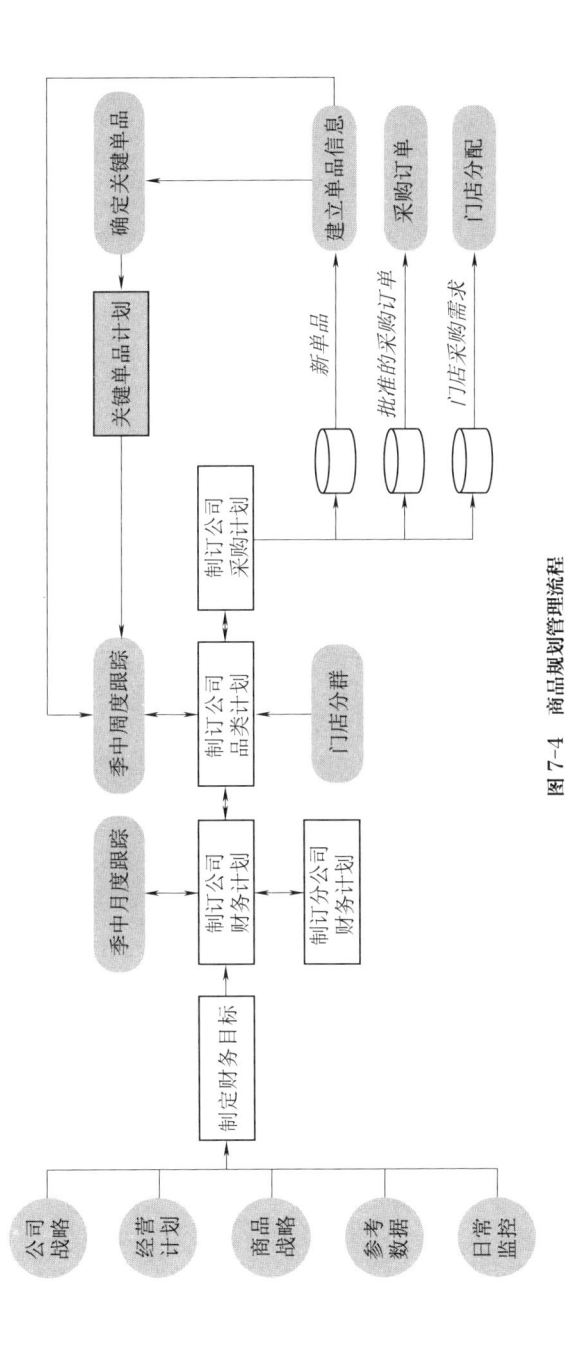

第七章 快通：规划导向的高效供应体系

例如：对于时尚企业而言，商品金字塔依照如下的规则进行规划。

（1）常青款：商品的生命周期一般在 150 天以上，有持续的需求，并且需求量较大，库存周转率为 3~4，终端依照销售量、配送周期和最小订单起订量制订明确的相对稳定的商品规划，价格有竞争力，销量高。

（2）流行款：商品的生命周期一般为 60~90 天，商品按照一定的频率进行更新，可以用相近的单品进行补货，商品库存周转率为 5~6，通常依照按需订货的方式进行阶段性补货，价格适中，折扣风险中等。

（3）时尚款：商品生命周期为 30~60 天，时尚度高，新鲜度要求高，能够代表品牌形象，订单数量不多，通常采用集中推送的方式配送到终端，销售过程中会依照各区域销售差异进行适当的按需调转，销售价格和利润高，折扣风险高。

同时，需要在企业内部建立闭环流程，协同多方输入，包括品牌、销售、产品管理等部门，以达成部门之间的一致性，有效推进和复盘季前规划、季中监控、季后清盘等，也需要保证商品、品牌、终端陈列、营销，以及线上线下的高度一致性。

规划人员在季中按照规划维度，监测规划数据和实际数据的一致程度，针对出现偏差的事项制定对应的举措。例如：某一品类的商品在当期销售实际数据低于规划数据时，规划人员可以推动营销活动以促成下季销售的提升，而当当期销售的实际数据高于规划数据时，则需要及时关注库存情况并修正补货量等。

从企业发展战略出发，基于商品战略制订的多维度商品规划体系，从机制上保障了体系的系统化、完整性和可视化。最小颗粒度的规划和实时监测，使得企业年度规划和战略目标实现的可行性提升，商品规划也驱动着供应链、营销、拓展等各业务环节战略体系的联动。

快速响应的供应链管理体系

企业为了满足消费者个性化的需求，会不断丰富产品体系，库存水平也持续提升，从而导致供需矛盾日益凸显。通常而言，这种供需矛盾不是某个环节出现的点状问题，而是在企业的战略层面、运营层面以及体系支持层面都存在的体系性问题。

（1）复杂的产品线：企业随着产品复杂程度的不断提高，预测准确性降低，生产复杂程度增加，最终造成财务损失。

（2）相对单一的供应链模式：随着企业产品体系的丰富，供应链管理的复杂程度不断提高，但很多企业依然采用相对单一的自上而下"推动式"或者自下而上"拉动式"供应链管理模式，从而导致商品的供应链需求难以与业务形成有效匹配。

（3）产销协同体系运行不畅：商品规划体系不完善或者未有效执行，需求波动大并且更改频繁，同时供应链各环节管理能力差异大，从而导致企业产销不协调，运行不顺畅。

（4）低效的支持体系：内部数据缺乏有效管控，企业内部核心数据缺乏一致性和有效管理，从而导致决策缺乏有效支持，管理难度大。（见图 7-5）

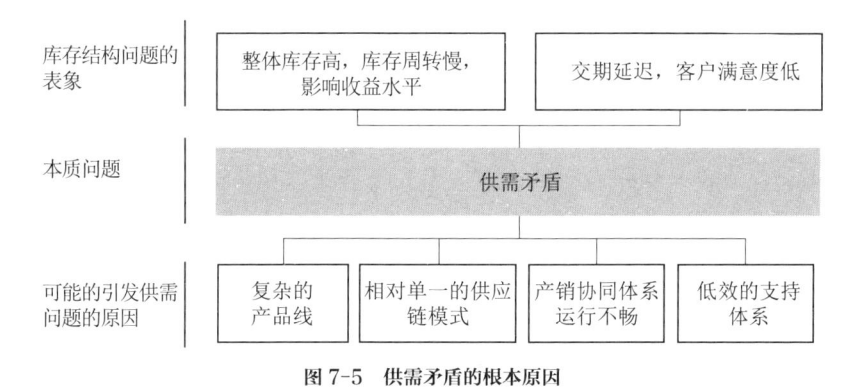

图 7-5 供需矛盾的根本原因

传统"一刀切"的供应链模式，很难满足复杂、多变的市场和客户需求。对应前文所述商品金字塔中所描述的商品特性，企业依照不同的产品细分策略，制定对应的精益、敏捷和柔性供应链策略，并根据不同的供应链模式，构建相匹配的渠道分销、客户关系管理和物流网络规划等，从而提升公司整体运营效率。

不健全或者未被严格执行的产销协同体系，直接导致企业收入损失和成本上升。例如：频繁插单导致生产线调整，从而增加了生产线闲置时间，导致生产端收入和固定成本分摊损失。而以商品规划为导向的集成高效供应链协同机制、生产主计划以及物料需求计划与商品整体规划相匹配，从源头上改善了供需矛盾，可以有效支撑公司战略目标的实现。

在推进以商品规划为导向的高效供应链管理体系时，应该注重2个"C"（共识、约束）和2个"D"（差异、数据驱动）的指导原则。

（1）共识（consensus）：明确统一的机制、流程、会议制度、标准，形成"基于目标共识"的需求计划和供应计划，跨部门对公司的发展战略和供应链战略形成共识。

（2）约束（constraint）：基于约束，解决产销协同中存在的矛盾和问题，包括："硬约束"——识别和认可供应链上下游的约束，如原材料、生产成本、产能、生产周期等；"软约束"——公司销售预算与市场实际情况的差异，以及跨部门指标体系的相互约束。

（3）差异化（differentiated）：根据区域和产品特性的差异，制定差异化的需求预测方法，以及差异化的库存策略和差异化的决策机制。

（4）数据驱动（data-driven）：以信息系统支撑业务分析和模拟，以数据分析和模拟结果驱动关键决策，更多使用定向的数字指标进行绩效考核，减少经验主义，定量优于定性。

为了应对企业日益复杂的业务需求，供应链的支持体系也日益复杂，以前端品牌销售为导向的一体化事业部架构带来组织横向拉伸、纵向稀释的决策难度提升，而以供应体系为导向的事业部架构又带来前端沟通复杂度和决策难度的大幅度增加。高效的供应链组织架构通常遵从两个对等（组织与流程对等、流程与职责对等）和两个聚焦（聚焦核心竞争力、聚焦所需能力）精简优化整体组织。

另外，体现供应链价值的关键绩效指标体系，作为衡量供应链体系的标准、统一共识的工具起到了重要作用，并有效降低了管理难度。简要而言，供应链指标体系可以分为对内、对外两类。

（1）对内指标：主要用于衡量内部运营效率，通常从成本和资产效率角度设立，比如供应链管理成本、产品生产成本、固定资产回报率和库存周转率等指标体系。

（2）对外指标：主要用于衡量客户和市场的满意度，通常从可靠性、响应速度、柔性维度设立，比如完美订单交付率、供应链响应时间、供应链灵活性和适应性等指标体系。

对于高效的供应链管理体系的保障，最为基础也最为重要的是可靠的数据来源，数据的透明性和集成性是提升供应链协同的关键。高效的供应链数据管控体系，确保了数据在整个企业中的协调和统一管理，为企业自身和外部业务伙伴集中提供及时、准确、一致、完整的数据。

动态效率理念下的高效供应链管理体系，从企业供应链战略层面、运营层面以及体系支持层面系统性地构建了适应市场需求的供应链模式，保障了供应链的整体运作能力和效率，支撑了企业战略发展目标的实现。

第八章　快拓：围绕核心竞争力快速拓展

　　管理学中的木桶理论描述了一只水桶装水的多少取决于它最短的那块木板。木桶理论也被描述为短板理论。企业的经营需要建立各种核心能力，比如生产、采购、销售和售后等能力，企业如果没有这些能力就无法保障正常的运转，但在实际经营过程中，企业在经营所需的各项能力都达到行业平均水平的情况下，依然不能取得领先地位，甚至面临着巨大的经营风险。

　　日系汽车能够在美国汽车市场快速获取市场份额，不取决于生产制造车辆的能力，而取决于通过精益生产获取了绝对的成本优势，成本优势是日系汽车在美国汽车市场获取市场份额的核心竞争力。手机市场中，苹果手机的售价很高，但是每次新品上市，用户们依然争先恐后地去购买，主要原因是苹果的核心竞争力在于用户体验。很多品牌的手机厂商具备了研发、生产制造能力，还拥有销售网络，但这些基本能力并不能帮助企业获取市场地位。

　　对大量领先企业的实证研究表明，企业领先地位的获取并不取决于企业有没有"短板"，而取决于企业是否具有"长板"，企业构建的"长板"形成了其在市场中的核心竞争力。从市场竞争角度而言，核心竞争力为企业带来具有竞争优势的资源，以及更优的资源配置整合效率，使得企业能够保持长期稳定的竞争优势，获得稳定的超额利润。

一般来说，企业的核心竞争力进入壁垒越高，企业凭借核心竞争力获取长期竞争优势的概率就越大。企业核心竞争力的辨识标准包括以下几点。（见图 8-1）

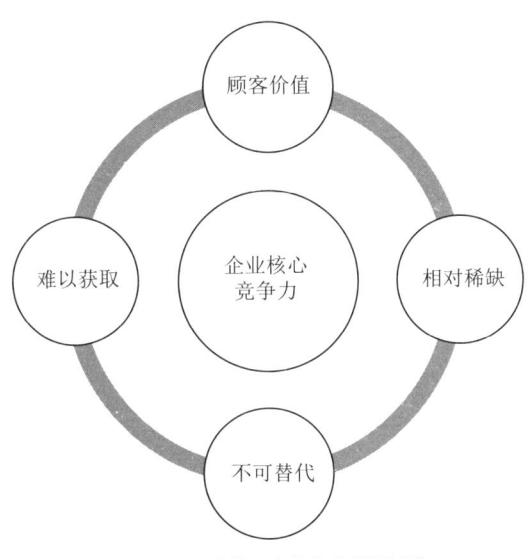

图 8-1　企业核心竞争力的辨识标准

（1）顾客价值：企业具备的核心竞争力能够产生被用户广泛认可的价值。例如：能够显著降低成本，能够明显提升用户使用产品时的体验，能够大幅度提升服务效率，等等。

（2）相对稀缺：能帮助企业获得竞争优势的核心竞争力一定是相对稀缺的，只有极少数企业，甚至只有一家企业拥有，否则这种能力就成了行业通用能力，不能称之为核心竞争力。

（3）不可替代：企业所具备的核心竞争力属于行业运营中的重要环

节，提供顾客价值中不可获取的核心能力，无法用其他能力进行替代。

（4）难以获取：核心竞争力是构成企业相对竞争优势的核心，是竞争对手难以获取的，不是在市场中通过购买可以获取的，也不是竞争对手"一学就会"的能力，必须是难以转移和复制的。

从企业核心竞争力的辨识标准可以看出，企业拥有核心竞争力并不容易。在动态竞争市场中，企业维持自身的核心竞争力也极其不易。众多曾经凭借核心竞争力取得市场地位的企业，有的昙花一现，有的陨落半场，还有的历经坎坷后依然生生不息。

企业核心竞争力的本质是获取相对竞争优势

近年来，各个细分市场中都出现过昙花一现的公司。这些公司凭借自身核心竞争力异军突起，获得了更大的市场份额，也获取了更多的利润，但随后却黯然退场。究其原因都是企业核心竞争力的"稀释"：一种是过度扩张带来的核心竞争力被透支的"稀释"，一种是不思进取的固守导致的核心竞争力随着时代的进步而落后的"稀释"。

巨变时代带给企业的未知感日益加剧，经济腾飞和技术进步带给企业的"诱惑"也越来越多。如何避免核心竞争力的"稀释"和"被稀释"？维持并持续增强企业核心竞争力，成为当今时代最重要、最紧迫的话题之一。

企业的核心竞争力能够给企业带来行业的优势地位，使企业获取丰厚的利润。但是，企业需要区别获利能力和核心竞争力两个概念。很多企业什么生意获利高就从事什么生意，今天做制造，明天做房地产，后天做金融投资……短期内可能赚到了钱，但是没有核心业务，更谈不上核心竞争力，在市场风险面前缺乏抵抗能力，也无法在竞争中获得行业领先地位。

构建核心竞争力的三个分析维度

对于如何构建和维持企业核心竞争力，企业可以基于自身的核心业务，从如下几个维度进行分析考量，并最终回归到自身核心业务上进行能力的优化增强。

从市场维度而言，企业作为市场和行业发展的组成部分，对市场趋势把握不准会给自身发展带来很大的危机。微软是全球顶尖的电脑软件提供商，在前 CEO 鲍尔默执掌的 14 年期间，行业市场从 PC 互联网时代转向移动互联网时代，搜索、社交等基于移动互联网的行业成了十余年来行业发展的大趋势，但是微软没有做出相应的大幅调整。对于曾经让微软成功的企业核心竞争力，鲍尔默坚定彻底地进行了巩固，但是对新的市场趋势却缺少积极响应，曾经的企业核心竞争力在时代浪潮中成了历史。

从竞争维度而言，企业竞争力是一种比较优势，知己知彼、百战不殆。对于竞争对手的实时了解可以帮助企业理解自身所处市场的动态，从而建立并维护能够更好地给消费者提供价值的企业核心竞争力。新加坡航空的核心竞争力是服务，为了给新航的乘客提供极致服务，飞机上有超过 1000 种娱乐项目，经济舱乘客登机时也会享受到用温热的湿毛巾擦手、不使用一次性餐具等服务。对比传统航空公司所有服务的细节，新加坡航空都做出了令消费者有感知度的服务升级。美国西南航空公司的核心竞争力是低成本，为保持自身的核心竞争力，西南航空公司通过提高客座率和飞机利用率、将机型和舱位标准化、降低营销和管理费用等方式，使得能让消费者感知的低成本成了公司的相对竞争优势，并且连续几十年保持高运营效率和高投资回报率。

从自身维度而言，企业在构建核心竞争力时，需要审视自己所具备的核心资源，这里所说的资源包括有形资源和无形资源。有形资源包括生产制造能力、零售运营能力、顾客服务能力等，无形资源包括品牌、商誉等。

基于自身资源构建相对竞争优势

有形资源可以通过无差异竞争方式和差异化竞争方式进行建立和维护。例如，在制造业、物流快递业等行业，企业运行模式差异不大。在无差异竞争环境中，领先企业的核心竞争力往往通过规模化带来的成本领先，对标优化下的卓越运营方式获得。而差异化竞争方式下，领先企业需要采用常规优势之外的方式，例如，同样在家电制造行业，海尔通过售后服务区别于其他同业者，"成本领先＋卓越服务"就构成了差异化竞争能力，两项或多项核心能力一经叠加，可能会派生出一种新的核心能力，而且这种新的核心能力往往不是原来几项核心能力的简单相加，这类似于经济学中的范围经济和物理学中的共振现象所体现出来的特征。

而基于无形资源的核心竞争力则取决于品牌在消费者心智中的相对唯一性，例如，消费者听到可口可乐就想到碳酸饮料，那么可口可乐品牌就是可口可乐公司的核心竞争力。正如可口可乐前董事长伍德鲁夫所说："即使可口可乐公司在全球的生产工厂一夜之间被大火烧毁，只要有可口可乐的品牌在，很快就可以重建可口可乐新的王国。"

企业核心竞争力是相对竞争优势，是企业相对独有且竞争对手无法轻易获取的能力。拥有核心竞争力的企业往往也具备优于竞争对手的各个方面的指标，这些指标主要包括对资源的调度和配置能力的衡量，以及对产出和效率的衡量等。

快速拓展企业核心竞争力的三种方法

学者普拉哈拉德（C.K.Prahalad）和哈默（G.Hamel）认为："企

业的核心竞争力是企业在一系列产品或服务中必须依赖的那些能力。这种能力不局限于对个别产品，而是对一系列产品或服务的竞争优势都能起到促进作用。"从这个意义上说，企业的核心竞争力不仅仅需要符合顾客价值、相对稀缺、不可替代、难以获取这些标准，而且要具备一定的延展性，包括延展自身的业务能力到更多的需求场景、更多的相关性产品品类，以及更广的市场范围。而企业围绕自身核心竞争力的能力延展，相较于其他企业而言，具有更强的竞争优势。

竞争中最为高效的方式，就是以己之长攻彼之短。企业一旦形成了核心竞争力，在激烈的市场竞争中就具有了"所向披靡"的法器。但在开放市场中，竞争对手持续不断地对标跟进学习，使得企业的核心竞争力迟早会演变为行业的通用能力，从而导致企业失去领先优势。

领先企业维持核心竞争力的做法，往往是围绕核心竞争力，从消费需求场景、产品品类和区域市场几个维度进行快速拓展，帮助企业在动态演进的竞争市场中，不断加强和巩固核心竞争力，也帮助企业在规模扩张的过程中不断升级，加强自身的核心竞争力，进而相对于竞争对手形成压倒性优势，使竞争对手失去竞争跟进机会。

创立于21世纪初的加拿大健身品牌Lululemon，凭借女性瑜伽产品品类成为全球最成功的体育用品品牌之一，全球线下门店仅500多家，创造了近400亿美元的市值。卓越的产品品质和会员运营能力是Lululemon的核心竞争力。Lululemon在2022年公布的新五年战略中，提出了2026年全球业绩翻倍的计划，而这一目标要通过围绕Lululemon的核心竞争力的快速拓展来实现，从产品品类、会员运营、区域拓展等几个维度同时发力。（1）产品品类：围绕"触感科技"加深核心品类心智，并拓展新品类，从原来的瑜伽品类拓展到跑步、通勤、网球、高尔夫、徒步、跑鞋等品类。（2）会员运营：在北美推出满足消费者"环境保护"诉求的旧货回收平台,并继续推广社群活动的覆盖范围;同时以 Mirror 智能健身镜①订阅用户为基础,打通 Mirror 与 Lululemon 会员的优先订购权限。(3)区域拓展:中国将成为 Lululemon 全球第二大市场,为达成这一目标,Lululemon 加速亚洲版型的开发,并会陆续推出具有中国文化特色的限量系列,同时加强电商渠道和本土领导团队的建设等。

围绕核心竞争力快速覆盖更多需求场景

新消费时代里,供需关系发生了结构性的改变,在多数细分行业里,需求方掌握了主导权。部分企业通过消费者洞察,提供满足用户需求、解决用户痛点的产品和服务,在激烈的竞争中获得了消费者的青睐,并成为行业的领导企业。而围绕核心能力快速覆盖更多需求场景的企业,表现出更强并且更具生命力的市场竞争力。对商业案例进行分析总结发现,比较典型的两种基于核心竞争力的拓展方式是:(1)一个消费人群的多场景需求拓展;(2)一个场景下的多元化需求拓展。

一个消费人群的表象需求往往是多维的,而实质上却具有一定的内在规律,这种内在规律和消费者的主要决策因素息息相关。企业对于消费者的理解越多维、越全面、越实时,就越趋近于理解消费者决策要素的本质,包括消费者决策的动机、感受、态度和经验等。

从企业生态体系的形成过程可以看出,线上和线下领先企业通过不同的方式积极构建消费者数据洞察能力:领先的线上企业通过"中心化"和"去中心化"的方式积极布局;线下企业则通过"自建

---

① Mirror 是美国一家智能健身镜品牌,通过交互式的镜面显示健身课程(实时课程和按需课程),主要业务模式是"智能镜+课程订阅"。2019 年被 Lululemon 收购。

生态"和"拥抱线上"的方式加速建设更加完善的消费者多场景覆盖体系。

阿里巴巴通过线上购物渠道（淘宝网、天猫等）、线下购物渠道（大润发、银泰百货、盒马鲜生等）、金融支付平台（支付宝）、物流平台（四通一达、菜鸟网络）、媒体平台（优酷视频、今日头条、虾米等）等，布局更加完整的消费场景应用。阿里巴巴基于收集到的数亿消费者全场景信息，运用各类数据挖掘工具（生意参谋、孔明灯、数据魔方、阿里妈妈等），形成了对各个消费群体的多场景需求精准推荐。而以腾讯系为代表的"去中心化"模式，通过与合作企业的赋能引流，也形成了对消费人群的多场景需求拓展。

基于全场景的布局和数据挖掘，这些掌握"密码"的企业可以轻易地打开消费者几乎所有场景下的需求，甚至让消费者感觉推荐给自己的产品和服务，超出了自己对自身需求的理解。

而对于在一个场景下的多元化需求拓展而言，企业在一个细分行业中长期深耕并逐步形成了核心竞争力，比如零售行业的选品组货能力、高端会所的会员运营能力、制造业的成本管控能力、品牌企业的品牌运营能力等。这些能力是细分行业中的核心能力，对领先企业而言，使核心能力成长为核心竞争力，需要持续的创新精神和长期精益求精的运营管理能力。

通过分析诸多细分行业中取得领导地位的企业发展路径发现，紧紧围绕自身的核心竞争力场景下的消费者多元需求拓展，将单个场景最大化覆盖并完全击穿，是企业在细分行业中建立和加固竞争壁垒的有效方法。欧莱雅集团作为美妆行业的领先企业，其核心竞争力是"产品研发＋品牌运营"。通过多品牌布局满足消费人群对于美妆产品的不同需求，欧莱雅集团根据美妆需求和价位带不同，布局多品牌进行"全"覆盖，包括赫莲娜（Helena Rubinstein）、兰蔻（Lancome）、圣罗兰（YSL）、科颜氏（Kiehl's）、美宝莲（Maybelline）、薇姿（Vichy）等等，形成了横跨全球130多个国家和地区的多品牌美妆集团。通过庞大的规模以及对各类消费者多元美妆需求的品牌和产品覆盖，欧莱雅集团构建起了坚固的竞争壁垒。

安踏集团聚焦体育用品行业，通过FILA品牌在直营零售和中高端品牌的成功运营，形成了"品牌管理+零售运营"核心竞争力。通过对消费者在各种运动场景下需求的深入理解，布局多品牌矩阵，覆盖消费者不同的运动场景，从安踏集团孵化新品牌的成功概率和成功效率（从孵化到形成规模的周期）角度可以看出，聚焦自身核心竞争力的多元化需求拓展，成功概率和效率都较高。安踏集团聚焦体育用品行业的多元化需求拓展，使得企业形成了细分行业独特的核心竞争力。

围绕核心竞争力快速拓展产品品类

具备核心竞争力的企业，通常具备独有的用户价值提供能力，用户往往高度认可企业产品所承载和传递的企业价值观，用户与企业一致的价值认知成为连接用户与企业的紧密纽带。企业基于已经构建形成的核心竞争力，在规模化扩张的过程中不断完善和加固这些独有而稀缺的能力，从而形成"能力+规模"之下的竞争壁垒。同时，在用户群体中构建的价值认知体系也在不断强化，比如创新、丰富、品质、舒适、乐趣、物美价廉等价值联系点。企业基于构建的独特价值认知，通过相关和非相关品类的拓展，可以更加高效地获得规模扩张。

很多消费品公司的成长路径，也是围绕企业核心竞争力，在一个广泛认知的价值诉求点之下进行相关品类的扩张。Lululemon从最初聚焦女性瑜伽品类开始，通过优质的产品和消费者社群运营获得了女性消费者的高度认可。Lululemon的优质产品面料创新、穿着触感体验佳、细分版型、进行社群运营并且常年不打折，这些帮助Lululemon与消费群体建立了一致的价值认知。基于这样的价值认知的一致性，Lululemon开始拓展男子运动装和运动鞋相关领域，构建了更广泛的消费群体和品类产品。

围绕企业核心竞争力，拓展一个价值诉求点之下的相关和非相关品类，也是众多领先公司的拓展方式。美的集团作为全球领先的家电生产销售企业之一，在早期生产销售空调品类的过程中，逐步形成了"精益生产+成本领先"的核心竞争力。在之后的业务拓展过程中，美的集团通过对家电和其他消费市场的洞察，陆续拓展了冰箱、洗衣机等大家电品类，小家电相关品类，以及IOT（物联网）、工业机器人等领域。美的集团"精益生产+成本领先"的核心竞争力，在用户心中形成的优质优品的价值认知，帮助企业在激烈的市场竞争中脱颖而出。

围绕核心竞争力快速拓展市场

企业围绕核心竞争力拓展市场，通过一个模式或者一个产品的快速复制被证明是一种有效的方式。这种方式通过可复制的核心竞争力，从高维击穿关键市场，利用关键市场对周边市场的辐射力，快速拓展周边市场。

围绕核心竞争力拓展市场的方式，往往具备以下几个特点。
（1）核心竞争力是关键市场和辐射市场所需要并欠缺的。
（2）核心竞争力随着拓展得到增强，而不是被稀释。
（3）核心竞争力对关键市场有极强的影响力、穿透力和辐射力。

成立十余年的Shein，是全球快时尚电商领先品牌，直接服务于全球超过150个国家和地区的消费者。Shein的核心竞争力是"流量运营+极致供应链"，利用领先全球的中国供应链服务能力，向全球其他国家消费者提供"多、快、好、省"的丰富商品，每日在售商品 60 万件，具备高维攻击低维的天然优势。而早年在跨境电商中历练的流量运营和精准营销能力，随着 GMV 的扩大发挥了更大的作用。例如：随着规模的快速扩大，Shein 在全产业链中的话语权越来越大，对于资源的分配和调度也愈发高效，基于"多、快、好、省"定位的 Shein 供应链可以保持更好的产业链合作生态，对上游供应商而言，源源不断的订单流让 Shein 接受小单快返的订单模式，另外，积累的数据越来越多，对于前端消费需求的预测愈来愈准，资金风险逐渐减小。

字节跳动的核心竞争力是个性化算法，其旗下的抖音、TikTok（国际版抖音）、今日头条、西瓜视频、Faceu 激萌相机、懂车帝、皮皮虾社区等多款产品都很成功，几乎实现了推出一款火爆一款的局面。作为最早将人工智能应用于移动互联网场景的企业之一，字节跳动通过个性化推荐算法，改变了信息的分发方式，在用户"所有"场景进行产品迭代开发，对于单一场景，采用地毯式全覆盖的产品开发覆盖方式，多维的海量数据支持了自己的数据监测体系，使得个性化推荐算法愈发优化，字节跳动的核心竞争力长板优势也愈发凸显。

围绕核心竞争力进行市场拓展的成功案例，在国际化的成功企业中比比皆是。麦当劳通过一种业务模式（特许经营）和几款产品（汉堡、可乐、薯条）成为全球最大的连锁快餐企业之一。迪士尼凭借优质丰富的 IP、丰田凭借精益生产等，成为市场快速拓展中的受益者，企业的核心竞争力也在快速拓展中得到了进一步加强。

体验篇

感知超预期可以很昂贵

哈珀·李创作的长篇小说《杀死一只知更鸟》中有一段话："你永远也不可能真正了解一个人，除非你穿上他的鞋子走来走去，站在他的角度考虑问题。"从心理学上来说，人对外界事物的感受是认知的集合，用以感受、观察、理解、判断、选择、记忆、想象、假设、推理，而后根据自身感受指导行为。消费者在理解品牌和产品的过程中，也往往从自身的体验出发，然后做出选择。虽然认知是一种主观体验投射到客观事物的反应，但主观体验本身就具有简约性、模糊性、不确定性、不稳定性等特征。美国经济学家约瑟夫·派恩指出，体验是当一个人达到情绪、体力、智力甚至是精神的某一特定水平时，他意识中产生的一种美好感觉，任何人都不会产生和他人相同的体验。是的，体验和物理存在的物品功能不同，体验归根到底还是存在于主体内部的个人感知，其他人无法代替。这与静态效率中只强调供方生产商品的效率有着本质的不同。

动态效率理念中的"体验"强调消费者的主体感受，因为主体所有的需求创造都来自用户的主体感受，之后才在一定的场景中，通过交互完成"体验"感知和需求满足。根据交互层面的不同，体验划分为最基础的触点层体验、中间层的基于消费者旅程的体验，以及最高层基于消费者关系层的体验。每个层面的体验不是完全隔离的，它们之间也会存在包含与交叉关系。例如客户体验包含了用户体验，同时也与品牌体验存在一定的交叉。如同美好爱情的过程一样，"始于颜值、敬于才华、终于人品"，层级之间有先后，也有相互的包含和交叉。动态效率中的"体验"也遵循这样的过程，始于好看（场、货、营销）、敬于好用（产品、感受）、终于好玩（交互、感知）。（见图3）

苹果产品之所以能够广受欢迎，和乔布斯追求极致的产品设计理念有着直接关系。消费者用的智能手机功能叠加复杂，系统卡顿，有各种感觉不对但又说不出来的小瑕疵……苹果用基于科技和人文的极

好看 > 好用 > 好玩

用"场""货""营销"激发用户兴趣　　超预期的才是好体验　　创造交互过程中的感知满意

图 3　卓越体验管理的关键要素

简理念重塑产品设计，每一个组件都来自市场上"好看""好用"的惊艳技术的重新整合，比如"多点触控""金刚玻璃""软键盘""iTunes"，甚至极致到用镍替代不锈钢制作螺丝钉等等。苹果公司在自己官网上表示："尽一切所能，实现每一个可能。"为了帮助用户在更多方面实现更多可能，每部苹果设备中都内置有辅助功能，包括 Siri、朗读屏幕等，将无障碍使用的理念融入其中，将苹果设备变成了经济实惠的辅助设备，帮助视力和肢体活动有障碍的用户实现相应的操作。现在，苹果手机里的应用几乎涵盖了消费者所有的交互场景，带给消费者"好看""好用""好玩"的体验。根据苹果公司 2021 年财报，其 2021 年在全球范围内获得了 1.65 亿付费订阅用户（包括 iCloud、音乐、Arcade 和 Apple TV+ 等服务），用户总量已达 7.85 亿。

　　同一个意思用不同的表达方式会带来不同的体验。比如，比赛到了背水一战的时候，队长说"这次还有 10% 的赢率"和"这次 90% 会输掉"，表达的意思是一样的，但这两句话带给队员（受众）的体验是不一样的。同样一件事情在不同环境中也会带来不同的体验，当主体在一个具体场景时，因为不同的动机和对应的预期，在该场景中的互动会让主体产生感知，主体通过感知和预期的比较形成自身的体验。比如：喝一杯速溶咖啡和在五星级酒店喝咖啡，受众的体验会有所差异，这种差异没有好或不好之分。但如果受众感觉五星级酒店的咖啡和服务都逊于在家喝速溶咖啡，体验就会很差，可能是因为酒店的咖啡和服务真的差，也可能是因为受众心情不好，或者五星级酒店的咖啡与受众习惯的口味不相符等。

体验好坏的衡量标准，实际上是顾客期望值和感受值之间的差距，也就是用户对于产品/服务体验的预期和实际使用过程中获得的感受之间的差值。所以相对而言，用户体验并不是一个可控因素，因为主体的体验会因时间、地点、内容、个体价值观等方面的不同而有所差异，在接触外界信息时产生心理感受，同时在感受的过程中产生新的感受和思考，新的感受和思考会进一步促使主体去追求新的体验。

动态效率的概念是在新的经济时代背景下提出的。动态效率中的"体验"要素与其他经济时代下的"体验"最大的区别是，在新经济时代环境中，动态效率的"体验"是创造经济价值的重要来源，强烈的体验对于个体具备可记忆性，当个体的可记忆性"体验"累加成社会动态效率中的关键"体验"时，社会价值诉求就会稳固下来。而随着约束的进一步释放、需求的迭代升级，社会动态效率必然会进一步提高，从而促进产品中"体验"部分的经济价值占比增高。

第九章　好看：有兴趣才会有下一步行动

好看是触发消费者体验的开始，消费者只有在被场、货、营销内容吸引时，才会沿着这样的体验链条进入下一步的体验过程。这样的过程反复发生就会让消费者形成习惯和信赖，从而形成对企业的忠诚。"好看"的场能够让消费者通过所见，感知到久远的记忆，感知到对未来的想象，往往还能够通过把小概念做大、大概念做小的方式达到极致，从而给消费者提供印象深刻的体验。"好看"的货能够让消费者在使用产品的过程中体验到产品独特的审美吸引力，能够触及消费者内心的需求，并使消费者在使用和拥有的过程中表达内在的价值诉求。"好看"的营销能够体现品牌核心竞争力，能通过强强联合的方式，激发消费者对"新意"的兴趣，并将这种"新意"用"好看"的方式展示给消费者和市场，引发消费者的共鸣。

"好看"的场

人类的大脑是个庞大而复杂的系统，会对记忆采用简化和模糊两种方式进行处理。回忆通常是重构后的记忆，大脑会下意识地删除或者忽略掉记忆中不美好的部分，只有对大脑刺激特别强烈的事件或者画面，才会在脑海中长期留存。这也是人们对"回忆总是美好的""美好的回忆总是短暂的"这些话深以为然的原因。

科罗拉多大峡谷、大堡礁、万里长城、布拉格城堡、贝加尔湖……历经成百上千年的岁月变迁，这些景观依然是全球公认的"好看"和经典。这份经典和"好看"来自"独一无二"的极致景色：位于亚利桑那州的科罗拉多大峡谷是世界上最长的峡谷之一，大堡礁是世界上最长的珊瑚礁群，贝加尔湖是世界上最深、蓄水量最大的淡水湖，万里长城是世界上最伟大的工程之一……这份经典和"好看"还来自参观之后的可回忆性：布拉格城堡让我们看到罗马式、哥特式、巴洛克式、文艺复兴式等各个历史时代风格的建筑。通过这些建筑，我们仿佛看到了捷克数百年的历史和权力交替，也仿佛看到童话王国里的精灵世界。

体验因素中"好看"的场具备的典型特征是"可回忆"和"极致"。"可回忆"性是指能够通过看到和感受到的场景，回想起曾经的"美好"，这些"可回忆"的画面，让我们把记忆中的"美好"画面串联起来，形成"美好的"回忆。"极致"对于我们而言，就是超出日常感受的体验，最大、最高、最快、最小等都会带给我们"极致"的感觉。对于个体而言，大脑每天接收到的信息非常多，也只有"极致"的事情才能够让我们形成更长久的记忆；对于组织而言，唯有聚焦（把大事做小）和专注（把小事做大），才有可能让消费者产生"极致"的体验。

唤醒久远的记忆

一个阳光灿烂的午后，在抽屉里找到一支很久之前使用过的铅笔，很开心，回想起了许久之前用这支铅笔记录文字的美好时光。杜克大学医学中心神经学家罗伯特·卡贝萨发现,当人们看到一些过去的物品时,大脑中会有一片网状系统被激活,强化个人的自我认同。所以,研究人员发现,怀旧是一种充满快乐的体验,有利于人的心境更加开阔。

2021年4月,深圳文和友开业,当时新冠肺炎疫情刚刚稳定了一些,开业当天有超过5万人排队,有的消费者凌晨4点就开始排队。消费者说:"来文和友品尝的不只是食物,还是一种文化、一种情怀、一种发自内心深处的感怀记忆。"消费者把文和友当作网红打卡地,很大程度上是被这里的怀旧复古情绪所感染,在这里似乎能够找到儿时的很多回忆。这些回忆用文和友创始人文宾的话说就是:"卖的就是文化。"

建在湘江边、长沙最繁华地段的文和友,占地5000平方米,建筑用20多万块老砖重新修葺,再通过适度破坏打造一个具有废弃感的静止空间,消费者来到这里就像电影里那样,瞬间穿越回几十年前。一栋体现20世纪八九十年代老长沙风貌的7层老楼,近百户人家,几十家商铺,墙皮脱落、霓虹灯招牌老旧、门板残破……所有装修都还原了20世纪的真实环境,还原了湖南人吃饭"串门子"、吃百家饭的习惯。超级社区里的每一件物品也都有近30年的历史,包括我们小时候看到的美术字、霓虹灯,用过的灯管、热水瓶、电子游戏机,等等,文和友的所有"住户"都是真实居住在这栋老楼里的"居民",他们既是文和友的员工,也是场景里的"演员"。廖奶奶就住在楼里,每天做饭、抽烟、跟孙子一起学英语,晚上找几个老姐妹一起跳广场舞,这就是她生活的全部,生活本身就是廖奶奶在文和友的工作。楼上的居委会有早期的书籍杂志,也有早年老式的大众理发馆……文和友通过这种方式,把随着城市化发展而消失的儿时记忆碎片找寻回来,拼接完整,唤醒每个消费者的记忆,形成属于每个人的感知体验。

文和友打造"街头巷尾"的沉浸式城市旧时光场景,与现代都市生活中的钢筋水泥快节奏形成反差,不仅能够勾起老一辈人的记忆,也满足了80后90后的复古情结,更让Z世代年轻人感受到了历史和新意的结合。通过这个充满故事性并满足各个年龄段人群诉求的"好看"的场,文和友在社群传播的带动下,进驻各地后都快速成为当地的网红打卡地。

创造无限想象

早期看哆啦A梦时,对于哆啦A梦能够从四维口袋里拿出各种法宝解决现实中的问题,总是羡慕不已,梦想着能够拥有这些法宝让现实生活变得更加轻松、有趣。几十年过去了,当年只有哆啦A梦才能有的很多"法宝",早就进入了我们的日常生活,如扫地机器人、单人搭乘的小型直升机、室内农场等等。

在人们的印象中,机场应该有匆匆忙忙的旅客、催促登机的广播、一些售卖和展示商品的商铺……人们到机场后最大的愿望就是快些离开这里,去往下一个目的地,机场成了不得不经过的中转站,等待时间总让旅客感到"在家千日好,出门一日难"。

新加坡樟宜机场,室内有森林、瀑布、雨林,俨然一幅世外桃源里悠闲自得、生机勃勃的景象。樟宜机场里的"森林公园"叫作星耀樟宜,中心大瀑布旁的环形区域内充满各种热带绿色树木花草,犹如一个室内热带丛林,靠近瀑布的地方有体验式透明玻璃栈道,半空中有轨道交通车道。游客们坐在中心大瀑布旁,从40米高空倾泻而下的瀑布和草木花卉的香气,带给人们心旷神怡的体验。10层高的星耀樟宜里,也汇集了各种特色的美食餐厅和高端品牌零售店铺。樟宜机场把商业、科技和自然环境融合进了旅行中转地,这样充满无限想象并且好看的"场",让旅客在机场的这段时间拥有"值得"和无限美好的体验。樟宜机场也连续七年被评为全球最佳机场。

茑屋书店定位"wellness community"（健康社区）,上海前滩太古里店打造了有阳光、咖啡和书籍的空间,店内设置了 feel（感受）、think（思考）、health（健康）、beauty（美丽）4个主题区域。在这里,消费者感受到的不是印象中的传统书店,而是一个满足空间、风景、美食、知识需求的健康社区。国内首家布局书店的麦当劳餐厅,与中信书店合作,结合了儿童主题书店和麦咖啡手工咖啡吧,摆放"巨型薯条"书架、汉堡样式的凳子……这些以麦当劳代表食材为灵感设计的好看的"场",带给这个全新空间中的消费者独特的体验。在"场"严重同质化的情况下,充满想象空间的好看的"场"能够带给消费者新的体验。这些好看的"场"构建了消费者想象的实现,这种把想法落地的"实现"建立了和消费者情感的强连接,消费者满意度、参与度的提升以及主动传播分享等都是自然而然快速发生的。

小类目里的大文章

拥有百年以上历史的企业,在日本被称作"老铺"（しにせ,shinise）,仅在东京就有超过两千家"老铺"。"老铺"的传承人认为自己做到极致,就是对自己最大的肯定。专注于把小事情做到极致已经成了日本企业文化的一部分。

冈野信雄几十年专注于旧书修复。在他人看来枯燥无味的旧书修复工作,冈野信雄做出了大文章,任何污损严重、破烂不堪的旧书,只要经过他的手就会光复如新。中村开己用几十年时间研究折纸,通过折纸传递快乐。他的折纸作品被称为"纸机关":有落地就能站起来的企鹅、摇一摇就能跳舞的南瓜、按一按就能后空翻的小猴子等等。通过一系列折叠和连接,再加上最重要的卡扣,只须用手轻轻一碰、一扔、一捏，普普通通的一张纸就能变出神奇的纸魔术。类似这样在"小类目"里做出大文章的案例很多，通过专注于把小事情做到极致，呈献给消费者一件件带来极致体验的完美作品。

琉璃作为玻璃的衍生品，在中国历史上可以追溯到西周时期，但在20世纪早期之前的世界琉璃艺术界，中国琉璃却是没有声音的"小类目"。创立于1987年的琉璃工房，以谦卑且孜孜以求的态度恢复了失传两千多年的"脱蜡铸造法"（Pate-de-verre）。琉璃工房的很多中国"琉璃"文化作品，受到了中国和国际专业机构及消费者的赞赏，包括向自然之美致敬的"太湖石"、经历挫折后的生命体悟"自在佛"、让法国百年博物馆惊艳的"焰火禅心"，以及"一抹红"等系列。这些作品曾被上海世博会中国馆、中国美术馆、法国巴黎装饰艺术博物馆等收藏。2006年，琉璃工房打造的上海琉璃艺术博物馆对外营业。这也是国内首家专注于琉璃艺术收藏、教育、研究与欣赏的博物馆。琉璃是"小类目"中的"小类目"，琉璃工房的极致坚持将中国琉璃传播到了全球，也让消费者在感受美好体验的同时，了解了琉璃艺术文化所承载的中国传统文化精髓。

晨光文具创立30多年，连续10多年保持两位数高增长，2021年营业收入达到176亿元。很多人可能觉得不可思议，卖铅笔、橡皮和本子的公司可以做这么大？晨光文具拥有超过75000家线下门店，2016年推出九木杂物社，以购物中心开店模式为主，引入全球中高端文具品牌MD、Daycraft（德格夫）、日本超级网红产品500色彩色铅笔等。晨光文具不断挖掘"小类目"里的美好，最终成就了大生意。

大类目里的小精巧

随着北京冬奥会的举行，滑雪项目受到了中国人民更多的关注和喜爱。2022年1月，由国家统计局公布的《"带动三亿人参与冰雪运动"统计调查报告》显示，截至 2021 年 10 月，全国冰雪运动参与人数为 3.46 亿，居民参与率达 24.56%。而按照国家体育总局、发展改革委等 7 部门联合发布的规划，2025 年中国冰雪产业总规模有望突破 10000 亿元。

北京一家滑雪用品连锁超市的负责人说："2021 年冬季，无论是租赁还是售卖的雪具，经常处于断货状态。"北京某滑雪场的负责人说："雪场目前日均人流量在 4000~5000 人。要是不限流，人可能更多，只能靠预约缓解人流压力。冬奥期间新建的场地倒是不少，但还是满足不了消费者的需求，今年冬季人流量比去年同期增加了 50% 以上。"崇礼万龙滑雪场的董事长罗力曾多次在公开场合说："在中国凡是做雪场的没有不赔本的，投资越大赔得越多。滑雪场赛道回本周期通常以 10 年为单位。"

我们可以看出滑雪是一个"大概念"下的"大生意"，无论从国家政策导向角度还是从市场需求角度都展示出巨大的市场空间。但是从供给的角度而言，建设一个雪场动辄上亿元的成本投入、巨额的日常维护费用，以及天气因素影响下的淡旺季等原因，使得"大概念"下的"大生意"实际上并不容易做。

在滑雪这个"大概念"中，SNOW51 选择了做室内滑雪业务这个"小生意"。一个周日的下午，在 SNOW51 徐家汇港汇恒隆广场门店里，一个有老有少的家庭在滑雪模拟机上体验，SNOW51 的教练在旁边讲解着滑雪的方法和技巧。能看出来的是，老老少少学习得很认真也很开心。创始人叶凯对于 SNOW51 目标人群选择的表述是："将焦点放在保障门店内高净值顾客获得有品质的快乐滑雪体验上。"对于生活在城市里的忙碌人群而言，去往雪场的时间成本、滑雪过程中潜在的危险等等，都是影响其滑雪体验和滑雪频次的重要原因。针对这些室外滑雪的痛点，SNOW51 的选择是在室内滑雪业务这个"小生意"赛道上，通过有门槛的会员制精选高净值顾客，通过在城市 CBD（中央商务区）商圈开设直营室内滑雪场馆满足顾客对便利性的需求，通过自身拥有的奥地利国家滑雪协会官方授权培训和认证的教练员，解决顾客专业培训和教练员数量问题。对于高端顾客，SNOW51 也会提供高端滑雪线路、跨界艺术、滑雪 VR 游戏等体验性服务，聚焦所有相关资源服务好目标顾客。成立三年多，SNOW51 已经拥有了数千名高端会员，会员数量还在持续增加。做"大概念"下的"小生意"，"小生意"里再聚焦，顾客的美好体验就是在企业聚焦"更好"的过程中产生的。

"好看"的货

产品都是为了满足人类的某种需求而出现的，也因为无法满足人类的需求而被淘汰。这种需求可能是功能方面的，也可能是物质和精神层面的共同需求。

在工业化水平越来越高，物质供应越来越充足的现实世界中，企业对于"好看"产品的设计和生产，除了需要考虑产品功能对于消费者需求的满足，还需要通过产品传递企业的产品理念。企业的产品理念就如同人的个性一样，形成消费者眼中品牌与品牌、产品与产品之间的差异性，也促成了消费者对产品的喜爱和忠诚。

产品理念会贯穿在产品设计研发、上市和经营中的各个环节，也确定了企业应该坚持什么、秉承什么。因为有了对产品理念的深刻理解和高度认同，企业的研发和经营人员也有了判断取舍的依据，产品理念就是他们的指南。

"好看"的产品通常会让消费者在使用的过程中感受到有效、持续、美好的体验。有些"好看"的产品有独到的审美吸引力，让人有踩下法拉利跑车加速器时的感觉，拿起日本厨师的刀切菜的感觉……这些都会让我们拥有身心的愉悦感。有些"好看"的产品能够触及我们内心深处的需求，比如我们穿上带国旗图案的服装时会感到骄傲，分享和感悟世间万千的信息交流平台产品能使我们产生共鸣。还有些"好看"的产品能够帮助我们表达内在价值诉求，比如奔驰汽车可以表达消费者"尊贵"的内在价值诉求等。

能够获得消费者长期认可的产品，其理念多具备穿越时间的极致审美、触及消费者内心需求、顺应消费者价值诉求表达这几个角度的力量。

"穿越时间"的审美

通过产品本身"穿越时间"的审美，总能感觉到这些伟大的企业所表达的产品理念。正如工程心理学中所说的"刺激－反应相容性"，当一定的刺激和反应匹配产生较好、较快的结果时，这样的刺激－反应就具有了相容性。伟大的产品不仅外形美观、功能良好，而且能让消费者仅从"好看"的外观就感受到"看起来就很好用"的产品理念。

苹果的"简单即美"产品理念，是乔布斯在苹果创立早期就确定的。乔布斯深受禅宗思维的影响，对其影响最大的一本书——《禅者的初心》里讲道："做任何事，其实都是在展示我们内心的天性。这是我们存在的唯一目的。"禅宗所极度推崇的"简单"和"直接"，被乔布斯贯穿在所有苹果产品的设计理念里。无论是 iMac、iPod、iPad、iPhone 还是 Airpods，都体现出优雅简洁的产品设计理念和精巧易操作的使用特点，这些都和禅宗理念中的"空"一致。苹果公司对于产品理念始终如一的执着和坚持，使得其推出的每一款产品都受到大家的喜爱和推崇。

戴森品牌追求"极致的美"产品理念。戴森设计出来的每一件产品，都"颠覆"或者"重新定义"了这类产品以往的样子，无论是在外观还是在性能方面都做到了颠覆。消费者在使用过程中也会感叹戴森先进的设计理念和外观效果。戴森所有产品的设计不只是有外形的极致"好看"，而且在产品性能上也重新定义了"极致"的概念。戴森无风叶风扇展示的"空穴来风"，是基于戴森的发明专利"空气倍增器"，在颠覆了传统外观设计的基础上，赋予电风扇"新的科技感"。戴森的真空吸尘器彻底解决了以往真空吸尘器气孔容易堵塞的问题；戴森洗衣机 ContrarotatorTM 是世界首款双筒洗衣机；戴森 Airblade 干手机仅仅 12 秒就可以用清洁风风干双手，并且节能 80%……戴森设计的很多基于自己产品理念"极致的美"的产品，让消费者在体验到生活品质提高的同时也体验到"好看"的极致美。

产品理念不等同于销售的产品，它更多来自企业区别于其他同业者的核心竞争力。航空公司销售的主要产品是机票，但是机票并不能带来有差异性的核心竞争力。新加坡航空的产品理念是体贴服务，这也是其核心竞争力。谷歌的产品理念是开放、简洁、不作恶。谷歌的页面上没有和搜索结果页内容无关的广告，更没有弹出式广告。谷歌不做竞价排名，而是采用 PageRank™（网页排名）技术，仅根据某个词汇出现的频率来为每个网页评级。

通过"穿越时间"的"好看"的产品理念，企业的核心竞争力被构建，也被消费者长期认可。

"深得我心"的要素

好的产品往往能够触及消费者内心，让消费者表达自己的内心诉求和深层次的情感联系。例如重视理性的人会选择联想电脑，重视创新的人会选择苹果电脑。消费者购买这些产品不仅仅是因为产品的功能，更多的是为了向他人展示自己的价值主张。

2022年，作为北京冬奥会官方体育服合作伙伴的安踏集团，推出了新的冬季系列产品——炽热星火系列。这个系列的所有产品都带有国旗图案，也是安踏国旗款系列产品的延续。炽热星火系列名称的内涵为，每个为中国崛起而奋斗的中国人都是一颗星星，生生不息，使我们国家的这片星河涌动不止。这也是从体育精神中总结出的生生不息的国民精神。国旗总是能够带给每个人荣誉感、认同感、尊严和归属感，炽热星火系列产品胸前的国旗元素，激发了每个国人的爱国热情。炽热星火系列采用了奥运国家队队服同款面料，使消费者在感受深层爱国情感的同时，也感受到奥运竞技场上自强不息的运动精神。

好产品的产品理念也会满足消费者尝试新事物、挑战自我和学习成长的内在需求，这一类产品会直接或者间接满足消费者的这种需求。比如：Rubik's Cube（鲁比克方块）魔方在全球已经售出超过3.5亿块；索尼Playstation游戏机，全球销量达到1.58亿部。好产品可以同时满足自我价值主张表达和学习分享等多种内在需求。例如：微博、微信、豆瓣等应用软件允许我们分享和表达自己的观点，晒日常有趣的事情和图片，同时也可以浏览和学习他人分享的内容，并给予评论。在这个过程中，我们的两个主要心理诉求得到了满足：一方面通过他人反馈了解自己是什么样的人，另一方面通过观察了解别人是什么样的人。

数字化时代，社交平台满足了很多消费者与他人交互和展示自我的需求。在平台经济火热的时代，社交平台软件层出不穷，但是最终成为赢家的，都是具备使消费者感到"深得我心"要素的产品。同时，"深得我心"的产品都以满足目标用户的需求为前提，每款社交平台产品的主要用户群体会有差异，产品中"深得我心"的产品要素也会有所不同。例如：TikTok月活用户超过8亿，用户通过视频片段分享各种类型的内容，很多"平民"创作者成为新一代的网红。TikTok除了提供通常的点赞、评论和分享功能鼓励用户在线互动，还提供视频拼接功能和音乐编辑软件等，使用户对于内容产出的趣味性和传播性需求得到进一步满足。全球有20亿用户的WhatsApp有发送短信和群聊功能，跳过地方运营商拨打国内和国际电话，对每一条消息都自动加密，WhatsApp在印度拥有3.5亿用户。领英作为社交招聘平台，月活用户超过3亿，用户可以和朋友、熟人以及专业人士进行交流，可以搜索目标公司或岗位，通过与联系人的二级或三级关系增加引荐机会，也可以通过加入特定的兴趣和行业群体，结识与自己有共同爱好的人，并掌握其所在领域的最新趋势。"深得我心"的产品总是能够满足目标用户需求的呈现、表达和传递。

"顺应趋势"的设计

有些好产品不"大"，只能够解决一些问题，甚至是非常"小"的问题，但解决得很好。比如：在可支配收入上升的同时，我们的生活节奏也在不断加快，肥胖、脱发、失眠等亚健康症状开始越来越多地困扰着消费者，为应对这样的问题，一些帮助人们吃得好、吃不胖、吃得健康的好产品就出现了。

有研究表明，植物奶可以实现植物蛋白对动物蛋白的替代，降低动物性食品带来的患高血脂、高血糖、冠心病等诸多疾病的风险。打造"无糖""绿色纯天然""植物基"等概念的产品受到消费者的关注和欢迎。其中一家传统的植物蛋白饮料公司OATLY（欧力），作为植物奶领域的创新者，在为行业带来更多可能的同时，也让消费者有了好的体验。OATLY通过酶解技术处理，使燕麦奶对身体造成的负担更小，又不牺牲营养和口感。这种改变不仅让乳糖不耐受群体可以无所顾忌地享受燕麦奶，也让特别注意健康，追求低脂低卡、零乳糖零胆固醇产品的消费者找到了"知音"。OATLY通过产品传递给消费者健康生活的理念，这样的产品理念是与消费者产生共鸣的基础。

还有些好产品虽然是在满足人们的基础需求，但是进行了顺应周期和趋势的升级。随着人均可支配收入的增加，相较于极大化消费需求满足，一部分消费者开始更加重视商品性能，以及最小化消费需求满足。他们在购买产品之前就已经了解了产品的价值和功能，也知道这些产品如何改善他们在特定领域的生活，在使用之前就已经了解了产品实际功能如何满足预期价值。

在全球新冠肺炎疫情期间，居家隔离和外出受限，使人们对护肤品的需求与之前有所不同。不论男女，都更加重视对皮肤的保养，更加关注护肤品的安全和健康，也更加了解哪些产品元素更适合自己的皮肤。随着消费者对天然成分和植物萃取需求的增长，一些以植物成分为主的护肤品出现，包括含有芦荟、积雪草、虾青素、水杨酸、熊果苷、果酸等天然植物成分的护肤品，非常有针对性地解决了消费者某一个方面的细分需求。

顺应趋势的好产品能够"恰如其分"地解决问题，不会占用更多的功能空间，使用最少的信息来有针对性地刺激消费者对效果和价值等的需求。

"好看"的营销

科特勒在其《营销管理》一书中写道："营销是经营管理学中最富能动作用的一个领域，市场上经常出现新的挑战，公司必须做出反应。因此，毫不奇怪，新市场观念应不断出现以迎接市场新挑战。"

好的营销能够展现企业的差异化核心竞争力，强化企业品牌在消费者心中独特的品牌形象。随着市场的快速发展，消费人群结构和需求的迭代升级，企业除了通过营销活动巩固自身核心竞争力，还需要与时俱进地满足消费者的"升级"需求，基于对消费者和市场的洞察，将企业资源进行优化配置，通过强强联合，激发消费者对"新意"的兴趣，并将这种"新意"用"好看"的方式展示给消费者和市场，引发消费者的共鸣，从而建立企业品牌的立体感和纵深感。

体现品牌核心竞争力

体现品牌核心竞争力的营销都具有差异化（variation）、功能化（versatility）、附加价值（value）、共鸣（vibration）四大特征。（见图 9-1）

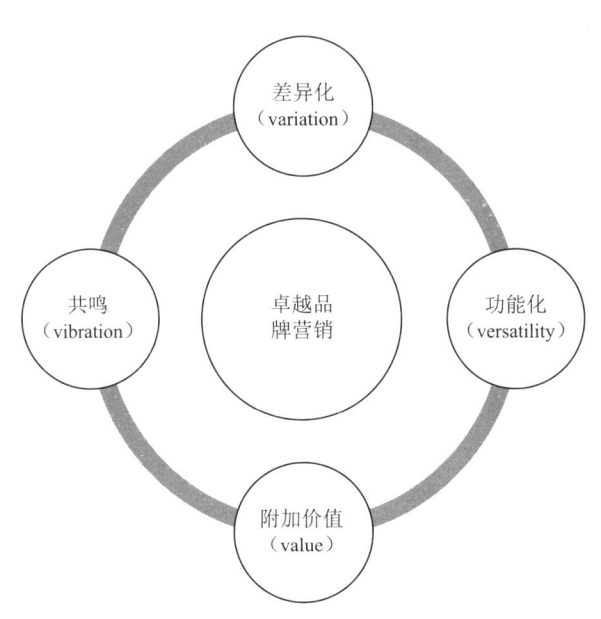

图 9-1 体现品牌核心竞争力的卓越营销

差异化体现了与同业者的区隔，这样的区隔能够体现出在解决消费者某一类问题上的优势，或者能够更好地满足消费者的某一类需求。比如：购买汽车是为了去往远方，宝马强调驾驶的乐趣，奔驰强调乘坐的尊贵，沃尔沃强调安全；购买计算机是为了更加高效地处理工作，苹果电脑强调创新，联想电脑强调理性。产品的功能性除了主要功能，还能够实现一定的延展，比如计算机的本质价值是让用户高效地工作，但是消费者也会用它来玩游戏、上网等，于是屏幕清晰度、处理器速度等就成了差异化的品牌竞争力。同时，"好看"的营销活动都能在识别本质利益的前提下，形成消费者的感情共鸣，让消费者在使用产品的过程中，体验和表达出对企业品牌精神内涵的认同。

　　沃尔沃汽车给我们的印象是安全，这也是沃尔沃汽车的核心竞争力。沃尔沃成立近百年以来，由于对安全性的坚持，制定的很多安全技术标准都对行业的发展起到了推动作用，让汽车安全要素的定义从质量可靠转变到维护乘驾人员安全上。回顾沃尔沃成立近百年的营销方案，安全一直是所有营销方案的主基调。20世纪四五十年代，沃尔沃将发明的安全车厢及胶合式夹层玻璃应用到汽车上，在"Are you in the market from a headtop?"（你在市场上是从头开始的吗？）的广告片中，把七辆沃尔沃汽车叠加在一起来展示强悍的"hardtop"（坚固车身）；之后，从沃尔沃PV444的笼式车身到20世纪60年代沃尔沃144的前后吸能区设计，从1970年成立的"汽车交通事故调查小组"到2000年成立的沃尔沃汽车安全中心，沃尔沃汽车在不断提高对乘驾人员的安全保护性能的同时，所有的营销方案也都继续紧密围绕这一点进行。营销方案"We design every Volvo to look like this."（我们设计的每一辆沃尔沃汽车都是如此），通过图文并茂的方式展示了沃尔沃汽车即使遭遇最严重的碰撞，也能很好地保护车内乘驾人员的生命安全。包括近几年为配合"city safety"城市安全系统和"clean zone"

驾驶舱空气质量安全功能等推广的营销方案,沃尔沃始终如一地推出"好看"的营销方案,来匹配和强化沃尔沃"安全"的价值点。

营销大师西奥多·莱维特说:"一种产品在技术上越先进、越精密,其销量就越依赖消费者对于产品理念的认可。"特斯拉新能源汽车希望带给大家的是"创新""时尚"等元素,特斯拉对于汽车的营销方案也在匹配这样的价值点。特斯拉超级工厂的对外展示也让外界产生了"哇哦"的体验,从整个车身用大型冲压机床一次性冲压成型,到组装环节全部使用机器人执行,再到数百米长的自动化生产线,24小时"无人化"工厂带给大家"创新""酷""高效"的印象,消费者在这个过程中也增加了对特斯拉新能源汽车产品理念的认可。谷歌的业务范围覆盖了互联网搜索和云计算等领域,人工智能是谷歌的新业务增长点。2016年,由谷歌旗下DeepMind公司团队开发的AlphaGo(阿尔法围棋),与围棋世界冠军、职业九段棋手李世石进行了一场人机大战,最终AlphaGo以4∶1的总比分获胜。这一轰动性的人机大赛也让公众建立了谷歌在人工智能方面具有超强竞争力的认知。

联合起来满足新需求

消费者容易被和自己需求相关,但更加"新颖""有趣""独特"的内容所吸引。在成功品牌已经形成了一定的品牌品类强相关性,消费者对于品牌的认知也已经相对固化的情况下,跨界联名推出新品就成了一种"好看"的营销方式。两个或者两个以上不同领域(定位、品类、市场等)的非竞争性品牌,基于一致的市场目标,通过联名方式将各自品牌的核心要素进行组合,以最有趣的方式展示给消费者和市场,从而引发消费者的共鸣,增加品牌新意并进一步加强品牌核心竞争力。20世纪90年代,美国西北大学营销学教授唐·舒尔茨(Don Schultz)提出了4I整合营销理论,即趣味性原则(interesting)、利益性原则（interests）、互动性原则（interaction）、个性化原则（individuality）。（见图 9-2）他强调营销应该以有趣的方式来引发消费者的兴趣，以有利于消费者的方式来引导其参与到与产品及品牌的互动中，以新颖、个性的创意来引发消费者的共鸣，以实现营销目的。

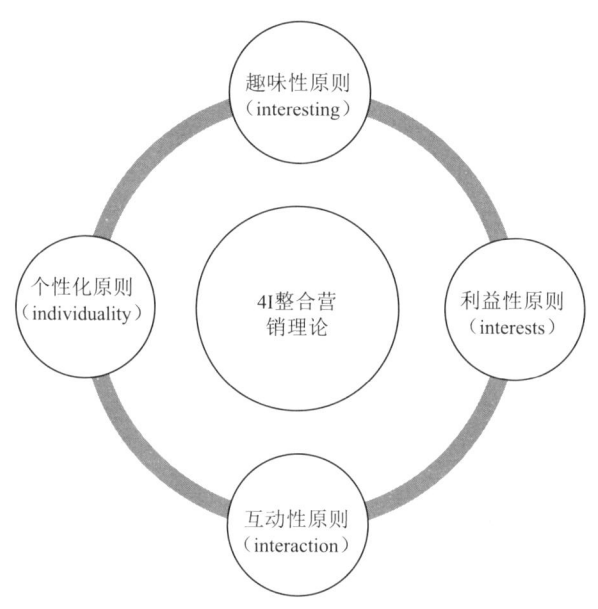

图 9-2　舒尔茨 4I 整合营销理论

（1）趣味性。999 感冒灵是治疗感冒的中国老品牌，在老一辈人群中形成了温暖和关爱的品牌形象。拉面说是近年来快速火起来的预包装拉面品牌，主要满足当下年轻人既要有品质又能方便吃的需求。创始人姚启迪说："拉面说品牌强调有温度、有态度、陪伴你生活的每一面。" 2020 年 3 月新冠肺炎疫情期间，拉面说联合 999 感冒灵推出"暖心鸡汤"联名礼盒。"暖心鸡汤"联名礼盒包含虫草花鸡汤和草本猪肚鸡两款鸡汤拉面，还赠送了手机防滑贴、简易手账本、茶包等限定周边产品，这些暖心的小物件都为消费者提供了"治冷良方"。而"暖心鸡汤"联名礼盒的包装设计使用了999感冒灵外包装元素，类似一盒感冒药，让人备感新奇有趣。这次拉面说和999感冒灵的跨界合作，结合点为传递温暖：对于拉面说而言，借助999感冒灵的国民认知度提升自身的品牌认知度，也使受众心中建立起"暖胃又暖心"的品牌形象认知；对于999感冒灵来说，也增加了品牌在年轻消费人群中的认知度。

（2）利益性。泸州老窖有着上千年的酿酒历史，作为中国传统知名白酒品牌之一，已经有了较为固定的消费人群和品牌认知。对于如何增加营销转化、品牌口碑和营销传播的范围，近年来泸州老窖的一些跨界合作遵循了利益性原则。2018年，泸州老窖和气味图书馆联合推出了一款名为"顽味"的香水，这款标注着"泸州老窖"的带"酒味"的粉红色香水，带动泸州老窖和气味图书馆的百度搜索指数达到了当年最高。泸州老窖的天猫官方旗舰店访问量增加了1870%，销售量增长了941%。借助这款和传统白酒概念认知迥异的产品，泸州老窖获取了众多年轻人的关注。2020年，泸州老窖与茶百道合作了"醉步上道"奶茶。和传统奶茶不同的是，这款奶茶每杯加入了3毫升40度的泸州老窖白酒。近年来，奶茶成为年轻人喜爱的品类，同时"低度酒""微醺"等概念在年轻人群中盛行，知名"白酒品牌+奶茶"的概念满足年轻消费者的猎奇心理需求。当然，奶、茶、酒的结合，也满足了年轻消费者多元的喜好。这次跨界联名将两个不同品类的品牌进行结合，在创造出新消费需求的同时，也帮助各品牌提升了形象。

（3）互动性。数字虚拟技术的进步让互动营销成为可能，并成为营销活动中的重要方法。好的互动营销活动都是以有沉淀、有创新、有话题的内容为载体，诠释跨界互动的独特意义和话题，以此来引发消费者自主互动传播。故宫和腾讯以《穿越故宫来看你》的H5交互式视频作为邀请函，仅上线一天访问量就突破300万。视频以皇帝穿越为主题，引入说唱音乐风格，将故宫庄严肃穆的形象和科技前卫元素相结合，具有极强的参与感和传播性，吸引了众多用户的高度自主参与。这一跨界合作帮助故宫积攒了大量的人气和口碑。总结起来，这一互动营销的巨大成功有三个关键点：首先，故宫和皇帝在中国人认知中已经是非常熟悉的内容；其次，在国人心中一个如此严肃的元素被日常化、可爱化，这种冲突很容易引发关注和分享互动；最后，通过腾讯H5交互式视频编辑和社交媒体的传播，很容易就能把自己编织的"好看"内容传播出去，获取分享的乐趣。

（4）个性化。Z世代年轻群体成为社会主流消费群体，他们对于消费的个性化有着比大众消费者更高的要求。个性化的营销可以为主流消费群体提供引发互动和消费的活动。2020年中秋节，《王者荣耀》和稻香村跨界联名推出"峡谷月明"中秋月饼礼盒，把赏月、思乡、品酒等中秋传统习俗融合进了图案设计之中。礼盒中还有中秋周边产品，包括专属联名印章、玉兔月饼模具、中秋祝福卡等。《王者荣耀》是当下年轻人喜爱的游戏之一，稻香村是历史悠久的国产点心品牌。这两个品牌的跨界联名有些出人意料，但联名产品的融洽性却又很合理。"峡谷月明"将游戏中的元素巧妙地运用在月饼礼盒中，一方面给传统老品牌注入了新的活力，另一方面给游戏IP赋予了文化层面的个性演绎。让年轻人体验到具备他们喜爱的元素的个性化传统品牌产品。

第十章　好用：功能和精神需求的满足都超出预期才是好体验

消费者在描述一件产品"好用"时，表达了其对实际效果超出预期的满意。这里说的对实际效果超出预期的满意，包含了对产品/服务功能方面的满意，也包含了对消费过程中体验的满意。消费者对于产品/服务功能方面的满意来自对好产品的定义。在大多数消费者的认知中，好产品能够解决实际痛点或者满足需求，在使用过程中省心、省力，相较于其他同类产品更好用、更方便。而消费者对于消费过程中体验的满意，则取决于其预期是否达成。消费过程中某个环节的"糟糕"体验会让消费者的整体体验不好，个性化和被信任往往能够带来良好的消费者体验。

省心省力解决问题的才是好产品

动态效率中体验要素"好用"的定义，是能够理解并超预期地满足顾客最本质的需求。产品的"好用"体现在能够满足消费者实际的需求，并且能够超出消费者的预期。超出预期就意味着能够让消费者更省心、更省力地满足需求、解决问题，或者提供的"新产品"具备满足超出消费者预期需求的功能，比如能够更快、更好地解决问题，或者更方便地满足需求。如果产品本身并没有解决消费者的真实需求，或者在解决一个问题的同时产生了另一个问题，就都不是动态效率中定义的"好用"的产品。

"好用"的产品并不能够解决所有问题，通常是在解决某些问题上非常突出。而那些试图解决太宽泛问题的产品，通常都以失败而告终，因为人们的需求常常是具体的，并且人们也没有耐心去学习太复杂的事情，更没有足够的脑容量记住复杂产品的使用方法。早期的雅虎就试图面面俱到，最终败给了谷歌。而能够满足中文搜索需求的百度、能够满足"熟人"社交需求的微信、能够满足多人视频会议需求的 Zoom 等等这些"好用"的产品被消费者在日常生活中高频使用，并被积极推荐。

宜家作为全球最具影响力的家居用品企业，产品设计是赢得消费者喜爱的核心原因。宜家的产品能够帮助消费者更好地收纳整理物品，即使是需要安装的家具，也能够很方便地安装和拆除。"好用"的好产品在满足用户需求的前提下，让人们的生活更加便利非常重要。试想一下，给一个喜欢极简生活的人送一套维护保养复杂的礼物，对他来说可能不是享受，而是负担。长辈对电脑不熟悉，但希望能够和异地的孩子们视频通话，如果你按照"只卖贵的"的逻辑，送给他一台需要自己安装系统的高级笔记本，对长辈而言，只能增加他的无助感和挫败感。

"好用"的产品首先需要能够解决问题，同时还需要让用户感觉省心省力，有无经验的人都可以在没有太多指导的情况下学会使用，用过一次后即使很长时间不用也不需要拿着说明书再学习一遍。现在很多的苹果产品，无论是幼儿园的小朋友还是退休赋闲在家的老人，都可以很轻松地学会使用，充电、开机、聊天、玩游戏、看视频、拍照……很多功能都可以"无师自通"。

人类的需求总是不断迭代升级，对消费者而言，理想的好产品最好能一次性永久解决某些问题。而事实上，此时的好产品未必是未来的好产品，而且很多"几乎完美"的产品并没有"完美"满足消费者的需求。所以，好产品都是在持续进化中成长为更好、更方便的"真正"好产品的。

好产品必须能解决问题

约瑟夫·派恩和詹姆斯·H.吉尔摩在《体验经济》中写道："无论是从产品经济到服务经济，还是从服务经济到体验经济，企业都要用这种互动方式来精确定位顾客的真实需求。"从这段话中可以看出，无论在哪个经济时代，对用户真实需求的满足是至关重要的，好产品的核心价值是解决根本问题。汽车的核心价值是行驶，冰箱的核心价值是冷藏冷冻物品，打印机的核心价值是打印复印材料……如果汽车不能行驶、冰箱不能制冷、打印机无法打印，那无论这些物品的其他性能多么优良，外观多么美观奢华，都不能被定义为好产品。

对于大多数上班族而言，清晨时光总是紧张的，尤其是在寒冷的冬季。早晨起床晨练、洗漱打扮、做早饭……原本这些都是必要的步骤，却因为多睡了一会儿而不得不压缩掉"非必需"的环节，做早饭很多时候就属于这类环节。一款颜值颇高的电蒸锅，有按照不同菜肴口味预约的功能，可以在前一天晚上预约蒸制时间，在不用担心使用安全的情况下，一起床就可以吃到热气腾腾的早餐，解决了上班族没时间做早餐的问题。

有一款网红爆品暖手宝，可爱的小熊造型，手感柔软舒适，很有治愈感。消费者在使用了一周以后，每次充满电就只能维持不到

10分钟的保暖时间。消费者向客服寻求解决，客服回复说："这款产品除了是暖手宝，还可以当作毛绒玩具，建议延长充电时间来尝试解决提到的问题。如果问题还是无法解决，可以把这款产品当作毛绒玩具继续使用。"坦率地说，这款产品作为毛绒玩具是合格的，但消费者购买这款产品的核心诉求是暖手，购买这款产品而不是其他同类产品的原因之一是其造型可爱，但如果核心诉求无法满足的话，其他功能也就失去了存在的价值。

宝洁有一款除菌除臭喷雾产品Febreze（风倍清），在日本的销量很好。家庭主妇打扫完房间后会在沙发、地毯等家居用品上喷洒一些，外出回家也会在全身衣物上喷洒一些。这款产品被认为是居家必不可少的，在杀菌的同时，还能让家里保持清新的味道。Febreze 很好地解决了家庭主妇杀菌消毒并改善空气味道的需求。但是，Febreze 的研发初衷，是用来清除家里饲养宠物的气味，而不是除菌。产品上市后，公司发现饲养宠物的家庭并不会购买这款产品。宝洁公司的市场人员在调研后才发现，家里饲养宠物的人并没有意识到家里有宠物带来的特殊气味。因为长期饲养宠物，他们对宠物身上的"异味"已经非常熟悉，对这种味道的敏感度降低，所以并不认为需要购买这款 Febreze 喷雾除味。同时，市场人员发现很多有小宝宝的家庭会购买这款产品，家庭主妇每打扫完一个房间便会用 Febreze 喷一喷，喷过的房间里有一种清新香甜的味道，令人愉悦。同样的一款产品，对于需要杀菌和清新空气的家庭就是一款好产品，而对于养宠物的家庭就完全无用。

好产品解决问题很彻底

"狭路相逢勇者胜，勇者相逢智者胜"，所谓的智者就是能够更有效地使用和调度资源的人。对于处于义务教育阶段的中国中小学生而言，同样的功课、同样的青春岁月、同样的阶段目标，谁能够更加有效地学习呢？集中精力查缺补漏，提高整理错题补短板的效率就成了学霸们一争高下的关键。

目前的教育体系之下，学生在全面掌握知识点的基础上，会通过大量做练习卷来巩固加强知识点。据统计，一般重点中学的学生每天做 6~8 套试卷，衡水中学的学霸平均每人每年做一人高的试卷。做试卷数量固然重要，但如果重复刷已经熟练掌握的题目，对于成绩提升必定帮助不大。学霸们通常会将易错题、错题和难题整理进错题本，之后反复练习、反复整理，通过这种方式告别低效的"题海战术"，更精准地提高学习效率。

在科技不发达也不普及的年代，学霸们需要花费大量时间誊抄错题，如今，虽然手机里很多文档编辑和美颜软件都有拍照、编辑以及合成的功能，但整理错题时需要在已经填满内容的试卷中手工截选编辑，同时需要避免把答案编辑进合成文档中，这种方式的效率会比手工誊抄高一些，但还是有些烦琐。

针对这个具体的问题，一款新的软件在家长群中被频繁使用，并以"口口相传"的方式被广泛推荐给其他家长和同学。这款软件自动识别打印字体和手写字体，拍照后快速圈选错题，自动形成新的试卷。新试卷只包含圈选的错题和答题空间，其他痕迹都被"擦拭"得干干净净，并且根据不同科目题型特点，设置了不同的错题本模板，选择完毕后自动生成 Word 或 PDF 文件。这款软件有效提升了整理错题的效率，家长重新整理一套干干净净的试卷只需要 2~3 分钟。

对于一个由来已久的简单需求，之前也有多种"有效"的解决方法，但这些"有效"的产品总会留下一些新"困扰"给用户。而很多看似只进步了"一点点"却广受欢迎的产品，只因为比现存的产品更快、更好、更方便地击穿了需求痛点，就从根本上解决了问题，而这"一点点"就是"99% 还可以的零分"和"101% 就是完美"之间的差距。

好产品省心省力

根据腾讯公布的2021年第三季度财报，微信用户数已经达到12.6亿。日常生活中，从亲朋好友值得庆祝的重要时刻到出行买菜叫外卖，微信支付都会被使用到。微信支付作为一款建立在社交软件基础上的支付产品，简洁方便的功能让几乎所有人都可以轻松使用。

手机里的很多App可能使用一段时间后就沉寂下去了，有些App用户刚刚下载就删除了，一些是因为功能不能满足需求，还有一些是因为功能很复杂，或者看上去很复杂，需要花费很多时间才能学会。这样，用户自然就选择了过滤和屏蔽。留存下来的App多数都是让一切更美好、更简单、更有趣的产品。

当发送一个微信红包时，我们需要选择发送对象、发送金额和红包个数，之后点击确认并进行安全验证等。而当收取一个微信红包时，只需要点击、收取两个步骤就可以完成"美妙一刻"的体验。收红包的环节非常简单，无论是蹒跚学步的孩童，还是年过八旬的老人，都无须花费额外精力就可以轻松完成。

在礼尚往来的文化背景下，人们也会积极地学习如何发送红包。作为一款金融产品，安全永远是第一要素。很多互联网支付平台的支付密码设置要求是大小写字母加数字，有些甚至要求加特殊字符，而微信支付只需要输入六位数字密码。这一步骤从用户的角度而言与在银行设置密码的要求一样，没有额外的复杂性，但需要微信支付提供大量的技术保障。这些都是微信支付在金融安全和用户使用省心省力之间平衡的结果。微信支付还增加了小额免密支付功能，对于符合用户风险接受范围的金额，简化了操作步骤。听起来，发送红包比接受红包要复杂一些，但一切步骤都是趋近于我们日常习惯的方式，达到不解自明的程度。即使一段时间不使用，也不用重新学习。

好产品需要用极简"交集"功能满足所有用户的"并集"需求，

这只有清晰定义场景边界才有可能实现，边界越清晰就越有可能产生满足"共性"的"简约"好产品。不用花精力就可以上手使用，用过就会记得，成为生活中的一部分，使用无风险和其他后顾之忧……这些都是一款"好用"的好产品的构成要素，省心省力，如同美国设计师史蒂夫·克鲁格（Steve Krug）写的一本关于网页设计的书《别让我思考》(Don't Make Me Think)中提到的，好产品不需要让用户思考，而是让他们的需求被轻松满足。

一个或多个环节超预期才是好体验

动态效率中的体验要素"感受"，更加强调顾客在完整的购物旅程中，与企业接触的每一个瞬间的体验，包括购买前后的环节，以及消费过程中的心理体验等。顾客购物旅程中每个环节的体验都很重要，一个或多个环节超出预期，就会大幅度提升顾客的满意度；相反，任何一个环节的不满意都会直接降低消费者满意度。如果某个环节的满意度严重低于预期平均值，则会导致顾客流失。顾客的好口碑或者坏口碑，会口口相传，企业最终得到或者失去的，都将远高于企业自身的预期。

去一家餐厅吃饭，结账离开时，一桌客人中有的收到一小袋金橘，有的收到一小袋蝴蝶酥……因为服务员在用餐服务过程中，观察到了每位客人的用餐喜好。这是我们在用餐前完全没有预期的，也是在其他餐厅没有体验过的服务，没想到买完单了还能免费带走喜欢的食物！更重要的是，没想到服务员居然知道我喜欢吃什么！这种体验大大超出了我们的预期，创造了惊喜，顾客满意度爆表。

顾客到餐厅的需求是吃饭，这是显性需求。点完单等上菜的时间里，喝茶、吃小食就成了另一种需求，可以说是第一层显性的隐性需求。为什么说是显性的隐性需求呢？因为基本所有餐厅都会满足这些需求。吃饭过程中换骨碟、添茶水等等也都属于这类需求，不满足则会引起消费者的不满，因为顾客会和心理预期进行比较。而结账离开时，很多餐厅提供优惠券、停车券等等，这些可以定义为第二层显性的隐性需求，不满足不会引起不满，但是否能下次见就只能随缘了。上述案例中所提到的"惊喜"，则满足了顾客的另一层隐性需求——被餐厅重视，餐厅的行为只是表达希望你满意。这种隐性需求被满足时给顾客带来的"惊喜"，有时来自虽有预期但结果远远超出预期，有时是完全无预期情形下的满足，例如信任、关爱、奉献等等。

用户感知的"好用"强调在完整购物旅程中，用户与企业接触的每一个瞬间的体验和感知。例如一家便利店的用户旅程地图可能包含20个环节，如果其中10个环节的满意度都是0.95，那么整体的客户体验得分就是10个0.95相乘的结果（0.95×0.95×…×0.95=0.598）；如果每个环节都只做到0.95，那么整体的客户体验得分就只有0.358。

图10-1是科特勒的用户满意度洞察方法，MOT（moment of truth）也被称为关键时刻，是一种直观表述用户旅程地图的方法，可以直观地以图像的形式了解顾客满意度。在绘制MOT用户旅程地图的过程中，有几个重要元素：用户角色、时间线、接触点、用户的预期和实际体验。时间线可直接在图中看出。用户预期和实际体验之间的差值便形成了顾客对企业的评价，即图中所示的喜悦、舒服、满意、一般、负面感以及糟糕等。

企业要找到让用户受到挫折或者放弃到店购买的接触点，判断这些接触点是否和企业的定位及产品提供的核心价值一致（这一步的前提是，企业需要明确自身的定位，找准核心价值），如果不一致就需要优化。比如顾客对店内商品种类不满意，买不到想要的东西（这

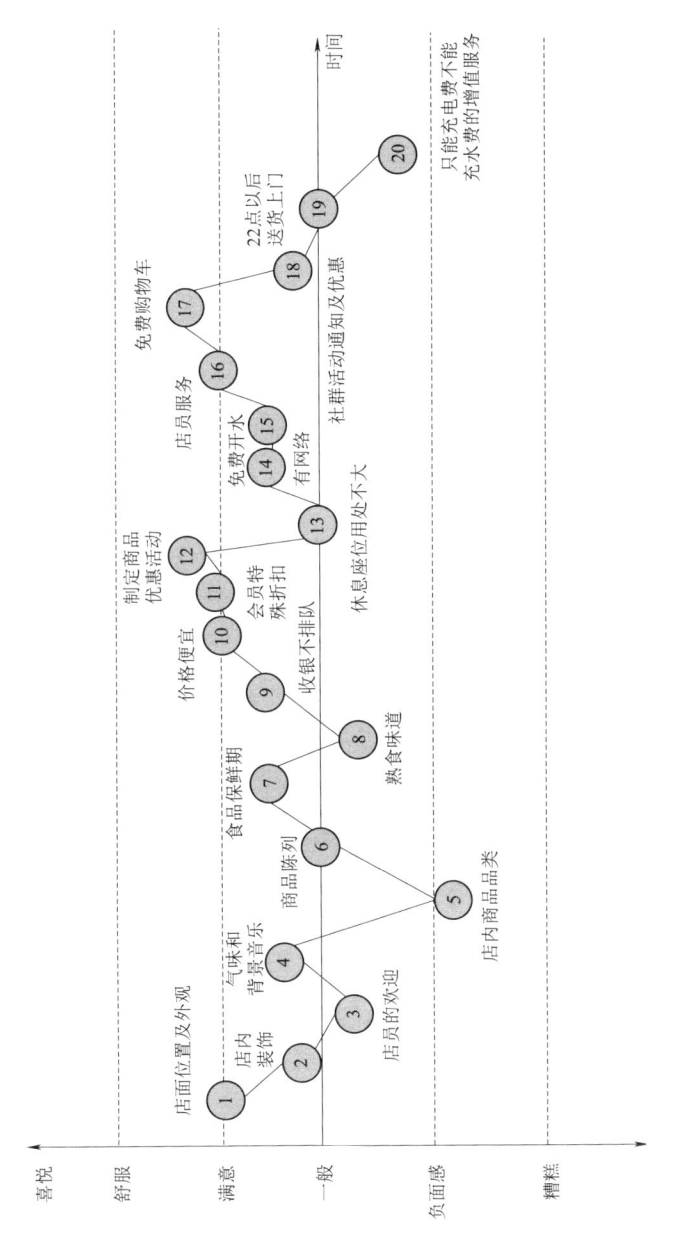

图 10-1 科特勒 MOT 用户满意度洞察方法

是顾客是否重复购买以及这家店是否能持续赢利的关键），那么就需要重点调整。另一方面，并不是所有的不满意接触点都需要优化，比如用户对便利店只能充电费不能充水费的增值服务不满意，这项增值服务并不是这家便利店的核心价值，因此不需要过于重视，可待核心价值点优化完成后再做考量，必要时甚至可以直接取消。

基于信任的效率优化让整体体验超预期

工业时代提升效率的方法就是标准化和分工，前些年某寺庙的素面馆就是依照这样的理念，不断优化香客们整个点餐吃面流程的，这在一定程度上是有效果的，但一直没有根本解决排队耗时多的问题。

以往，香客们要吃碗面，从排队下单到取面取菜，往往要耗费一个多小时，取面之后还要费时去寻找座位。所以，如果是一家人来的话，通常会"兵分两路"，有人先去找座位，还有人排队、下单、取面。虽然耗时很多，但香客们认为吃面是整个祈福仪式中的一个环节，也就接受了这样的过程。

后来该素面馆进行了改进，香客可以先直接拿面，找到座位后再扫描桌面上的二维码自助结账。面对这样的充分信任，香客们最初一个个面面相觑，可马上回过神，这样的体验真不错。连餐巾纸也放在公共区域，自己拿，自己扫码买单。在整个用餐过程中，高效带来的愉悦感和被信任的幸福感环绕着大家。

社会中人们制定了很多规则，目的都是解决人与人之间、人与组织之间、组织与组织之间的信任问题。被人信任是一种幸福，是每个人都需要并渴望的一种体验，而信任他人则需要勇气和对人性的信心。寺庙素面馆流程优化的核心理念就是信任，对每一位香客的信任。

香客们来到寺庙祈福，每个人都心怀满满的虔诚，期望新年愿望能够实现。寺庙素面馆所构建的充分信任场景，帮助香客们完成了一次不辜负他人信任的完美体验。整个体验过程执行简便，对每位香客而言，完成被信任的交互很容易，只须不辜负这份信任。

如今的素面与以往的面没有区别，素面馆也还是那间素面馆，排队、买单、取面、找座位、吃面这些环节也都存在，却完美解决了静态效率理念下长久无法解决的排队流程问题，同时让每个香客体验到完全属于个体的一份超预期的满意和幸福。只因改变了买单和取面两个环节的次序，素面馆基于信任的优化就带来了超出预期的体验，这就是动态效率理念带来的价值。

一个"糟糕"环节导致"糟糕"的整体体验

近年来，除夕去预订的餐厅进行家庭聚餐，逐渐成了一种新风尚。也有部分家庭会选择品牌餐厅的预制菜作为年夜饭。

从动态效率的三个维度（成本、效率和体验）而言，除夕的家庭晚宴，去餐厅和购买预制菜的成本比在家自制高了许多，但更加简便并且时尚。对于部分消费者而言，这样的选择动态效率更高。

这年的除夕，上海天气很是阴冷，天空中下着毛毛雨。疫情下的南京东路上排着几百米的长队，从很远处就能看到老人们弓着背，艰难地拖扯着一个个大纸盒子前行，走近询问才知道，他们都是拿着券来领取预制菜的。商家在每张礼券上都规定了具体的取货时间。沿着几百米长的南京东路走过去，长长的队伍里大多数是中老年人，他们为了领取几十斤重的预制菜礼盒，已经在冬季的寒风细雨中排了一两个小时的队。而在领取之后，还需要拎着这个巨大的盒子，辗转公交地铁回到家里。

在城市快递物流如此发达的今天，商家为什么还要用这种方法让消费者在过节期间"受苦"呢？从商家角度而言，严格规定每张券的领取时间，生产量更容易确定，损耗最小；让消费者自己来领取，在节约物流费用的同时，还规避了延迟带来的食品保质期问题。这种方式对于商家，供应成本最低，静态效率最高。

那么，对于消费者呢？作为完整购物旅程中的一个环节，这样的领取过程消费者一定是不喜欢的，甚至可以说是痛苦、低效、艰难的。也是因为对这个环节的不满意，整体的消费体验被大幅度拉低，成为一段糟糕的体验。但这些老人为了亲朋好友除夕能在家里吃上品牌餐厅的餐食，默默地承受着这些糟糕至极的体验。为了家人和责任，隐忍且坚韧早已是刻在这辈人骨子里的东西。

从市场角度而言，在预制菜供应商家有限、需求大于供给的情况下，上面描述的状况可能还可以存在，但是如果供给大于需求呢？当市场上出现其他提供同样品质菜品的预制菜商家，并且提供送货上门服务时，人们还会继续选择接受这样的领取过程吗？当然不会。因为消费者的体验感知过程是复杂又痛苦的，为达成效果所付出的时间和精力成本很高。这家预制菜礼盒提供商虽然静态效率高，但整体的动态效率低，长期来看经营效果一定会越来越糟糕。

个性化体验带来超预期

中国人最常见的表达情感的方式就是宴请。早些年，"包顿饺子""抓只活鸡""上好酒"等方式都体现出人们希望通过不常食用的美酒菜肴，表达对客人的重视。近些年，家家户户的物质条件都好起来了，人们也越来越忙碌了，吃饭有时候成了任务，成了负担。但无论怎样，每个人在重要时刻，都需要和亲朋好友一起吃个饭庆祝一下，多数时候都选择在餐厅聚餐。

那么，重要时刻的聚餐应该是什么样的呢？菜品更全、更好吃、更营养健康？很多人都会朝菜品方向去寻求答案。但是，宴席最重要的需求反而不是吃：首要需求是庆祝重要时刻，其次是难忘今宵，最后可能才是吃。

　　北京的李先生为了给母亲庆祝八十大寿，预订了北京宴餐厅的一个包间。母亲生日当天，李先生陪母亲走进餐厅。每走一步，"阿姨晚上好，欢迎光临……"问候声此起彼伏，一张张笑盈盈的面庞让北京的冬季充满了温暖。包间的门牌也换成了"李府"，桌面上用沙画做了布置，每位亲朋好友的餐巾上都用各自的名字写了藏头诗……房间里的一切让老人家欣喜感动，也让每位亲朋好友感到惊喜。到了生日祝福环节，蛋糕推进来，灯光暗下来，蜡烛点起来，伴随着主持人的话语，音乐《烛光里的妈妈》响起。此时，主持人（店员）深情旁白，讲述孩子们小时候李妈妈为他们烹制炝锅面的往事。一位身着厨师服、戴着口罩的"厨师"端着一碗刚刚煮好的长寿面走到李妈妈面前，"妈，您吃面"。熟悉的声音让李妈妈愣住了，原来为自己煮面的"厨师"竟是自己的儿子李先生，老母亲感动得泪流满面。在温馨难忘的生日宴结束时，北京宴的摄影师把温馨的画面定格并打印出来，还把装好相框的照片送到李先生和老妈妈手里。

　　北京宴的差异化定位就是为了人生重要时刻的难忘记忆，提供生日宴、百天宴、结婚宴、就业宴、升职宴等等，每一个宴会都设计了经典片段为客人进行私人定制，而策划定制的"导演"就是它的一个个普通员工。以李先生为老母亲举办的生日宴为例，北京宴提供的定制服务包括厅房名称、主题照片、主题沙盘、电视欢迎屏、智能灯光模式、服务模式、难忘瞬间、唤起回忆八项内容。只有给顾客留下美好回忆和值得传颂的故事的服务，才是真正的好服务。北京宴在顾客整体消费旅程中，各个环节达预期，多个环节超预期，带给消费者一个个真实有温度的难忘时刻。

第十一章　好玩：好体验来自交互过程中的感知满意

体验往往发生在一定的场景之中，"交互"和"感知"是体验中最重要的两个因素。交互的"好玩"来自消费者个体对于自身专属和参与需求的满意，也来自在此基础上，对于继续追寻分享和奉献诉求的满足。个体和组织之间有着区隔且交融的不同交互层面，包括消费者触点层、消费者旅程层、消费者关系层。在不同的交互层面，消费者感知的"好玩"来自个体和组织之间的共鸣感、反差感、复合感。

交互的"好玩"

消费者在动态效率理念中的主体地位是重要的，相较于静态效率时代产品驱动的需求满足而言，动态效率时代以消费者群体（个体）的需求满足为好体验的衡量标准。在动态效率体验要素中，交互的"好玩"是消费者进阶方面的需求，遵循需求迭代升级的逻辑，同时不同消费人群对于进阶需求的表达方式也会有所差异。

个体在一个或多个环境中，交互"好玩"的需求得到满足会带来好的体验，这种体验包括专属、参与、分享和奉献等要素。通常情况下，个体会通过购买或使用包含自身价值诉求的产品／服务来传递和表达自己的价值诉求。由于个体并没有参与制作产品／服务的过程，随着个性化需求的增加，商家基于供应逻辑所提供的产品／服务越来越难以满足消费者的需求。即使商家在产品／服务上市后收集意见，根据反馈再对现有产品进行优化升级，往往也无法赶上消费者需求升级的速度，更不用说对于消费者专属和参与需求的满足。现在，越来越多的商家意识到了这样的问题，很多企业通过用户共创的方式也取得了成功。由于消费者对产品的熟悉程度有差异，比如有技术背景或者爱好技术的消费者可能更愿意参与科技产品的研发环节，而对于完全没有技术背景并且只在意使用体验的消费者而言，参与研发环节是一种痛苦，他们更可能成为商家了解某种场景下产品使用痛点的信息来源。所以，我们会依照消费群体（个体）特质的差异，将个体分享诉求的表达方式分为主动型和被动型两种。主动型消费群体偏向于通过主动参与的方式获取专属和参与需求的满足，而被动型消费群体偏好选择产品卖点能够明确满足自身需求利益点的产品，并通过这种方式表达自身的分享和专属需求。

个体在自身专属和参与的需求得到满足后，会进一步追寻分享和奉献的诉求。分享的需求在很大程度上可以满足人在社会属性层面上的需求，而进阶需求则是通过奉献实现自我价值层面上的需求。通常，在资源充足，同时无须付出太多时间和成本的情况下，分享的需求会被更快地满足和更广泛地传播，也会进一步激发人们通过奉献的方式实现个人的价值诉求。移动互联网时代，相对低成本的社交流量很方便地打通了社交关系链路，也提供了更多让个体奉献的机会和渠道。多种平台提供给用户相对低成本并且方便的渠道来分享和奉献资源，这些资源可能是用户通过渠道取得的奖励，也可能是自身占比在可接受范围的资源。个体在奉献过程中，获得了自我实现需求的满足。

主动参与"专属"产品的创造

对于部分用户参与感强的产品品类而言，用户通过参与产品的功能设计、性能测试、外观设计等环节，可以获得更多个体和"定制化"产品之间的连接，满足个体参与感、归属感的需求，这也进一步激活用户的购买支持和"口口相传"的推广。从企业角度而言，新消费时代中消费者和企业之间的沟通网络比以往更加健全，沟通程度也更加深化。健全和深化的沟通使得企业发展和用户的联系比以往更加紧密，消费者需求意见的输入成为产品设计中最重要的一个环节。企业也从过去"被动"研究消费者，转变为"主动"邀请消费者参与到产品体验的设计环节中。这种过程满足了消费者的高层次需求，不仅包括消费者的专属感、参与感、成就感，还包括自我价值的实现等。

例如，小米公司在小米手机的设计过程中，通过用户在设计、测试等环节的参与，高频迭代优化小米手机，使得小米手机在众多手机品牌中脱颖而出。在MIUI操作系统的开发过程中，如果仅依靠小米自己的研发人员，按照传统的产品迭代方式（研发、生产、上市、反馈、优化、新一代产品上市）推进，产品功能和对用户体验需求的理解一定会存在"脱节"的问题，甚至可能是很多方面的"脱节"。要提供用户心中最酷的产品，其上市一定会变得遥遥无期，即使功能上能满足，用户可能也不觉得这样的产品和其他品牌有什么差异。

小米论坛是用户需求收集、讨论和共创的平台。为了解决上述问题，每周五，小米手机会在论坛上发起用户投票来决定研发升级的方向，小米研发人员会根据用户投票结果，在下周推出新一版的测试系统，用户再基于新的版本继续讨论和共创，小步快跑，快速试错。

那段时间里，小米把每个周五定义为"橙色星期五"。这个论坛现在每天都有 100 多万的访问量，并且有接近 30 万个帖子发表。按照小米的预估，论坛里的深度用户超过 10 万人，这些用户还会继续吐槽、提建议、贡献好点子，甚至参与研发。小米后来的高速发展很大程度上来自联合用户的开发模式，这些用户既是购买者和使用者，也是研发参与者、测试者、宣传者和忠诚的拥护者。

宜家作为全球知名的家具和家居用品零售商，其产品和体验都获得了消费者的一致认可。宜家的用户体验场景包括线上和线下，消费者在实体门店里，按照路线指引就可以一边体验，一边选购自己脑海中家居场景下的产品。消费者行走的路线是宜家按照人们购买家居用品时的思考习惯进行安排的，沿途的各种样板间和家居搭配可以给消费者带来很多"灵感"和参考。这些参考的有序输入帮助消费者在众多产品中完成了参与"定制化"的选择。宜家线上门店与线下门店有着同样的商品种类，让消费者可以在线上线下之间无缝自由切换，参与定制化的过程。在宜家全屋设计（IKEA Design）页面，消费者可以按照自己的房屋类型和房间面积，参照"3D 体验"和众多实际案例，进行"定制化"的虚拟设计。当然，过程中也可以邀请宜家的设计师预约设计。如果对"定制化"设计方案满意，则可以直接进行全屋产品一次性下单，完成购买。之后通过服务选择，宜家可以送货上门并百分百根据方案完成组装。

寻找满足需求的利益点

互联网时代的信息是透明的，消费者有更多渠道去获取商品信息，甚至比商家更懂得如何获取满足自己需求的产品信息，海量的信息让消费者变得越来越没有耐心。消费者对于商家"高深莫测"的营销语句会选择忽略，对于满足他们利益点的卖点也会"敏感地"进行捕捉。

每每看到小朋友们背着和他们体形不相称的大书包，心里不由得感慨现在小朋友的不容易。书包里装满了各科课本、笔记本、作业本……小朋友需要尽可能地往前弓身体才能保持平衡。每走一步，书包的起伏就会导致对肩膀的压迫。对这一普遍问题的科学解释是：当背负重物时，会以腰椎为支点，过大的重量，以及伴随移动而产生的一定频率的冲击力，都会对作为支撑结构的脊柱产生压迫，久而久之，就会形成高低肩、脊柱侧弯、前凸或后凸等健康问题，家长如果不加以重视，小朋友长大后很难治愈。

针对这一普遍性问题，市场上的书包有的是用更宽的肩带分散肩膀的压力，有的通过承托设计，把肩膀的一部分压力转移到腰部。但这些设计只是降低了书包对肩膀的压力，对整个人的压力还是不变的，背久了脊柱还是可能会出现问题。安踏儿童平衡减压书包用了不同的原理来解决这个问题，把向下的压力"储存"起来，从而达到减压的效果。类似于我们小时候玩的蹦床，不管在蹦床上弹起来多高，再落下时腿脚都不会感受很大的反冲力。根据实验数据，用这个理念设计的书包相较于普通书包，承压的峰值降低了约40%。安踏儿童书包的关键设计是专有的"耐久弹力带连接一体式肩带"结构。这种设计将背负书包时产生的大部分动能转化为弹性势能，通过弹力带的伸缩减少了书包上下颠簸的幅度，从而实现缓解双肩压力的效果。这款书包除了能减压，还能帮助缓解小朋友常常出现的高低肩问题。

1000米跑步成绩作为中考成绩的一部分，越来越受到家长和学生的重视。除了在掌握正确跑步方法的基础上坚持锻炼，跑步鞋的选择也非常重要。从学生和家长的角度而言，好的跑步鞋能够帮助提高跑步成绩，起到好的运动保护作用。当然，学生们还希望免去系鞋带的麻烦。安踏儿童推出的一款青少年竞速跑鞋，融合了很多运动科技来满足消费者对于"好"跑步鞋的需求。根据实验室数据，这款融合了犟弹PLUS科技中底、EVA氮气发泡科技的青少年竞速跑鞋，回弹率高达68%，相较于普通EVA鞋底跑鞋35%的回弹率，这款鞋能有效提高跑步效率。而S弯稳定抗扭系统和鞋子中腰抗扭转科技，帮助孩子在跑步中保护脚部，免系带旋转纽扣也解决了孩子们系鞋带的烦恼。

妈妈是孩子书包、鞋子的主要购买者。安踏儿童书包强调的"储能回弹"设计概念、减重护脊功能，安踏青少年竞速鞋强调的提高跑步成绩、增强运动保护、减少系鞋带烦恼等，都会成为妈妈们能够快速理解的利益要点。学生作为书包和跑鞋的使用者，也能够在实际使用过程中得到"书包突然轻了很多""跑步更快了""再也不担心鞋带散开了"的美好体验。

为分享和奉献而参与交互

稻盛和夫在《活法》这本书里讲道："为了他人和世间倾力奉献，乃一个人最高尚的行为。"分享和奉献会让人拥有充实、满足和愉悦的体验，并且希望有机会再次体验，也会希望将这种交互体验传递给周边的人。

支付宝从2016年开始推出了新春集五福活动。每年春节前，用户通过"扫福"，在农历新年来临之前集齐五福卡并合成福卡，就能获得支付宝发出的红包。大家可以扫描亲朋好友的"五福到"手势，也可以扫描生活中看到的福字，还可以从蚂蚁森林公益项目中获得福卡，支付宝好友之间也可以转赠，支付宝对每天获得的福卡数量做出了限制。从获得福卡的方式上看，用户可以自己收集福卡，也可以与朋友互相分享，每日限量的福卡促进了用户之间的协作性和趣味性，让大家感受到努力和分享的快乐。

支付宝通过这个互动小游戏，不断增加获取"福卡"的方式、渠道和衍生内容。2020年，支付宝推出向亲朋好友送出自己的福卡，"福满全球"的集万福新玩法，每个人每一次的福卡传递，都能助力点亮全球九大地标中的某个地标，最终实现长城到南极的点亮；2021年，围绕写福字上线了很多趣味玩法，通过小程序手写福字，可选择免费打印、包邮到家等服务；2022年，1000多个商家成为主角，通过自己的支付宝小程序、生活号、App等多个私域阵地为全国用户发福卡，同时，故宫博物院、中国国家博物馆携清代"漆木虎"和秦代"阳陵虎符"两件虎文物加入五福文物福卡、彩蛋卡。这样一个促进分享和奉献的互动小游戏，不但吸引了更多用户使用支付宝软件，而且促进了支付宝用户之间的社交活动，也让所有华人感受到了新年俗里的幸福体验。

现在，我们越来越注意身体健康，运动成了大家日常生活中必不可少的环节。微信运动成为记录大家日常行走步数的工具，大家也可以在微信运动里看到好友的运动情况。大家会发现排名靠前的总是那几个运动达人，可以通过有选择的点赞表示对筛选对象的鼓励和认可，自己收到点赞时也能感受到被关心的快乐。

腾讯联合各公益基金会，共同推出了步数捐赠活动。个人可以选择捐赠步数功能，基金会会按照每10000步捐赠1元的标准，捐赠对应的金额给具体的项目。每个人通过捐赠步数完成了奉献，在各自的微信运动界面里，可以看到自己每天捐赠的"金额"，也可以查询自己的益行记录。微信用户只需要把每天已经满足分享需求的步数捐出，就能够满足自己参与公益奉献的自我实现需求。微信运动规定每个微信账户，每天只可以捐献一次，人与人之间不用比较，更加强调的是人人参与、人人都可奉献的精神。

感知的"好玩"

当个体和组织产生交互的时候，就会形成个体的主观感受。由于场景不同，主体的感知也会不同，感知的差异又会形成主体不同的体验。比如相同的话放在不同的场合说，给对方的感受可能就会不同。

感知包括以下几个层面的内容：

（1）共鸣感：主体和组织在交互过程中是否达成了一定的效果，个体是否能够产生内生的共鸣触动。江小白具有情怀的封面广告，就把握住了年轻人心理形成共情和共鸣。例如："酒后吐出的真言，清醒时已经在心里说过千遍。"

（2）反差感：主体在与组织交互过程中的感知是否和传统自我的固有认知有反差，通常反差越大个体的感知会越强烈，比如久别重逢、失而复得、虚惊一场等场景下的个体感知。

（3）复合感：人类的感知是复杂的，不是简单的"好"或者"不好"，通常会有各种复杂的组合，可能是五官的复合感触，比如我们用色香味俱全来形容美味佳肴，也可能是多种复杂情绪的组合，比如冬季早起跑步感觉很痛苦，但有利于我们的身体健康，这就是一个具有复合感的个体感知。

体验的形成过程大多和我们在一定场景下的需求和预期有关。当我们有了某种需求并与组织产生进一步交互时，个体会和基于自身认知形成的预期进行比对，比对后的个体体验就是感知。

作为组织的企业，在与消费者交互的过程中会产生三个层面的感知：首先，是涉及消费者触点层面的体验，就是在我们看得见、摸得着、到得了的物理空间里形成的感知体验，比如我们到实体门店看到、试穿或者试用门店里的商品等等所形成的主观感知体验；其次，是消费者旅程层面的感知体验，这是在数字化全渠道时代里，更丰富也更容易形成的一种感知交互,其中更丰富指消费者在依照AISAS模型[attention(注意)、interest(兴趣)、search(搜索)、action(行动)、share(分享)]进行全旅程购物时,各个环节所形成的消费者复合感知;最后,是由品牌和消费者共同主导的消费者关系层面的交互感知。这三个层面的交互感知往往不是单独存在的,而是相互交融包含的。

"触动心灵"的共鸣感

个体产生共鸣的前提往往是在更多交互层面上和组织产生了联系,并且在某个或者某几个触点上产生了内心共情和共鸣。这些共鸣来自个体内在的体验和感受,并且只属于个体自身。对于组织而言,单方面输出产品/内容去满足个体"触动心灵"的共鸣,要求营销人员对于消费者内在的感受和产品表达理念有深入的了解,并且有能力建立二者之间的连接。另一个方法便是让个体参与到组织交互界面的建设环节中,参与往往能够获得更多的共识,个体自身内在感受方面的内容输出,往往也更容易触动有类似经历和诉求的其他个体。所以,组织在通过交互界面和个体建立"触动心灵"的共鸣感的过程中,具有超凡的营销洞察能力,以及将个体融入"感知"建立的过程,都是有效的。

江小白通过让用户参与文案创作并印刷在酒瓶包装上的方式获得了广大消费者,尤其是年轻消费者的认可。江小白的产品主要集中在四种消费场景:小聚、小饮、小时刻、小心情。基于这些小型社交场景,江小白发动消费者共同参与文案创作。江小白将品牌用户和产品用户做了区隔与整合。品牌用户高度认可江小白的品牌内涵,并且热爱那些"触动心灵"的文案,有很多也会参与文案的撰写。产品用户首先是喜爱江小白入口柔、不上头的特点,同时也喜爱江小白的文案。产品用户在购买和饮用的过程中被江小白的文案"触动到心灵",如:"不是酒杯放不下,只是想和你好好说说话。"而品牌用户则是在看到文案和创作文案时,情感得到了抚慰。如:"青春不是一段时光,而是一群人。"

还有些"触动心灵"的瞬间,是企业打造出来的触动消费者心灵的感知体验。这些企业打造的经典感知体验,往往有着深刻的消费者洞察。有道云十周年品牌宣传片《每一天都了不起》里有一段话:"成长,是在一瞬间发生,还是由点点滴滴组成的?如果我们把努力过的每一天都记录下来,多年以后再翻看,是否会有不同的感受?这就是我喜欢记录的原因之一,它能让我看到成长,看到过去,看见时间的力量。有时,还能看到惊喜。每一个记录,看似微不足道,但都可能成为值得珍藏的宝藏。"这段话让大家对于"记录"这件事的诉求产生了共鸣。知乎里有一句话:"寻找答案的人,会变成书写答案的人。"这句话转换了寻找者和创作者的角度,在进一步巩固知乎平台定位的同时,也唤醒了用户内心的潜在需求,从迷茫到创造、从探寻到主导……从消费者视角出发创造出的这些美好,也给用户带来了"触动心灵"的美好感知体验。

"颠覆传统"的反差感

消费者基于传统认知形成的预期与现实情况的比对形成了消费者感知。比对结果的反差感越大,消费者感知就越强烈。不以"满意"为基础的反差感会带给消费者不好,甚至厌恶的感知,例如惊吓。而基于"满意"的反差感是我们在这里要描述的,例如惊喜、感动、震撼等。

土耳其艺术家雷菲克·安纳多尔(Refik Anadol)的作品"量子记忆"(Quantum Memories),颠覆了人们通常认知中艺术家通过传统方法创作的认识。雷菲克利用人工智能、机器学习和量子计算等，从互联网和自然界中大约2亿张自然图像中提取出数据集，并使用量子计算进行处理，展现在一个10m×10m的大屏幕上，呈现海底、冰原、岩浆等不同的大自然景观，将其变成一种视觉爆炸的艺术品。水滴声往往能够带给人们一种空灵和安宁的感觉，甚至会被人们当作释放压力的天籁。侵华日军南京大屠杀遇难同胞纪念馆里就有个"水滴馆"，每隔12秒滴下一滴水，水滴落下时发出的异常清晰的声音像利剑一样穿透人心，令人悲伤又震撼。

随着城镇化的快速发展，各个城市的传统商业体越来越相似，品牌组合也越来越雷同，消费者对于"单一"的呈现也逐渐失去了兴趣，加上线上购物越来越方便，给这些传统商业体带来的直接结果就是越来越多的空置率、关店潮，店铺门可罗雀，业绩下滑严重。

北京华贸SKP 2020年的年销售额达到177亿元人民币，不仅连续十年蝉联全国同行业第一，也首次超越英国哈罗德百货，成为全球年销售额第一的高端百货商场。2019年12月12日开业的SKP-S是SKP与GENTAL MONSTER（温柔的怪物）联合打造的全新主题商场。与传统购物中心不同的是，SKP-S可以说是一座未来博物馆，全馆主题是"数字-模拟未来"，"人类移民火星的生活遐想"场景的呈现，结合自然与艺术，使得馆内多元的主题显得和谐且生动。一层"未来农场"里的机器羊，让消费者体验到意外中带着合理性的极致"反差感"；三层整体的主题是火星装置，从两个身着太空专用服装，身处火星的人类对话画面开始，到再现从着陆火星到回到地球的过程，能观察到宇宙飞船、太空舱等装置，穿过三层的一条"时空隧道"便回到了地球。SKP-S的整体设计在带给消费者极强代入感的同时，也让消费者感受到和现实世界的极致"反差感"，从而让消费者感受到"处处是景""处处惊叹"的美好。

"丰富多彩"的复合感

多种感知带给人们的刺激往往会多于一种感知。我们在博物馆参观时，亲眼看到文物、听导游介绍历史背景，会对这些文物有很多理解。但是出于文物保护的原因，我们没有机会去触摸这些文物，也不能随时从多维度欣赏这些文物。三维数字技术在博物馆中的应用，让参观者有机会随时多角度欣赏文物，如"数字故宫""敦煌石窟虚拟漫游与壁画复原""秦俑博物馆二号坑遗址三维数字模型"等通过 3D 打印技术，100% 精确复制文物，让用户有了触摸甚至拥有这些"文物"的机会。斯坦福大学的"米开朗琪罗项目"，通过三维激光扫描技术，将包括雕像《大卫》在内的多件雕塑作品等比例扫描打印。数字技术的广泛应用，让用户有了多维度感知艺术品的机会，增强了消费者感知体验中"丰富多彩"的复合感。

年仅 18 岁的法国青年吉尧姆·罗兰（Guillaume Rolland）将嗅觉因素和传统闹钟结合，设计出主要通过气味来唤醒沉睡中人们的 Sensorwake Trio 闹钟，这款闹钟被谷歌评为改变世界的 15 大发明之一。相比传统闹钟对听觉的刺激，嗅觉的唤醒更加柔和，不容易引发负面情绪。根据 Sensorwake 公司公布的测试结果，胶囊里的气味可以在两分钟内唤醒用户。而传统的闹钟在最坏的情况下，需要花三分钟才能防止用户睡过头。Sensorwake 闹钟顶部有一个可以放进气味胶囊的插槽，气味胶囊有咖啡味、橙汁味、饼干味、薄荷味、巧克力味等多种味道。设定的闹铃时间一到，风扇就会转动，激活胶囊，一分钟就能将香气吹出来，第二分钟出现灯光效果，第三分钟铃声响起。Sensorwake 不仅解决了用户起床困难的问题，还让用户以一种愉悦、轻松的状态起床。多种气味的自由选择，让用户在使用过程中感受到"丰富多彩"的复合感。

工作对大家的意义是什么？不同的人会有不同的回答。有的人认为工作是为了挣钱养家糊口，有的人认为工作可以让自己得到能力提升并获得职业发展，还有人说工作的过程带来快乐。每一个答案都很真实。工作能够带给大家快乐、发展和经济收入，人们希望在这三个方面有收获。虽然俗语说"人生之事，十有八九不尽如人意"，但企业还能够保持正常运转，离职率也控制在合理的范围内，很大程度上在于员工的"复合"感知还处于满意的阈值范围之内。例如，虽然有些创业组织给到的薪资水平处于中低位值，但是员工感觉能够得到发展，并且工作氛围很好，那么这种"复合"元素也能够让员工获得满意的感知体验。

好企业篇

永续增长的核心

什么是好企业？在不同的历史阶段，好企业的定义有所不同。

亚当·斯密在《国富论》中写道："以实现自我利益为目的行事的个人，会通过自身的行动增加公共利益。"在亚当·斯密看来，个人利益和公共利益是有一致性的，当每个人都最大化个人利益的时候，社会利益的最大化就自动实现了。亚当·斯密强调自由市场体制下"看不见的手"的"自动"调节作用。

米尔顿·费里德曼在《资本主义与自由》一书中指出："企业唯一的社会责任就是使利益最大化，进而分配给股东。"费里德曼认为真正造福全世界的是自由市场，而不是政府，自由市场会继续让这个世界变得更好。费里德曼金融资本主义重点考虑金融资本的利益，没有将人（员工、消费者以及合作伙伴）和社会的利益作为重点考量。

我们在前文中详细讲述了动态效率理念中企业利益（成本 × 效率）和客户利益（体验）的动态平衡关系。面对动态变化的市场环境和迭代升级的消费需求，动态效率理念下的"好企业"能够通过价值创造实现持续不断的增长，使得所有利益相关者和整个社会因为它的存在而更加美好。

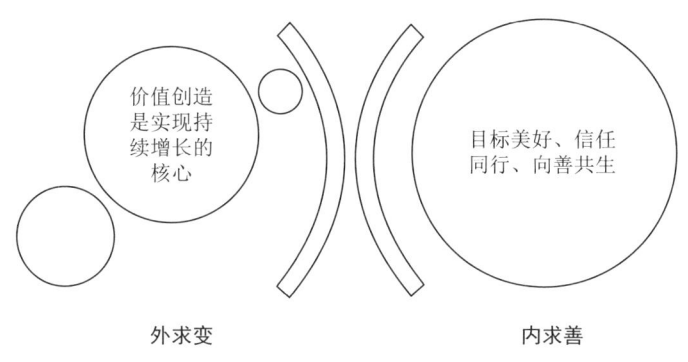

图 4　动态效率理念中的"好企业"

动态效率理念中的"好企业"具有核心竞争力，但是不以打败竞争对手为目的，而是通过克制和价值创造，使得企业实现持续不断的增长，此所谓"外求变"。动态效率理念中的"好企业"具备"利他之心"，主动成就他人，从而成就自己，通过构建信任，获取效率的最大化提升，通过商业向善，实现经济效益和社会价值的双赢，从起点开始就践行人与人之间、人与社会之间、人与地球之间共生共长的"向善"发展理念，此所谓"内求善"。

第十二章　外求变：价值创造是实现持续增长的核心

创造价值是任何企业的首要目标，我们通常认为当投资资本的回报超过资本成本时，企业就在创造价值。能够创造价值的企业往往也能够得到用户的持续支持，从而获得更好的股东回报，进而确保企业的持续增长。

从过往世界500强企业排名变化中可以看出，企业在生产供应相关产品和服务的过程中，没有提供最大化符合用户当前需求的价值，仅仅保持规模的增长是不够的。这也是很多传统巨头日渐式微的原因所在。科技发展和行业成熟度日益提高，一方面让专业分工合作（无论是企业内部的高效合作，还是企业间的亲密合作）逐步有序，创造出更多的整体价值；另一方面，面对更宽、更"流变"的企业经营边界，用户做出选择的唯一标准是对价值创造的认可，无论他们面对的是长期领先的行业领导者，还是具备创新优势的新进入者。

增长不够，持续价值创造才行

在前面的章节中，我们结合大量案例讲述了动态效率理念下对于成本、效率和体验的理解，以及企业如何构建核心竞争力获得增长。但是，我们从一些曾经领先的企业的案例中也认识到，企业依靠曾经的"核心竞争力"，并不能确保持续不断地增长，只有不断地进行价值创造才能保持企业的持续增长。这也在一定程度上再次验证，在约束条件下最大化满足动态效率视角下的用户（群）需求，才是企业保持持续增长的核心所在。

陷入困局的行业巨头

长虹、戴尔、柯达、诺基亚、飞科等我们曾经耳熟能详的企业，最初都有着高速的增长，它们的业务模式也一度被作为商业案例研究学习。但是随着市场中出现更好地满足用户需求的产品，企业原有的核心产品的价值创造能力被替代或削弱。我们简单分析其中几个案例就能够感知到，如果企业只实现增长但是没有持续的价值创造，就会随着需求升级和约束释放，而面临巨大的挑战。

长虹集团的主要产品是电视机。作为中国电视机行业曾经的龙头企业，当年每3台电视中就有1台是长虹生产的。可是最近十多年，长虹的年利润只有美的、格力的百分之一，2021年长虹年报披露的利润率只有千分之二。虽然外界对于长虹集团衰退原因的分析很多，比如对等离子技术的判断失误，进军美国市场的失利，等等。但是，相较于20世纪电视机技术飞跃式的发展，近十几年来，电视机技术没有飞跃式发展的主要原因是用户需求的转移。随着互联网的快速发展、手机的普及，以及内容制作方式的多元化，消费需求从大屏电视转移到了小屏手机，从大尺寸电视转移到了更大尺寸的投影，电视机的定位也随之发生了变化。被当作一块屏幕的电视机，在激烈竞争中价格被压缩到了极致。需求转移和约束释放的结果就是传统电视机的价值创造消失殆尽，长虹电视机也不例外。对于用户（群）需求和技术约束释放能量的误判，以及持续价值创造能力的缺失，导致企业的必然衰退。

飞科剃须刀的市场份额从 2009 年开始持续上升，即使面对国际品牌飞利浦的竞争，也一路高速增长，市场占有率在 2020 年超过 45%，但是飞科科技的股价长期未涨。2016 年上市时，投资者对飞科取得的成绩给予了充分的肯定，其创始人一度成为温州首富。但是，市场不会持续为过去的增长买单，市场需要企业创造出一个持续价值创造的模型。比如：如何复制成功模式到新市场？如何通过产品创新重塑剃须刀？等等。如果企业迟迟没有给出答案，市场上的复古手工剃须刀、大品牌创新推出的新产品、新兴品牌带给消费者的个性化体验上的满足等等，都会不断稀释企业过去的荣光。

戴尔电脑在 20 世纪 90 年代通过直销模式和卓越的供应链管理，获得了突出的成本竞争优势，满足了消费者对于同性能下以更低价格购买个人电脑的需求，从而取得了巨大的成功，戴尔公司的市值在那个时代也一路上扬。但是，能够快速组装的高性价比电脑，已经无法满足消费者对于个人电脑需求的升级和转移。2019 财年第四季度，戴尔公司净亏损约 19 亿元人民币，同比扩大了 116%。除了亏损，它还背着 3000 多亿元的债务。而一度被迈克尔·戴尔评价为"要是让我管理，我会立刻将苹果电脑公司关闭，把资金还给股东"的苹果公司，完成了从计算机制造到消费电子产品、音乐零售和移动电话业务的转化，因为产品的极致创新和使用体验，受到用户的极致推崇，目前市值已经超过 2 万亿美元。

从上面几个案例中，我们会发现无论企业当年的竞争优势多么明显，过往的增长速度和市场占有率多高，一旦不能在需求升级和约束释放下持续进行价值创造，就会陷入困局之中。

优势有时也是一种束缚

有一个不经常被关注的问题需要这些领先企业反思，即优势有时也是一种束缚。企业因为具备了优势，就会选择扩大规模，也能够在较短的时间内凭借核心优势取得更大的市场规模。当然，多数时候，规模也是一种核心优势。但是用户除了对通用性产品有性价比需求，随着可支配收入的增加，他们对其他产品的需求却更趋向于个性化。这样的结果就是，对于非通用性产品需求，具备优势的企业生产出越来越多远离消费者需求的产品。正如迈克尔·波特表述的："追求增长的努力会模糊独特性，制造妥协，降低适应性，最终损害竞争优势。事实上，对增长的需求会对战略造成威胁。"

静态效率视角之下的竞争增长理论认为，在已经建立的核心优势之下，更快地提高资源利用效率，更极致地压缩成本，就能获得更大的市场份额。静态效率视角之下的管理者，会将企业持续构建价值创造能力的行为当作成本增加和效率不足的表现，从而使企业丧失了二次成长的机会。

研究者拉帕波特的统计研究表明，21世纪前10年，世界2500强上市公司CEO的平均任期从8.1年降至6.3年。而根据海德思哲（Heidrick & Struggles）2021年发布的《迈向职业巅峰之路》年度报告，全球CEO的平均任期为6年，中国内地CEO的平均任期为4.1年。任期缩短既降低了CEO的任职预期，也促使其更关注短期业绩。

这些问题企业的管理层并非全然不知。但是对于他们来说，面对任期内既有的优势带来的红利，包括漂亮的业绩单和市场的好形象等，打破既有优势去创造"未被验证"的新优势毕竟不是一件容易的事情。正如哈佛商学院教授克里斯坦森所说的"创新者窘境"：越是管理良好、决策科学的企业，越容易被新技术甩在后面。行业领先的公司往往会延续原有技术模式，通过迭代升级的方式获取优势。

对于投资未来的资本市场而言，优秀公司应该一直保持高增长，这成了约定俗成的既定期望，也是大家持续投资的原因所在。但对很多优秀企业而言，延续已有优势去维持高增长，从逻辑上就存在不合理性。对一家复合年均增长率超过行业增长率很多的公司而言，增长天花板很快就会出现，更何况动态竞争市场环境中，奋起直追且锲而不舍的同业者，以及具备颠覆性优势的新进入者，都会使得依赖既有优势保持增长的想法最终难以实现。

"一劳永逸"的价值创造模型

尽管困难重重，但是企业家们还是需要思考，如何通过价值创造让企业获得持续不断的增长，同时这种方法最好能够"一劳永逸"。

动态效率理念中，企业持续不断增长的核心是，最大限度地解决目标消费人群的需求与约束之间的矛盾。企业增长空间是由企业在市场竞争中从效率、成本、体验三大维度上缓解矛盾、满足需求的能力决定的，企业在三个维度上的竞争力组合就是企业增长的空间。理论框架的价值在于帮助我们建立看待问题的不同视角，并且有更精准且更有解释力的分析和理解问题的理论支撑。动态效率的理念帮助管理者重新思考企业与用户之间的关系，重新理解企业视角下的成本和效率的概念，最重要的是帮助企业建立基于价值创造的持续增长模型。

我们可以运用这套模型看看迪士尼、苹果、亚马逊、开市客、7-11等等这些持续增长的领先企业，并思考如何运用这套价值创造模型实现持续增长。

沃尔玛作为全球最大的零售企业，通过海量选品、低价、标准化、一站式购物等经营特点，满足各类消费人群对于高频刚需产品一站式购物的需求。品牌商品低价、选择多样、一站式购物等特点，释放了消费者在购物时间、选择时间、收入等方面的约束。沃尔玛也极尽可能通过扩大集采规模、提升仓储物流效率、提升店铺空间有效性等方式节约成本，并通过自建卫星系统、优化数字化系统等方式提高运营效率，在成本、效率和消费者购物体验上实现最大程度的优化，使得沃尔玛连续多年位列全球500强首位。随着主要消费市场的升级和全渠道需求的提升，沃尔玛在各个主要市场通过收购、自建、合作在线零售，在已有优势上提升主要消费人群的购物体验。沃尔玛使用多年的"everyday low price"（天天低价），也更新为如今的"save money, live better"（省钱省心好生活）。根据沃尔玛公布的2021年四季度和全年财报，其销售收入和利润均远超预期，股价上涨至138.88美元，表现出持续的抗通胀企业经营韧性。

苹果公司通过自建封闭的iOS操作系统、开放的生态体系、体现创新感的消费电子商品，打造极致的用户体验。这与乔布斯所坚持的选择密不可分。乔布斯"固执"地认为"消费者愿意为消费电子产品的操作便利、安全性能以及优雅设计而支付溢价，而实现这一切最好的方式就是将重要的应用和性能集成在一个相对封闭的系统里，并且加大投资力度开发高效实用的设计"。乔布斯认为消费者对于产品的诉求不仅仅是功能，一定会上升到更高的价值需求层次，苹果也依据这样的逻辑加大了研发投入，释放当时科技的约束，最大限度地解决了消费者升级需求与当时技术约束之间的矛盾，从而建立了苹果基于价值创造的持续增长。苹果如今超过2万亿美元的市值也证明了资本市场对于苹果价值创造能力的认可。

众多的案例都验证了持续领先的企业，会通过以目标用户（群）的需求为核心，调动和协同相关资源，释放阻碍需求满足的约束，获得以为用户群创造价值为基础的持续增长。

价值创造是选择进入市场的唯一标准

人们常说"选择比努力重要"。是的,选择确实比努力重要。但有了"好运气"、进入好赛道的众多企业,最终结局却差异巨大。在一个市场取得巨大成功的行业龙头,高调进入新市场后却很暗淡;拥有巨大资源优势的集团,强势进入新业务领域不久将主业也拉下马;竞争激烈、毛利稀薄的细分行业里,新进入者却取得了巨大成功……我们不应该仅仅把这些令大众振奋而迷惑的结果作为谈资,更要通过思考这些案例的规律和原因,规避或减少再次付出巨大代价的后果。

回顾过往的国内外案例会发现,决定企业最终能够持续增长并获益满满,还是付出学费后黯然退场的,主要是能否创造价值。创造价值更多的是一种有质量的思维方式,这种思维方式对于所有企业都是平等和公平的。

不创造价值,有钱也没用

经营的可持续增长取决于企业价值创造被用户认可的程度,企业即使凭借资源和资金进入"快赛道",如果无法提供满足用户真实诉求和相对竞争优势的价值创造,最终也会在付出学费后黯然离场。

中国的商业地产规模位居全球第一,但商业地产空置率也位居全球前列。人均商业地产面积是判断城市商业地产是否存在泡沫的重要指标。在很多发达国家的核心城市,人均商业地产面积一般在1.2平方米左右,而我国很多二线城市的人均商业面积已超过1.2平方米,部分城市甚至已达到2~3平方米,"鬼街"和"空楼"处处可见。很多企业凭借当地的资源和雄厚的资本实力进入商业地产领域,但最终因为缺乏价值创造能力而付出了巨大代价。

知识问答社区帮助大家获得问题的答案，是建立在有问有答的基础上的。用户的需求是各种问题都能够在这里获得专业的回答，约束是如何保障问题有质量、有价值并得到及时回答，之后逐步扩展到更大的用户群体，从而带来更加高效和专业的问答循环，这也是知识问答能够创造价值，并保持增长的源泉。

头条系的悟空问答从建立之初就拥有其他平台没有的诸多资源：成熟的算法、签约明星和2000位专职答主、每月超过1000万元的产品投入、10亿元的补贴。在这样的背景和投入之下，悟空问答强势进入知识问答社区赛道，其MAU（月活跃用户人数）只有几十万，最近被并入微头条。相较于2021年四季度MAU已经过亿的知乎社区，差距究竟在哪里？

知乎创建以来，创始人认为相较于海量用户而言，完善的社区规则和秩序更为重要，只有在规则下繁荣，知识问答社区才能带给用户价值创造，缺乏规则的繁荣是不可持续的。正如美国作家简·雅各布斯在《美国大城市的死与生》一书中写道："在任何情况下，规划都必须要预见到日后需要的一切。"现在的知乎周刊和几年前的知乎周刊，调性和质量几乎没有差异，这些是之前规划的作用。知乎在判定一条内容是否有广告植入的问题上，制定了无罪推论原则，但给每个答案上都加上了"没有帮助"按钮，让用户自己去判断这个回答是否有价值。如果没有价值，那么答案就会被折叠——通过这样的方式，建立起一个有秩序的平台。

而如果用物质激励建立答主群体，用补贴吸引用户，短期内堆积出一个庞大的供需平台，那么这个平台的支撑逻辑就无法通过价值创造完成自运转。例如：如果依据答满多少字给予补贴，但是对内容质量不审核，就是在引导答主关注字数而非质量，甚至会成为答主用外包方式赚取差价的平台；而如果依据点赞、评价、日报、热榜等给予答主奖励和反馈，就会在规则下进行良性运转。

没有显著的价值创造能力，就保持最大限度的克制

巨大的市场空间和层出不穷的成功典型，让很多企业都有了进一步扩张的冲动。很多品牌在具备一定市场基础的情况下，就会思考：什么事情还可以参与？什么功能还可以增加？主营业务是不是要延伸拓展？某个热门生意不做好像挺可惜？在这样的"参与"心态和"获利"心态之下，专注和克制被放在了脑后。以往很多行业龙头企业，跨行业进入一些热门的领域，互联网、芯片、金融、新能源……哪个行业是风口就投资哪个行业，最终的结果是资源过于分散导致主业下滑，在自己并没有价值创造能力的"热门"行业也颗粒无收或损失惨重。究其原因，是在新拓展领域没有为用户提供价值创造。

乐视作为全球第一家通过IPO（首次公开募股）上市的在线视频流媒体网站，巅峰时期市值超过1700亿元。也是在这个时期，乐视基于对高速增长行业的分析和生态逻辑关系设计，规划了"七大生态"战略体系，即互联网及云生态、内容生态、体育生态、电视大屏生态、手机生态、汽车生态、互联网金融生态。企业核心竞争力和相应资源的不匹配，最终将乐视带上了不归路。恒大集团不仅仅大量储备土地，发展地产业务，还相继大举开展恒大健康、恒大金融、恒大粮油等多项新业务。但是当地产行业遇冷时，高负债的地产业务出现了问题，所有新业务也缺乏核心竞争力，全盘崩溃。当年备受市场追捧的暴风集团，用资本市场融到的资金，布局视频、VR、影视、游戏等领域，结果所有新业务连年亏损，最终导致整个集团陷入绝境。海航集团、巨人集团等等，类似的案例不胜枚举。这些企业都创造过辉煌，但面对众多市场"风口"行业，忽略了企业在这些行业中的价值创造能力，从而导致了失败的结局。

消费者口中的 Apple TV，其实不是一台电视机，而是苹果公司推出的一款高清电视机顶盒产品。用户可以通过 Apple TV 在线收看电视节目，也可以通过 Airplay（隔空播放）功能，将 iPad、Mac、iPhone、iPod 和 PC 中的照片、视频和音乐传输到电视上进行播放。那么有一个问题，苹果为什么不直接生产真正意义上的电视机呢？如同前面对于长虹电器的分析一样，电视机行业更多的是制造业，消费者对于电视机的本质需求不是拥有一台电视机，而是希望能够看画面内容，屏幕本身只是完成这一诉求的介质。Apple TV 机顶盒除了可以接收电视节目，还可以让用户将 Apple Store（苹果商店）里丰富的家庭游戏产品进行交互使用。苹果公司基于对用户需求本质和自己核心竞争力边界的理解，确定了公司生产的 Apple TV 是一款高清电视机机顶盒，而不是一款带屏幕的电视机。企业基于对自身核心竞争力和行业竞争的综合分析，理性克制地选择进入相应的行业才能保持长效稳健的成功。

只要有价值，红海中也能杀出一片蓝海

对于企业而言，能够找到增长快、竞争少的蓝海领域，当然是幸运的。但是随着商业的快速迭代升级，很多细分行业都处于初步成熟或者激烈整合阶段，那么新进入者对于是否进入成熟领域应该如何选择呢？

动态效率理念中，用户需求和约束条件之间总是处于动态平衡状态，企业如果能够通过约束的释放，满足用户更加细化升级的需求，往往都能做出价值创造，而价值创造是选择进入市场的唯一标准。

从需求和约束平衡的角度而言，能够在竞争激烈的红海市场中杀出一片蓝海的企业，创造价值的方式多数都属于以下几种。

（1）体验升级更好：耳机、运动手环和手机等苹果公司后续进入的市场都是成熟市场，成熟市场就意味着高的市场集中度，市场格局已经基本形成。苹果凭借极致"完美"的设计、远高于同业者的性能和苹果生态的舒适体验，快速在红海市场中获得了一片属于自己的蓝海。戴森电器也是如此。在吸尘器、电吹风、风扇等这些早已非常成熟的市场里，戴森通过自己的价值创造获得了认可和市场规模。同样，中国的中餐厅数量非常多，新荣记通过对食材、烹饪、用餐环境、用餐器皿等所有细节的极致追求，成为内地唯一一家获得米其林三星的中餐厅。

（2）资源约束更小：充电器品类自移动产品出现后就处于红海竞争状态中，各个巨头的周边产品都包括充电器，还有大量代工产品。安克创新旗下的充电品牌 ANKER（安克），以其独到的功能设计，加上中国供应链在品质和成本方面的优势，一跃成为北美、日本、欧洲等市场的一线品牌，产品畅销 100 余个国家和地区，覆盖超过 3000 万用户，充电设备年销售额达到几十亿元人民币。类似的案例还有 Shein 等企业，它们也都是通过对用户资源约束更小的方式，在目标市场提供高品质产品，从而获得价值创造的广泛认可。

（3）边界限制更少：追求自由自在、随时随地的状态是用户的需求，科技发展释放对人类在时间、空间等方面的约束，也让人们逐渐意识到并"享受"着需求被最大化满足的喜悦。现在我们带着手机基本就可以走遍天下了，有个手机也基本上就可以不出门了，电商逐步满足了人们对于产品、服务等方方面面的需求。就如有人说新零售模式下所有行业都值得重新做一遍，本质的意思是科技赋能打破了很多行业之前的约束和边界限制，从而让消费者因为限制变少而有了更好的体验。那么，基于这样的原则，我们想一想在现有的所有市场里科技还能打破边界的限制吗？在所有红海市场里，都可以通过科技赋能创造价值而找到蓝海。举例来说，电商从最初打破标品的选择购买限制，到后来打破满足非标商品以及服务类产品需求的限制……这些对于边界限制的打破就是价值创造，也因此诞生了一批优秀的企业。

打开边界实现价值创造最大化

价值创造是实现持续增长的核心和基础，那应该如何进一步扩大价值创造？答案就在我们对边界的理解中。如同人类认识宇宙的基本原则一样，"凡是具体的，都是有限的"。我们可以通过类比宇宙膨胀的原理来理解边界的概念。宇宙的膨胀，表象是体积的增加，从物理维度理解则是外部空间能量密度变大，内部空间能量密度变小。要实现价值创造的最大化，表象是体量扩大，实际是内部边界的灵活性增加，外部边界的延展性增强。

对内打开边界，增加价值创造可能性

VUCA时代，意味着一切变得更加动荡、无常、复杂而模糊。相对于之前事件之间的线性因果关系，VUCA时代事件之间的关系更加错综复杂，表象呈现出更多没有关联的非线性关系。

如前文所述，在现代商业环境中，消费者的需求更加多元化和个性化、技术日新月异、Z世代价值观独立、黑天鹅事件层出不穷……这一切让需求与约束之间的关系变得更加动态化。对于企业而言，需要有更加及时、动态、精准的中台组织支持前端多变的需求，同时也需要更加灵活、多样、自主的"特种部队"迎合主力人群（工作者和用户）的价值创造方式。

（1）"特种部队"：这里描述的"特种部队"其实是一种能够完

成多元任务、自我驱动且训练有素的自我管理小组，企业通过这个自我管理小组来应对经营中出现的临时性重点议题。"特种部队"的目标明确，一个周期内只为了一个目标而存在，目标达成之后就解散或重组，组织内可以同时有很多个这样的小组。

它们与以往科层制"一个萝卜一个坑"的岗位工作不同，甚至与轮岗制也不同，它们强调人员组成的自主性、组成形式的灵活性、任务目标和能力需求的多样性等特征。这种新型的组织形态赋予了组织一种"生命"：一方面让 Z 世代企业员工的工作效率和主动性变高，因为每个人都有在工作中实现自我、归属团队的需求；另一方面也打破了传统组织中各个业务和职能组织之间的隐形壁垒，因为"特种部队"的人员组成以任务为出发点，队长为了完成一项任务组织能够完成的小队成员。对于其他人而言，这个组织是短期内为完成某个被认可的重要任务和使命而存在的，这样便避免了过度的牵制羁绊，在这样的氛围下做事情成功率很高。

企业在推进"特种部队"组织时，可以根据自身的组织能力和文化，按阶段执行：第一阶段，管理者可以定义"特种部队"的使命，指定队长，甚至指定队员；第二阶段，管理者也可以定义"特种部队"的使命，各级员工可以自己来当队长并组织队员；第三阶段，全员自己定义任务，自己组织"特种部队"完成使命。

这样一个周期下来，会形成一种组织氛围，当然管理者也可以做一些有针对性的引导，例如评估每个人在每个评估周期内参与"特种部队"的情况，最初只要大家参与"特种部队"就可以鼓励，因为一般不在"特种部队"里也就三种情况。

第一，不招人喜欢，大家做事不愿意带着你。

第二，个人能力不被需要，所有"特种部队"自己就能形成闭环。

第三，没有领导力，自己不能组建团队解决问题。

如果属于上述情况，你在组织内还有什么价值？这样能激励大家都活跃起来。之后，再逐步看"特种部队"的任务质量、效果、成功率、组织效率等等。"特种部队"的组织形态让更多综合能力强的人从事更高附加值的工作，一方面激发了组织活力，另一方面也提高了组织质量。

（2）中台组织：前端高效灵活地应对VUCA时代的复杂情况，但是一切都有赖于企业中台组织能力的强大。现代商业环境中，很难想象没有强大后台支撑的"盲打"，那就如同将一支切断所有后援的小队投放在"黑暗森林"般的战场中一样。

中台组织其实也不是一个新的概念，很多地方都有过各种维度的诠释，但是这里还是要再强调一下，中台组织并不适用于所有的业务组织形式。通常而言，中台组织的适用范围遵循如下两个原则：第一，中台组织基于相关多元化业务的相近职能才有实施的价值；第二，中台组织的采用和企业各个业务单元的发展阶段有直接的关系，包括规模体量和业务成熟度等。

根据分析过的众多中台组织案例，中台的组织形态不存在固化的终极形态，而是因企业战略目标不同、能力诉求差异而呈现不同的形态，例如：字节系的战略逻辑是高效覆盖更多垂直领域，所以字节跳动的中台建设以技术/工具交付和业务孵化为主，中台组织的作用更多的是快速放大优势；美团的战略逻辑是社区生态型行业巨头，所以美团的中台建设更加强调极致体验和智能搜索推荐，中台组织需要做到快速复制和构建信息壁垒。

另一个需要大家关注的议题是，从企业角度而言，企业中台的定位和目标是什么？集团公司对于中台组织建设，首先需要回答的是中台目标是什么，是服务于企业内部的成本中心，还是可以服务于外部的利润中心？其次需要回答的是中台组织的定位问题，简言之就是中台是业务组件库还是基础支持设施？最后对于集团公司而言，中台究竟是集团赋能平台，还是以事业部为主导？这些问题的答案取决于企业的战略目标和发展方向，决定了组织能量、密度和质量，也决定了前端"特种部队"组织的聚合方式，以及对用户需求响应的敏捷程度。

对外打开边界，最大化整体价值创造

竞争究竟是零和游戏还是双赢结局，见仁见智，取决于入局者的竞争目的以及维度认知。对于某些"物质总量保持不变"的行业，确实存在"生存是文明的第一需要"。但是，对于多数处于自由市场中的企业而言，最优的战略往往是能够最大限度地推进组织目标实现的战略，而不是"赢"了对手。在竞争中，"赢"了对手也不一定能够赢得用户和市场。美国前国防部长拉姆斯菲尔德在被迫辞职的时候也很困惑："我用几个星期拿下了巴格达，总共伤亡几十个人，为什么要辞职呢？"答案很简单：他们获得的不是一个"全国"，而是一个"破国"，美国也因此背上了沉重的战略包袱，得到的仅仅是一些战术价值，没有得到战略价值。

新商业文明时代，组织需要重新思考竞争与合作的关系，从高维视角重新定义合作与竞争。商战专家麦克内利曾经用下棋做过一个比喻，描述他理解的竞合关系。麦克内利说："西方人下国际象棋，下完后棋盘是空的；中国人下围棋，下完后棋盘是满的。"这个比喻说明了对于"胜"的高维理解，竞争不是"你死我活"，而是"共存多赢"，是一种综合考虑代价与结果的理性认知。新商业文明中的组织，核心诉求是优化组织资源使用，推动组织目标实现。

（1）帮助别人就是帮助自己：被誉为"犹太人第二圣经"的《塔木德》，里面有一句凝聚犹太商人智慧的话："帮助的人越多，生意做得越大。"书中讲述了一个简单的故事：初出茅庐的丹尼尔由于没有任何经验，对面试官关于商品性能的问题一问三不知。离开面试办公室时，走投无路但心有不甘的丹尼尔问："请问你们到底需要什么样的人才？"面试官微笑着告诉他："很简单，我们需要能把每天搬进仓库的货卖出去的人。"回到住处，丹尼尔想："不管哪个地方招聘，其实都是在寻找能够解决实际问题的人。既然如此，何不去寻找那些需要帮助的人？总有一种帮助是他能够提供的。"于是，他便在当地报纸上刊登了一则启事："……如果你本人或者贵公司遇到难处，我一定竭力提供最优质的服务……"启事登出后，他接到了许多求助电话和信件：老约翰为自己的花猫咪生下小猫但照顾不过来而发愁，而凯茜却为自己的宝贝女儿吵着要猫咪，但找不到卖主而着急；北边的一所小学急需大量鲜奶，而东边的一处牧场却因奶源过剩而焦虑……丹尼尔将这些情况整理分类并匹配对应解决，得到他帮助的人给他寄来支票表示感谢。之后，丹尼尔注册了自己的信息公司，也很快成为当地最年轻的百万富翁。

科技进步让信息更透明、更立体、更准确。丹尼尔所做的事情，从模式上类似于早期的黄页信息簿，但是体现了犹太人早期形成的"助人即助己"的商业竞合理念。企业通过建立机制，在个人、组织、平台之间建立起高效的协同关系，打通供需两端的信息壁垒，提高匹配精准度和效率，让每一个相关者都能够得到利益，是确定平台和产业链共赢的核心，也是实现全局利益最大化的关键。例如：拼多多合理地满足了消费者、农户和平台的三方需求，消费者希望买到优价优质的原产地商品，农户希望农作物能够销售出去获得收入，平台通过撮合获取收益，类似的平台有很多。还有一些具备行业产业链核心能力的领先企业，选择打造产业链中枢平台，通过赋能输出，整合产业链上的分散资源，形成了多方共赢的局面。小米以自身品牌价值、资源整合能力及管理能力为核心，为产业链上下游提供了协作平台，帮助分散的供应链资源形成符合消费者需求的产品，从终端拉动供应链资源的需求，实现以小米生态链为整体的产业链共赢。

（2）重新定义"敌人"和"朋友"：谁是我们的"敌人"？谁是我们的"朋友"？这是一个不同视角下有不同答案的问题，是一个企业定义经营边界时，首先需要回答的问题。动态效率理念下的好企业，不再以"以己之长攻彼之短"的对抗视角，而是以融合的方式看待这个问题，将一切可以依靠、可以联合的力量，都吸纳为组织目标实现的力量，以开放的姿态创造合作共赢。

百思买前 CEO 休伯特·乔利运用重新定义敌人和朋友、改变竞合关系的方法，使百思买成为"扭亏为盈"的商业典范。

百思买原来的商业逻辑强调自有库存、自有员工，按照行业习惯员工收入的主要来源是销售提成。最初百思买和供应商之间是一种博弈关系：一方面是因为这些供应商（苹果、微软、索尼等）都在拓展自己的零售店，这些零售店和百思买的门店是竞争关系；另一方面是因为百思买作为渠道零售商，也需要从这些供应商处采购商品，并希望能够获得更多的商业优惠条件。有些博弈是无可厚非的，但是合作关系成了竞争博弈关系，还是不符合各自以及共同的利益。

为了解决这个问题，休伯特·乔利希望通过品牌方在百思买开设"店中店"，改善百思买和供应商的关系。虽然这个方法从表面上看"威胁"到了百思买店员的提成，也"威胁"到了百思买的收入，却从根本上改变了百思买和供应商的关系。这种模式的改变让供应商有了更多时间专注于产品和创新，让百思买专注于零售。这样一个小小的改变，让供应商快速拓展了渠道，消费者也多了一个到百思买门店购物的理由。因为顾客的增多，百思买其他商品的销售也得到了提升，店员的收入也相应提高。

重新定义"敌人"和"朋友"的案例还有很多，例如：以往在客源、航线上充分竞争的航空公司，将其他航空公司都当作了"敌人"，激烈竞争的结果就是更密集的航线、更多不同航空公司的航班、更低廉的票价，最终的结果是每家航空公司的利润都在下滑，各个环节的管理复杂度提升。星空联盟基于 26 个成员公司在各自地域的优势以及联盟自身资源网络进行互补协同发展，使联盟中所有的航空公司通过横向协同成了"朋友"，在很大程度上解决了航空公司在航路申请、获客能力及服务成本等方面的核心痛点。美国克里格绿山单杯咖啡机的 K 杯胶囊设计，与雀巢等其他品牌的咖啡机只能用自己的胶囊不同，它可以接受所有品牌咖啡，这样的举措将星巴克等大型咖啡连锁企业，从"敌人"之间的竞争关系重新定义为"朋友"之间的合作关系。克里格绿山咖啡通过这一举措，形成了与雀巢胶囊咖啡在竞争中"不战而胜"的局面，也借此成长为美国胶囊咖啡市场份额第一的品牌。

第十三章　内求善：超越增长来自有意义的价值创造

静态效率时代追求单位资源的最大化产出，股东利益被作为唯一考量要素。员工和合作伙伴的支出被统一当作成本对待。静态效率思维下的企业主希望企业付出的成本得到最大化的股东回报，从而出现了各方的对立和博弈关系。静态效率思维下的企业，只关注自身企业股东的利益最大化，从而导致对环境和其他利益相关者利益的关注优先级降低，甚至无视。

德鲁克在《管理：使命、责任、实务》这本书中说："判断一个企业是不是好企业，除了经济维度，还需要有社会维度，因为社会维度最终决定了企业的生死。"这其实和我们祖先在《礼记·大学》里提到的"正心、修身、齐家、治国、平天下"的道理一样，"正心"排在首位。

在动态效率理念中，"好企业"首先需要将"正心"放在所有商业决策要素中的首要位置，即企业进行价值创造的意义成了最重要的问题。近几年来全球新冠肺炎疫情和气候变化，让每个企业和我们每个人都近距离真实感受到社会和生态环境给我们生活的方方面面带来的巨大影响，也更直接而真切地认识到：企业是社会的企业。"好企业"将用户、员工、合作伙伴、社会以及环境的关系，放在了共生共长的命运共同体中，在履行好自身职责的前提下，运用自己的影响力为社会和环境做出更多的贡献，从而实现企业的超越增长和可持续发展。这就是所谓的独善就是修身，兼善就是平天下。

"好企业"与信任同行

社会、企业以及人与人之间的高度信任可以提高社会效率、稳定性和幸福感。但是在竞争视角之下，"不信任"通常被当作假设前提，从而在社会活动中花费大量的成本（资源、时间等），用于各方之间的了解、测试、防范和验证。随着物质的进一步丰富，科技让信息更透明、可追溯并且易查询，这些因素促使社会、企业以及人与人之间提高信任度成为更具可执行性并且更加迫切的事情。

弗朗西斯·福山在《信任：社会美德与创造经济繁荣》一书中说："在社会资本与物质资本同样重要的时代，只有那些拥有较高信任度的社会，才有可能创造较稳定、规模较大的企业组织，以便在新的全球经济中具备竞争力。"组织通过人与人之间、部门与部门之间，以及与伙伴企业之间的透明性，设置共同的目标和利益，增强企业信任文明和机制的建立，从而释放人的效率和动能，释放整个生态体系的共同价值。

保持透明性

人对于模糊未知的事物总有本能的不安全感，不安全感会导致猜疑链的产生，人们也会从自身角度出发，依据验证的必要性、验证难度和验证成本等因素做出对下一步行动的判断。一种结果是放弃验证，不与"模糊未知"的事物进行任何交互，从而规避了风险；另一种结果是不得不进行验证，以保证必要事件的推进，如果验证结果与预期有偏差，就会导致信任的破坏或损耗，这中间当然还包括双方"预期"差异而导致的误解。

对于组织而言，第一种情况的结果会导致部门与部门、企业与生态伙伴之间壁垒高筑，所有非必要的合作都选择规避；第二种情况的结果就是付出很高的协同合作成本，投入时间牺牲效率去验证"模糊"事件中的每个环节，通过比较对合作方的"猜疑"和自身预期，确定是否进入"猜疑链"的下一个环节，符合预期才会进入下一个验证环节，直到所有环节符合预期后，事情才会进入实质性合作阶段，而不符合预期的事件就会导致该环节协同合作的破裂。

对于组织里的个体而言，下级如果认为领导者的真实意图可能并非所表现和表达的信息，一种情况下，下级会花费时间去揣摩领导者的真实意图；另一种情况下，下级会放弃主动性，被动地依照"惯性"完成指派事件。在第一种情况下，部分下级通过揣摩领导者意图获得短期利益，因而会继续这样的过程，这会导致其他同事的效仿或者远离，从而导致整体组织效能的下降；第二种情况下，创造性作为生产者最重要的价值要素被放弃了，而"惯性"往往只是保证事情被执行的最小行动组合。这样的结果导致组织间、组织内即使包含巨大的"能量源"，也会因为信息的不透明，导致组织只能以最大的成本，输出最小的能量，保持着最低效率的运转。

这种情况同样困扰着众多高速发展的领先企业。虽然我们都知道人才对于组织的重要性，但是随着规模的扩大，企业常常会遇到两类困扰组织发展的典型问题。一类是组织单元之间的问题，壁垒高筑，协同效率大幅降低，协同成本增高；另一类是组织中的个体主动性下降，集体"躺平"，能效大幅降低。很多企业员工常常回想起企业创业之初，运营效率很高，自己和同事都很开心；而当组织越来越大、优秀人才越来越多的时候，之前的感觉却越来越淡了。其实，不是人变了，而是随着组织的成长，人数增多了，多元背景的人增多了，工作分工更细了，沟通频次降低了，在一个"战壕"里打硬仗的共同经历少了……这些会导致组织内部理解彼此表达沟通习惯、行为意图动机的额外成本。

透明化不仅需要在流程和机制上保证信息的真实透明，也是一种企业文化。高透明度的组织协同更加顺畅，员工的创造性也能得到最大化的释放。哈利勒·纪伯伦说："工作是看得见的爱。通过工作来爱生命，你就领悟了生命最深的秘密。"这句话表达了人们通过工作来实现生命意义的理念。随着物质的日益丰富，Z世代进入职场并逐渐成为企业领导者。"好企业"增加"透明性"构建信任氛围，通过搭建员工价值实现平台，最大化释放企业中"人"的魔力，让组织效能达到最大，让员工在工作中找到生命的意义。

企业与合作伙伴之间也适用同样的逻辑。初创期企业之间的合作要么通过直接的货物买卖，要么通过人与人之间的简单信任来实现。但是当企业与早期合作伙伴之间的成长速度有差异，或者与新合作伙伴之间的信息不透明，其与合作伙伴之间的协同效率就会变低，或者成为不对等的博弈关系，从而导致合作关系的终结。领先企业非常重视和战略合作伙伴之间的信息共享和协同成长，例如：宝洁中国和大润发通过打通商品主数据标准，实现了供应链数据系统对接，成功实现订单从下单到送货签收的数字化升级，为零供协作的各环节节省了大量的人力物力，大幅提高了订单处理效率和信息共享时效性；宝洁与物美通过物流系统、电子签平台的接通，实现了信息的实时同步，共创全链路零供物流信息协同无纸化履约。随着企业与合作伙伴之间的信息"透明化"，组织之间在信任的基础上大幅度提升了合作的紧密程度，也大幅度提升了协同和创新效率。"透明性"带给合作各方共赢的格局。

共同的目标感

共同的目标感指所有相关者对共同目标的理解认知和利益具有相关的一致性。从企业内部来说，员工与组织是否有共同的目标感决定了企业效能；从企业外部生态来说，企业与合作伙伴之间是否有共同的目标感直接决定了生态圈的效率和效能。

从企业内部来说，很多企业目前的管理依然依赖KPI，从而导致了管理文化冲突、管理效率低下等一系列问题。KPI管理最早起源于泰勒的"科学管理法"，这种方法基于20世纪五六十年代的工作逻辑，在那个年代它确实能起到作用。在工业社会初期需要精益生产，多劳多得。当时激励员工的前提是什么呢？服从。你要服从工作本身的职责，按部就班地产出，企业才付给你金钱。如果金钱激励不了，就靠管理手段。管理手段狠，员工的投入产出就高一点，和鞭打快牛的逻辑一样。我们在衡量员工是否胜任一个岗位时，通常从知识、经验、领导力和敬业度四个维度进行评估权衡；而员工在衡量工作对于自己的合适程度时，则是从兴趣度、职业发展和收入几个维度做出考量。多数情况下，如果员工自身对工作的期望和主要工作内容之间存在偏差，就会导致工作目标感的模糊和丧失，进而导致在主要工作中不敬业。

员工不敬业的情况不是少数，而是绝大多数。根据《德勤2019全球人力资本趋势报告》中的调查数据，全球85%的员工不敬业或者非常不敬业。盖洛普调研公司对于员工敬业度的调查结果也印证了全球的低敬业率，中国员工的敬业度相对较低。当员工的主体工作目标感丧失，主体工作只被当作固定收入的来源，员工的目标只是要打工赚钱，之后再去做其他自己喜欢的事，还有些甚至"反客为主"地将副业当作主业来做。在这样的逻辑之下，必然出现不敬业的情况，久而久之必然会导致企业运营效率的下降，也影响了企业领导者和员工之间的信任关系。

员工在工作中因为目标感丧失而产生的行为，以及企业领导者对员工表面行为和"不敬业"数据结果的简单理解，使得组织关系中最重要的信任关系被"粗暴"地破坏。其实，无论在什么环境中，人的内心诉求从未改变，每个人都有渴望、有追求，都重视自我，在乎自己在他人心目中的形象。没有人希望"不敬业"成为自己的标签。维克多·弗兰克尔在《活出生命的意义》一书中提到找到生命意义的三个途径：工作、爱以及拥有克服困难的勇气。企业领导者的主要使命就是实现员工目标和组织目标的一致性，帮助员工在工作中找到目标感并实现目标，从而实现组织目标的最大化。例如：万科、美的、海尔等部分领先企业通过事业合伙人机制，与员工共创平台。企业与个体目标、利益的一致性，提升了组织和个体之间的信任度，也提升了个体工作中的目标感。

从企业外部生态角度来说，在早期需求大于供给的市场环境中，企业与合作伙伴之间的关系由掌控需求的一方起主导作用。这类似于早期渠道为王时代，渠道商对于合作伙伴可以提出"苛刻"的要求，合作伙伴因为对渠道商的依赖而不得不屈从。但是随着市场渠道的开放和多元，以及各领域市场成熟度的增加，上游供应商因为自身的技术研发、生产工艺等核心竞争力，形成了对下游企业的赋能能力，也让下游企业对上游供应商形成了技术依赖，从而为平等关系奠定了基础。

开放、共创、协同赋能成为新时代企业与合作伙伴之间的文明关系。企业与合作伙伴之间共同目标的一致性和开放程度，决定了生态圈的大小、合作紧密程度，以及在应对风险时的反脆弱性。我们从日本车企应对全球车企竞争的方式中可以看到，当全世界车企都在通过构建封闭的核心竞争力，进一步争夺市场份额时，日本车企为了共同的目标放下了昔日的竞争关系，搭建起朋友圈生态合作模式。丰田、本田等处于竞争状态的企业，合作起来进行汽车行业"新四化"（电动化、网联化、智能化、共享化）的推进，通过数据共享、成本分担，加速日本车企核心优势的构建，从而增强日本车企在全球市场的竞争力。

"好企业"超越增长

乌麦尔·哈克在《新商业文明：从利润到价值》一书中指出："20世纪的经济模式在21世纪的今天行不通了。今天的世界像一艘方舟，方舟上的经济繁荣根本在于最大程度降低伤害，重新建构共益的商业模式。"经济发展经历了用自然资源换取繁荣的过程，以损害自然环境为代价的经济增长是"本末倒置"的增长。反观我们所在的世界，所有繁荣都有赖于我们生存的基础——地球和自然环境的可持续性。越来越多的政府、社会组织、企业和公益组织意识到以往的方式的弊端，都在努力推进社会和企业发展方式的转型。

这种转型，一方面来自企业对现有生产方式的调整，很多最初以与环境共生为出发点的企业通过一系列改善环境的行为，包括减少碳排放、使用可持续资源、加强废弃物管理等，不但收获了消费者的喜爱，也受到了更多投资机构的青睐；另一方面，还有些企业通过社会创新，将与环境共生融合到自身的业务模式中，在为社会提供更多福祉的同时，也保障并推进了企业的可持续发展。

与环境共生

2021年11月，各国政府在英国格拉斯哥第26届联合国气候变化大会（COP26）上，在人类命运共同体、可持续发展观和全球气候治理方面达成了共识。虽然全球各国都受到经济衰退和新冠肺炎疫情的双重影响，但是也都认识到全球气候变化对人类未来的重大威胁。对于全球气候变化的共识，让碳达峰和碳中和成为全球各个主要经济体的共同目标。

从企业角度来说，作为社会中的企业，在应对全球环境风险问题上，"好企业"能够承担自身社会责任，从碳排放管理、可持续资源使用，以及废弃物管理等方面着手进行改善，也因此获得了更多消费者的支持。根据贝恩公司的调研报告，越来越多的消费者在做出购买决策时会考虑环境、社会及公司治理（ESG）因素，包括气候危机、多样性和包容性等问题。

（1）碳排放管理：为减少温室气体的产生和排放，企业减少化石燃料等不可再生能源的使用，提升能源使用效率、升级设计和生产工艺减少排放，以及进行能源结构的调整等。例如：安踏采用绿色设计概念设计的"霸道环保鞋"，20多个部件采用可降解、可回收材料，减少了碳排放。相较于生产100双普通鞋，每生产100双霸道鞋可节省电量0.17千瓦时，相当于5瓦的节能灯持续亮34个小时的耗电量；减少释放二氧化碳41.9千克，相当于8棵树一年吸收的二氧化碳的总量；节约1.6吨水，相当于非洲水荒地区40天的家庭用水量；节省91.6升汽油，相当于1.6升排量的汽车行驶600公里的耗油量，也相当于回收利用630个废弃的塑料瓶。

（2）资源管理/可持续资源使用：可持续资源包括可回收、可再生、可再造的原材料。企业在产品研发、设计、生产环节需要关注可持续资源的研发与使用，降低产品对自然资源的依赖。企业往往通过调整生产资料的使用结构、生产工艺和使用效率等进行改善。例如：传统造纸过程中产生的废水、废气、废渣及噪声等会对环境造成严重污染，仅漂染环节对环境的污染就非常大。本色纸虽然和消费者传统使用的纸张颜色有区别，但是所传递的环保和健康理念却受到消费者的广泛支持，在生活用纸行业呈现低双位数增长的背景下，达到近1倍的年增长。

（3）废弃物管理：降低产品生产全过程中污染和废弃物对环境的影响，包括淘汰有害化学品的使用，减少有害废弃物的排放，并且通过模式改善和创新开展产品循环利用。例如：CODE effort（印度第一家烟蒂回收公司）回收了3亿个烟蒂，将剩余的烟草残渣与烟蒂上包裹的纸张进行回收，制成肥料出售给农民，剩下的滤芯在切碎处理后变成一种类似棉花的材料，成为泰迪熊毛绒玩具的填充物；2020年"耐克旧鞋回收计划"面向全国消费者回收超过5万双耐克旧鞋，这些旧鞋经过Nike Grind技术制作成橡胶颗粒，用于铺设武汉市碧云小学全新的运动场，总面积约1000平方米，并通过小程序向公众展示旧鞋征集、旧鞋处理和加工、篮球场修建等情况，让消费者见证旧鞋"新生"的全过程。

企业通过践行环境保护，受到了消费者和投资者的认可，在履行企业社会公民角色的同时，也实现了业绩增长之外的超越增长。

商业向善

尤瓦尔·赫拉利在《未来简史》中说："如果最早提出的是一个有缺陷的理想，常常是到理想即将实现的那一刻，才会赫然发现。"

当人类意识到环境问题对未来生存环境产生的潜在的巨大威胁时，各个国家、社会、企业以及个人，从地球公民和社会公民的角度做出了很多积极的改变。社会和企业通过设立双碳目标并逐步落实相关举措，积极改变过去为发展经济而对环境造成巨大伤害的发展模式。"好企业"在检视企业社会价值的过程中，将"利他"初心融入自己的商业模式和业务标准之中，运用自身能力解决具有社会普遍性的需求问题。"理想"的美好，使得一切从起点就开始践行人与人之间、人与社会之间、人与地球之间共生共长的"向善"发展理念。

（1）以己之长解决社会问题

科技的力量让过去很多需要花费大量时间、人力、物力解决的问题，有了高效解决的可能，同时也产生了很多之前没有出现过的社会问题。企业通过自身的技术优势解决以往难以解决的问题，解决新产生的社会问题，以科技力量成全社会之美。

儿童被拐事件作为社会痛点，给遗失孩子的家庭造成了巨大的伤害。找寻过程非常不容易，一方面是由于人力、物力等方面的挑战，另一方面是由于儿童长相随着年龄的增加变化很大。针对这一社会问题，腾讯优图 AI 将 0~18 岁人脸的成长变化进行模拟建模，采用深度神经网络算法学习人脸在成长过程中的复杂变化，训练出可以进行跨年龄人脸识别的深度神经网络模型。运用腾讯优图实验室跨年龄人脸识别技术，结合 DNA 亲子鉴定，帮助遗失儿童家庭寻找到丢失多年的孩子。企业运用科技的力量协助解决社会问题，不论是大问题还是小问题，这都是一种向善的美好选择和价值传递。

电子游戏作为一种科技产品，适当的使用可以带给玩家放松身心的美好体验。但是，很多游戏也会带来使人成瘾，甚至沉迷的社会问题。沉迷游戏不仅是青少年的问题，很多成年人，包括老年人也深陷其中。腾讯针对成年人的游戏沉迷问题，设计了一套激励用户自驱动的游戏防沉迷系统。在游戏玩家体验游戏的过程中，防沉迷系统会提醒玩家疲劳数值，并通过玩家自律设置下的奖励体系进行休息管理，推荐游戏间隙的个性化内容，等等。从经济角度来看，减少游戏在线时间会导致企业收入降低；但从社会角度看，防沉迷系统使得玩家在可控范围内享受身心放松的体验，也避免了潜在社会问题对企业形成的长期影响。

（2）新兴产业的向善实践

《麻省理工科技评论》每年都会评选出当年的"全球十大突破性技术"。这些突破性技术从创新源头上解决或者试图解决人类遇到的长期社会问题。它们不仅可以进一步改善人类的生活质量，也可以降低人类对环境的透支。

2022年评选出的全球十大突破性技术中，AI数据生成技术通过分析数据资源丰富的领域，合成数据以填补未被满足的领域。2021年，尼日利亚数据科学公司的研究人员注意到，训练计算机视觉算法的专业人员可以从大量以西方服装为特色的数据集里进行数据选择，但是没有非洲服装的数据集。该团队使用人工智能技术生成了非洲市场的人工图像，解决了这一不平衡问题。这项AI数据生成技术可以运用于真实数据稀缺或者过于敏感的领域，如无人驾驶、保险等。另一项突破性技术除碳工厂在解决全球变暖问题上也取得了突破，通过大型风扇将空气吸入过滤器，过滤材料和二氧化碳分子结合后，泵入地下最终变成石头，从而推进碳中和进程。

其他类似的案例还有很多，例如：托卡马克能源公司研发的便宜、无碳、能够永续使用的实用型聚变反应堆，该反应堆没有核反应堆堆芯熔毁危险，几乎不产生放射性废物；DeepMind研发的AI蛋白质折叠技术，通过深度学习的人工智能技术，能够预测精确到原子颗粒度的蛋白质的形状，从而使癌症、抗生素抗性和病毒等方面的突破成为可能。

人类文明之所以能够不断升级存续，很大程度上源于自我修正和永续创新，好社会跨越时代、超越增长。

致　谢

谨以此书献给我的家人，是他们让我可以遵从内心的声音一路走来，也是他们给予我的鼓励、支持，甚至一点儿"纵容"，让我对自己的坚持多了一份坚定，无论面对的是阳光还是黑暗，是坦途还是荆棘，他们是我最大的支持者，也是我努力前行永远的动力。

感谢在我多年管理咨询工作中一起奋斗过的同事。在为企业提供咨询服务的过程中，我们共同体验过很多历经艰辛后的美妙。在这样的过程中，我们学会了从现象中看到本质、从繁杂中找到规律，也明白了无论你从哪里来、起点如何，勤奋是一切成就的基础。你们是我曾经的同事，也是我的朋友。

感谢过去近20年里，我服务过的近百家国内外优秀企业，它们或（曾）是全球细分行业的领导者，或是雄心勃勃的业内巨头，或是高潜力的未来领袖……在协助它们解决各类战略问题的过程中，我有了近距离理解这些优秀企业和企业经营者的宝贵机会，看到了行业和经济周期对企业的影响，明白了尊重规律、敬畏趋势、实事求是的重要性，也有幸和很多企业经营者建立了长久的信任。

感谢我的老师和同学，持续学习是习惯，也是信仰。在持续学习的过程中，我有幸得到了很多学界和商界师长的教诲，他们在让我感受到知识的力量的同时，也让我被他们的格局所影响。在这个过程中，我有幸认识、了解了很多有趣且优秀的同学。在与他们一起的时间里，我感受到人在群体中的幸福感，被关爱、被信任，共同成长。也是在这个过程中，我更多地参与到了社会创新、社会公益和商业向善的各种实践活动中。

我要特别感谢丁世忠先生和安踏集团的好朋友们。年过而立的安踏集团，从过去到当下，历经行业和经济的各个周期，安踏铁军一直用行动追逐着属于自己的光荣和梦想。虽然相知多年，但在安踏集团工作期间，依然收获良多。企业现代化的管理机制，也让我在繁忙的工作之余有了相对完整的业余时间，得以完成本书的撰写。

最后我要感谢中信出版集团的各位编辑，为本书的顺利出版提供了很多宝贵的指导和帮助。严谨高效的工作作风以及独立专业的工作态度令人印象深刻，在此深表感谢。